# 商业数据分析思维

## 用有效的分析推动业务增长

章振骥◎著

电子工业出版社
Publishing House of Electronics Industry
北京·BEIJING

## 内容简介

本书是一本指导读者用数据分析思维解决商业问题的实战指南。用数据分析思维解决商业问题更重要的是了解如何思考问题。真正具备数据分析思维的人，即使对数据工具和分析思路了解得不多，也能够很好地解决问题。

本书分为三部分：思维篇、流程篇和实战篇。思维篇介绍了数据分析师需要掌握的思维能力，包括定义问题的思维、分析问题的思维、解决问题的思维。流程篇介绍了一个完整的案例分析流程，以及每个步骤内的具体操作方法和注意事项，包括分析流程、定义和分析问题、提出建议、结论汇报、其他分析方法。实战篇通过介绍不同场景的分析案例，帮助读者更好地掌握思维和流程的具体应用，包括用户增长分析案例、产品的用户留存分析案例、营销转化率分析案例、经营分析案例。

本书适合数据领域从业者、业务与管理人员、在校学生阅读。

**图书在版编目（CIP）数据**

商业数据分析思维 ：用有效的分析推动业务增长 /
章振骕著. -- 北京 ：电子工业出版社，2025. 1.
ISBN 978-7-121-49337-9

Ⅰ．F713.5

中国国家版本馆CIP数据核字第2024AC7980号

责任编辑：王　静　　　　　　特约编辑：田学清
印　　刷：北京捷迅佳彩印刷有限公司
装　　订：北京捷迅佳彩印刷有限公司
出版发行：电子工业出版社
　　　　　北京市海淀区万寿路 173 信箱　　　邮编：100036
开　　本：720×1000　　1/16　　印张：19.75　　字数：377 千字
版　　次：2025 年 1 月第 1 版
印　　次：2025 年 7 月第 2 次印刷
定　　价：109.00 元

凡所购买电子工业出版社图书有缺损问题，请向购买书店调换。若书店售缺，请与本社发行部联系，联系及邮购电话：(010) 88254888，88258888。

质量投诉请发邮件至 zlts@phei.com.cn，盗版侵权举报请发邮件至 dbqq@phei.com.cn。

本书咨询联系方式：faq@phei.com.cn。

# 自序

2018 年，我学习了众多的数据分析课程，阅读了许多相关方面的书，发现这些课程和书的内容几乎都是关于数据工具、统计学方法和一些常见的数据分析套路的，这些内容对当时已经从事多年数据分析工作的我来说意义并不大。随着自身的经验越来越多，我发现身边的一些高级管理人员虽然不太懂数据分析，但是对如何分析和解决问题有着非常犀利的视角。于是我认为，用数据分析解决问题更重要的是自己学会如何思考问题，这与我们的思维方式有关。不同思维方式的人看待问题的角度是不一样的，真正掌握了数据分析思维的人，即使对数据工具和分析思路了解不多，也能很好地解决问题。

于是，我之后很少再阅读有关数据分析的内容，转而大量阅读思维方式、管理咨询、逻辑科学、业务知识等领域的图书。经过不断的总结，我整理出了一些较为重要且有逻辑关系的思维方式。为了巩固自己的认知，同时希望与行业内其他人交流，我在 2019 年年底开始在公众号上创作"数据分析思维"系列文章。这一系列文章的阅读量比我的其他文章的阅读量要高得多，这说明大家都发现了数据分析思维的重要性。

在 2020 年年底，我将这一系列文章重新打磨，随后在拉钩教育平台上推出了一门与数据分析思维有关的课程——"万能的数据分析法则"。这门课程将原来的文章内容重新整合，加强了知识点之间的联系，可以看作我对数据分析思维的理解的第二个版本。这门课程在推出后反响很不错，在同时期的数据分析课程中，销量和评论数都很靠前。

这门课程的成功催生了我将这些内容整理成书的想法。因为我在 2021 年之后的工作节奏比较快，很难有时间将课程内容打磨成书稿，所以这件事情就一直拖到了 2023 年。在这段时期内，我依然在迭代自己对数据分析思维的认知。与"万能的数据分析法则"课程相比，本书对思维能力做了一些调整，除了增加"问题思维"和"商业思维"，还对原有思维能力进行了更细致的阐述。所以，虽然本书作为图书是第一版，但实际上里面的核心内容已经迭代了三次，其中很多内容已经获得了众多读者的认可。

希望本书能够帮助你在数据分析思维能力上有所提升。

作　者

# 前言

## 为什么要写这本书

数据分析师要学习和掌握的知识和技能有很多，有工具类、算法类的知识和技能，还有分析方法、可视化方面的知识和技能，具体来说有以下内容。

- 工具类：Excel、Python、SQL 等数据工具的使用。
- 算法类：分类、聚类、回归等算法的原理和应用。
- 分析方法：对比分析、漏斗分析、留存分析、多维度分析的应用。
- 可视化：各种图表、可视化工具的应用。

上述这些知识和技能对数据分析师来说是入行的基本功，是否掌握它们决定了你是否可以胜任数据分析的基础工作。

很多人就算掌握了上述知识和技能，还是会有以下困惑。

- 难道我就是一个取数工具人吗？
- 为什么领导总是对我的分析不满意？
- 面对一个待分析的业务问题，我有很多想法，但没有清晰的思路。
- 我学过各种分析方法，但是不知道在什么时候该用什么方法。
- 我做的分析报告，业务人员总是觉得没用，说报告没有提供有价值的信息。

这些困惑在数据分析初学者中非常常见，为什么会出现这样的情况呢？

这是因为这些知识和技能只是零散的小知识点，我们缺乏一套完整的思路将它们串联起来，组成一个知识体系。

### 什么是知识体系呢？

我举一个生活中的例子。

假设你在学习做菜，你学会了切菜、翻锅、颠勺等各种烹饪技能，每一项技能你都掌握得非常出色。但是你从来都不知道一道菜是怎么做出来的，即使给了你上好的食材，你也不知道究竟是该油炸还是该清蒸。好一点儿的情况是，你知道某道菜的做法，但只是知其然，不知其所以然，只会按固定流程做，换一道菜就不会了。

空有娴熟的烹饪技能，但不能自由地组合运用它们，就没办法做出一道美味的菜肴。

### 怎样才能把烹饪的知识点串联起来呢？

以我为例，我原本是一个烹饪"小白"，完全不会做菜，只会按照菜谱一步步操作。

比如，我要做的一道菜是蔬菜肉片汤，也就是将不同的蔬菜和肉片放在一起做汤，如丝瓜肉片汤、黄瓜肉片汤、平菇肉片汤等。我按照菜谱小心翼翼地操作：第几分钟放蔬菜、几分钟后放肉片、再过几分钟放盐等。

但就算按照菜谱做菜，我也发现了一个很大的问题：用不同的蔬菜做肉片汤的方法大体是类似的，只是在某些步骤上会有细微的差别。比如，有的蔬菜要比肉片先下锅，有的蔬菜要在将肉片煮 30 秒之后再下锅。不同蔬菜的下锅时间是不一样的，这就让人难以记住。如果不是经常做这几道菜，单纯靠死记硬背食材下锅的顺序来做好这些菜几乎是不可能的，下次还得继续看菜谱。

为什么不同蔬菜的下锅时间不一样？差别到底在哪里呢？

有一次趁着休假，我学习了一系列的烹饪课程，其中有一门课程讲解了烹饪的基础原理。这门课程为我打开了新世界的大门，让我的烹饪技能增长不少。那时候我才知道原来蔬菜下锅时间的背后是有逻辑的。

对肉片来说，将其煮熟的时间基本是固定的。肉片如果煮得太久，肉质就会变老，所以在做蔬菜肉片汤这道菜的时候，一定要控制好肉片在锅里煮的时间，肉片不能煮太久，一般煮两分钟就够了。

但是不同的蔬菜在烹饪时间上的差异就很大。有的蔬菜不容易熟，要煮久一点儿，所以要在肉片下锅前先放蔬菜，等蔬菜快熟了再放肉片。有的蔬菜很容易熟，可以在肉片下锅后再放。

所以，到底是先放蔬菜还是先放肉片，关键在于这种蔬菜容不容易煮熟，只要保证肉片在锅里煮的时间为两分钟就行了。

我豁然开朗，我再也不用把每种蔬菜肉片汤的菜谱都背下来了，只要判断一下蔬菜容不容易熟，就可以自己把握烹饪的顺序了。甚至对于一些从没做过的蔬菜肉片汤，我也能做到胸有成竹。相比于之前只能严格按照菜谱做菜的水平，这个知识点瞬间将我的烹饪水平提升了一大截。

- 原来那个只会按照菜谱做菜的我，很像只懂数据分析方法的数据分析师：在面对熟悉的场景和问题时，知道该如何一步步地操作，但在面对新的问题时，完全不知道该从何下手。

- 知道了烹饪原理的我，就像那些数据分析高手一样：就算面对的是从没遇见过的场景和问题，也知道该如何组织思路，最终输出分析结果。

新手和高手的差别，就在于高手将零散的知识点串联了起来，拥有了知识体系。

我写这本书的目的也在于此。我希望将数据分析过程中运用的思维整理成一个知识体系，帮助你在思维层面对数据分析有一个更深入的理解。

## 本书内容概要

本书分为三部分，分别是思维篇、流程篇和实战篇。

思维篇：第 1 ~ 3 章是思维篇，这部分讲解了数据分析师需要掌握的思维能力，具体的章节设计如下。

- 第 1 章介绍定义问题的思维。
  - 目标思维：让你学会找出问题的目标，避免"无的放矢"。
  - 问题思维：让你学会提出一个好问题，为后续的数据分析提供便利。

  ▪ 量化思维：让你学会用数据准确地描述问题，体现数据分析的专业性。

- 第 2 章介绍分析问题的思维。

  ▪ 逻辑思维：让你学会从论据中提炼结论。

  ▪ 结构化思维：让你学会对复杂问题进行分析，化繁为简地解决复杂问题。

  ▪ 系统性思维：让你学会从动态视角分析问题，解决更复杂的动态问题。

- 第 3 章介绍解决问题的思维。

  ▪ 商业思维：让你学会解读企业的商业模式，提升经营分析的基本功。

  ▪ 业务思维：让你学会拆解业务流程，提升业务分析能力。

  ▪ 用户思维：让你学会站在用户视角提出合理假设，提升用户分析的深度。

这几章的内容能够有效帮助你厘清各个知识点之间的关系，提升你的数据分析思维能力。

流程篇：第 4 ~ 8 章是流程篇，这部分讲解了一个完整的案例分析流程，以及每个步骤的具体操作方法和注意事项。

- 第 4 章介绍分析流程：让你通过一个简单的案例了解分析的全流程。

- 第 5 章介绍定义和分析问题：让你学会定义问题和分析问题原因的具体方法。

- 第 6 章介绍提出建议：让你学会提出有价值的建议。

- 第 7 章介绍结论汇报：让你学会将分析结论组织成报告的方法。

- 第 8 章介绍其他分析方法：让你了解其他一些常见的分析方法。

实战篇：第 9 ~ 12 章是实战篇，这部分通过讲述不同场景的分析案例，帮助你更好地掌握思维和流程的具体应用。

- 第 9 章介绍用户增长分析案例：让你学会通过细分新老用户，找出各自的增长策略。

- 第 10 章介绍用户留存分析案例：让你学会通过细分场景，提高产品的用户留存率。

- 第 11 章介绍营销转化率分析案例：让你学会通过结合多维度分析和用户行为分析，提升落地页转化率。

- 第 12 章介绍经营分析案例：让你学会通过指标建设、监控与分析协助经营决策。

相信通过阅读以上内容，你将对数据分析所需要的思维能力、操作流程和具体应用有更深刻的理解。

## 本书适合谁阅读

数据领域从业者：对于已经在数据领域工作的专业人士，无论是数据分析师、数据科学家，还是数据工程师，本书可以帮助他们培养数据分析必备的思维能力，更好地服务业务部门。

业务与管理人员：对销售管理人员、产品经理人员、运营人员、营销策划人员等在日常工作中对数据分析有需求的人来说，本书介绍了数据分析的常规流程，可以帮助他们更好地利用数据驱动业务决策。

在校学生：对在校学生，尤其是那些对数据分析感兴趣、希望将来在这个领域发展的学生来说，本书类似于一门从思维层面入门数据分析的课程，这对于他们今后建立数据分析的知识体系有很大的帮助。

## 本书的局限

在撰写本书时，我意识到本书的内容受到以下几个因素的限制，希望读者在阅读时加以注意。

- 我个人视野的局限性：我在本书中表达的观点和见解主要是基于自己的经验而得出的，某些内容可能带有个人意识或主观色彩。本书旨在提供参考和启示，而非绝对权威的理论指导。

- 案例和示例的局限性：本书中的案例和示例旨在帮助读者更好地理解和应用数据分析的知识。然而，由于篇幅的限制，这些案例和示例无法涵盖所有可能的应用场景。此外，由于涉及业务保密性，本书无法非常详细、具体地给出案例细节。因此，读者在将所学知识应用于实际工作时，需要根据具体情况进行灵活的调整。

- 读者背景与理解程度不同：本书旨在向广大读者介绍数据分析的基本思维和方法，但不同读者的背景和理解程度有所不同。对初学者来说，某些概念可能较为抽象或难以理解；而对已经有一定基础的读者来说，部分内容可能过于简单。因此，读者在阅读时需要根据自己的实际情况，适当调整阅读的速度和深度。

## 致谢

感谢我的爱人和孩子。在创作本书的过程中，我几乎把所有的时间都用来写作，很少陪伴家人，感谢家人的理解和支持。

感谢王静老师的专业指导。这是我第一次写书，遇到了很多不懂的问题，感谢王静老师的耐心与支持，也感谢为本书忙碌的所有人。

感谢我的公众号读者，如果不是读者的支持，我不会走上写作这条路，更不会写出这本书。

作　者

Contents

# 目录

## 第3部分　实战篇

### 第9章　用户增长分析案例：
### 细分新老用户，找出各自的增长策略 / 246

### 第10章　用户留存分析案例：
### 细分场景，提高产品的用户留存率 / 262

# 第 1 部分

## [ 思维篇 ]

数据分析在企业中的作用是，通过数据发现问题、分析问题产生的原因，并最终解决问题。这对应了三个问题。

1．是什么（What）：要分析的问题是什么？问题有哪些具体表现？问题出现的时间有多长？

2．为什么（Why）：问题产生的原因是什么？问题由哪些因素导致？

3．怎么办（How）：问题该如何解决？采用哪些方法可以解决问题？

数据分析的最终目的不是做科学研究，科学研究讲究的是探寻事物背后的真相，找出科学规律。企业中所有岗位的最终目的都是解决问题，数据分析也不例外，所以数据分析的最终目的是回答"怎么办"。

你如果不知道问题产生的原因，自然也就不知道应该"怎么办"。所以在回答"怎么办"之前，我们需要搞清楚问题产生的原因，也就是回答"为什么"。

如果你不知道要分析的问题是什么，那么就无从分析，所以回答"是什么"是所有分析的起点。

"是什么"、"为什么"和"怎么办"这三个问题分别对应 What、Why 和 How 三个单词，组合起来就是 2W1H 模型。不仅是数据分析，解决任何问题的步骤都可以遵循这个模型。

比如，家里的水龙头漏水了。

- **是什么**：明确问题。水龙头漏水是问题。

- **为什么**：确定问题产生的原因。可能的原因包括水龙头密封件老化、水龙头松动等，通过排查找出具体的原因。

- **怎么办**：制定解决方案。可以通过更换密封件、紧固水龙头等措施来解决漏水问题。如果自己不懂得维修，也可以请专业的维修人员上门来进行修理。

再如，在工作中你发现自己的工作效率比较低。

- **是什么**：明确问题。你的工作效率比较低是问题。
- **为什么**：确定问题产生的原因。可能的原因包括缺乏有效的计划和组织工作的技能、容易受到干扰、优先级不明确等，通过逐一分析确定原因。
- **怎么办**：制定解决方案。可以通过学习时间管理技能、制订清晰的工作计划、避免无效的干扰、识别重要任务和设定优先级等措施来改善时间管理，还可以利用任务管理器、日历提醒等辅助工具来提高效率。

如果你学会了很多分析方法，但是不知道如何有效地应用这些方法，那么大概率是因为你还不知道自己正在做的事是"是什么""为什么"，还是"怎么办"。不知道自己在做什么，自然也不知道该用什么工具。

了解了 2W1H 模型，我们在做数据分析时一般分为三个步骤，分别是定义问题、分析问题和解决问题。

完成这三个步骤分别需要一些思维方式的支持。

（1）**定义问题的思维**：目标思维、问题思维、量化思维。

（2）**分析问题的思维**：逻辑思维、结构化思维、系统性思维。

（3）**解决问题的思维**：商业思维、业务思维、用户思维。

以上都是通用思维方式，在定义、分析、解决绝大多数问题时都可以运用。就好像我知道在做蔬菜肉片汤时肉片需要煮两分钟左右，于是我在做任何一款蔬菜肉片汤的时候，都能按照这个认知推导出做菜的步骤。很多数据分析方法，就算你没学过也没关系，只要你知道上述这些通用思维方式，就能推导出来。

- 你可以不用知道矩阵分析的方法，你只要知道结构化思维，就能推导出矩阵分析的方法。
- 你可以不用知道预测分析的方法，你只要知道逻辑推理，就能够知道如何做出预测。
- 你可以不用知道新业务的核心指标是什么，你只要知道业务思维和量化思维，就可以找出新业务的核心指标。

在"思维篇"中，我将详细介绍数据分析中最重要的几种思维方式。

# 第 1 章
# 定义问题的思维

如果你每天早晨都起不来，导致上班经常迟到，你会怎么办？

这个问题没有标准答案，不同的人在面对这个问题的时候，给出的答案是不一样的。

- 多设置几个闹钟，确保早上按时起床。
- 睡前不再玩手机，早点儿入睡可以让自己在第二天更轻松地起来。
- 换一个离公司更近的房子，这样即使不改变作息时间，也不会迟到。
- 换一家上班不用打卡的公司，这样起得晚也没有关系。

上述这些答案从不同的角度解决了"早晨起不来导致上班迟到"的问题。既然是答案，那就有对应的问题，上述答案对应的问题是：

- 如何让自己按时起床？
- 如何让自己在起床的时候不那么累？
- 哪里有步行 10 分钟就能到公司的出租房？
- 哪家公司上班不用打卡？

可以看出，对于"早晨起不来导致上班迟到"这个问题，不同的人思考的角度是不一样的，于是他们提出了不同的疑问，而这些不同的疑问又会产生不同的解决方案。

虽然待解决的问题都是"早晨起不来导致上班迟到"，但是提出疑问的角度不一样，解决方案就会有很大的差别。

**所以，找到一个正确的角度提出疑问，对于我们找到正确的答案非常重要。**

爱因斯坦曾经说："提出一个问题往往比解决一个问题更重要。因为解决问题也许仅是一个数学上或实验上的技能而已，而提出新的问题，却需要有创造性的想象力，而且标志着科学的真正进步。"

大多数人在遇到问题的时候，会立刻去寻找解决问题的方法，却没有想过是否需要重新审视问题，然后重新定义问题，在发现真正的问题后再解决。解决真正的问题才算彻底完美地解决问题。

所以，本章将会讲解与定义问题有关的 3 种思维。

- 目标思维。
- 问题思维。
- 量化思维。

"定义问题"是数据分析的第一步，只有搞清楚问题，才有解决问题的可能性。具体这 3 种思维能为数据分析带来哪些帮助，后续内容会给出答案。

## 1.1 目标思维：拥有目标思维，不再做取数工具人

### 1.1.1 思考：数据分析师就是取数工具人吗

近几年，数据分析师这个岗位非常热门，有一些数字很直观地反映了其热门程度。

2020 年的腾讯校园招聘，一般开发岗位的投递录取比例大概为 25∶1，也就是说，大概每 25 人里录取 1 人。比如，运营开发方向的投递录取比例为 24∶1，Web 前端开发方向的投递录取比例为 24∶1，游戏客户端开发方向的投递录取比例为 27∶1。

一旦招聘岗位和数据有关，其投递录取比例就会骤增。比如，云计算开发方向的投递录取比例是 88∶1，数据分析师的投递录取比例更是达到了201∶1。

201 人里面才录取 1 人，录取概率约是一般开发岗位的八分之一，这比百里挑一还要严格。

这还没完，和数据分析师很接近的另一个岗位——商业分析岗，它的投递录取比例高达 472∶1！

到了 2021 年，腾讯的校园招聘网站上不再展现投递录取比例，我们没法知道这个数据的变化，但观察到身边越来越多的人往数据分析方向发展，我相信这个数据依然远高于其他岗位。

从这一系列数据中可以看出，应届生特别热衷与数据相关的岗位，尤其是数据分析类的岗位。大多数人对数据分析师这个岗位的印象非常好，认为这个岗位上的人**薪资高、智商高、档次高**。

- **薪资高**：数据分析师这个岗位一般只会出现在大型企业，只有大型企业才有足够的数据和利润建立一个专门的数据分析团队。所以，数据分析师岗位不是出现在互联网头部大厂，就是出现在各类外企，而这类企业本身的薪资水平都不低，所以数据分析师的平均薪资很高。

- **智商高**：数据分析师的工作内容是帮高管出谋划策，解决业务问题。这样的职业形象很自然地让人联想到"军师"这个角色，于是人们的脑海中不自觉地会浮现出张良、诸葛亮这样的军师和谋士的形象，这样的人智商肯定很高。

- **档次高**：国外很多的数据分析师被称为 Data Scientist，翻译过来就是"数据科学家"。科学家这个头衔有着崇高的含义，"数据科学家"这样一个称呼，给数据分析师增加了一层"科学家"的光环。

上述这些光鲜的特征，让不少应届生怀揣着成为企业军师或科学家的梦想，希望成为数据分析师。其中不少人希望自己在做了数据分析师之后，能够"运筹帷幄之中，决胜千里之外"，成为在高管面前指点江山的智者。

**结果现实给他们狠狠上了一课。**

他们好不容易在校园招聘中杀出重围，成为数据分析师，结果工作了两三年之后，发现自己根本不是什么"军师"，更谈不上所谓的"科学家"，就是一个取数工具人。

小 K 是一家中型互联网公司的数据分析师。

有一天，一位产品经理向小 K 提了一个数据需求，他想要看一下 A 渠道的用户在产品内功能上的点击率数据。

小 K 想了一下，现在已经有一张分渠道的用户报表，但报表上只有流量、留存率、转化率等数据，没有点击率数据。于是小 K 花时间写了一堆代码，第二天把 A 渠道用户的点击率数据发给了那位产品经理。

原以为这件事就这样结束了。没想到没过多久，那位产品经理又来找小 K。这一次，他想看一下 A 渠道用户访问 App 后第一个点击的功能是什么。

这个需求比之前的需求要稍稍麻烦一些，因为用户的行为日志数据中掺杂了很多没有业务意义的数据，如进入产品后关闭引导弹窗、滑动查看页面布局等行为日志数据。要想找出点击的首个功能，就需要先整理出产品内主要功能的埋点列表，然后统计列表中埋点数据的第一个行为。

满足这个需求虽然麻烦，但也难不倒小 K。小 K 稍微花了点儿时间，就解决了这个需求。

但没多久，那位产品经理又来找小 K 了！

这一次，那位产品经理想看一下首次点击不同功能的用户对应的流出数据和转化数据。

如果将这个需求和上一个需求一起提出来，那么很多操作是可以复用的，完成的效率会高很多。不过现在提出来也难不倒小 K，只是多花些时间跑数而已。最后小 K 依然很好地解决了这个需求。

一周很快要过去了。周五的时候，小 K 的主管问小 K："这周你都做了哪些工作？"

小 K 回想了一下，这周好像只解决了几个临时取数需求。

主管摇了摇头，提醒小 K 数据分析师一定要让数据发挥价值，给业务方提供观点和判断依据，不要总是取数。

小 K 很苦恼，他当然希望能帮助业务方多做一些业务分析工作，但是业务方从来不给自己提分析类的需求，自己又不懂业务，想做业务分析也不知道该从何下手。每次小 K 主动去问业务方最近有什么需要分析的需求，只会接到一堆取数需求。

小 K 本来想做企业的"军师"，现在却成为取数工具人，时间一天天过去，小 K 发现自己陷入了一个可怕的取数怪圈。

取数需求解决得越多，分析能力就越得不到提升。而分析能力越得不到提升，业务方和领导就越当小 K 是取数工具人，于是又向他提出更多的取数需求。

小 K 对自己的未来感到迷茫，他不禁在心中发问：

"难道数据分析师就是取数工具人吗？说好的'军师'和'科学家'呢？"

像故事中小 K 这样的数据分析师太多了。虽然取数是几乎所有数据分析师都逃不开的一项工作内容，但是很多数据分析师的工作中取数的占比太高了，已经让他们成为完全的取数工具人。对数据分析师的个人成长来说，取数除了在初期能提升 SQL 能力，对提升数据分析需要的分析能力、沟通能力和业务理解能力都没有太大的帮助。于是这些数据分析师就陷入了图 1-1-1 所示的取数怪圈之中：取数需求越多，分析能力就越无法提升；分析能力越无法提升，业务人员就越把你定位成只能取数的工具人。

陷入取数怪圈可能是数据分析师职场发展最常见的情况。

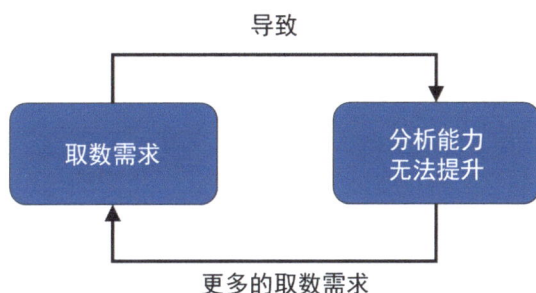

图 1-1-1 数据分析师职场发展的取数怪圈

## 1.1.2 为什么需要目标思维：你为什么会陷入取数怪圈

不是所有人都会陷入取数怪圈。同样是从解决取数需求开始，有的数据分析师就能做得很好。他们会发现业务问题并深挖问题背后的真相，在尝试提供几次数据分析的观点之后，和业务方的合作步入良性循环：

- 业务人员知道数据分析师能解决什么样的问题，于是尽量让他们进行更重要的专项分析；
- 数据分析师减少了取数工作，增加了专项分析的产出，提高了自身的工作价值；
- 业务人员看到数据分析师的价值，于是提出了更多有价值的分析问题。

有的数据分析师陷入了取数怪圈，有的数据分析师进入了良性循环。我们不禁要问，这两类数据分析师的差别是什么呢？

**我认为，两者最大的差别是思维方式不同。**

## 1. 什么是做题思维

在学生时代，老师和家长对我们的要求非常明确，一切都是为了考试拿高分。你想要拿到高分，就要把考试的题目都做对。经过常年做题和考试的反复淬炼，我们形成了以下几种思维定式。

（1）思维定式1：题目和现实世界是割裂的。

我们认为题目是题目、现实世界是现实世界。题目的作用就是考查我们对知识的掌握程度，题目和现实世界之间并没有太大的关系。

比如经典的数学应用题：一个水池，有一根进水管和一根出水管，进水管每秒钟进水10升，出水管每秒钟排水6升，如果一开始水池是空的，那么2小时后水池里有多少升水？

我还记得我在初次见到这个应用题的时候，心里想的是：现实生活中真的会有人这样放水吗？要想快点儿灌满水池，为什么不把出水管关掉？

但题目就是题目，老师告诉我们不要管题目的场景合不合理，只需要根据题意解题就行了。虽然你能质疑题目的合理性说明你善于思考，但是你只有把题目做对才能拿到分数，所以你的这种思考只是"耍小聪明"。

在之后的学生生涯中，类似这样的题目我们见得多了，也就不再那么敏感了，不会再把题目和实际联系起来，看到题目就赶紧计算。

（2）思维定式2：题目一定是有答案的。

如果在考试的时候，有一道数学题你想了半天也不知道该如何解答，你会认为这是题目的问题，还是你自己的问题？

我想绝大多数人一定会认为这是自己的问题。题目做不出来是自己想不到解答的方法，是题目的难度太大了，超过了自己的解题能力；题目本身肯定是没问题的，自己解答不出来，一定有其他人能解答出来。

这种观点在学生时代是很实用的，因为题目出错的概率非常低。

（3）思维定式3：在回答问题时一定要切题，不能随意发挥。

你要想得到分数，就得回答在得分点上，如果不按照题目的要求回答，就会丢分。

几何题要求计算三角形的周长，那么你就不能计算三角形的面积；作文题要求你写有关勤劳的命题作文，那么你就不能写成以幸福为主题的作文。

甚至你的回答过程也要切合题目考查的知识点，否则就算结果正确，也未必能拿到全部分数。比如，在解答小学数学题的时候，如果你用初中的方程知识来解题，就会很方便。但是因为小学课程还没有涉及方程，因此，即使你用方程解出了正确结果，也很有可能是拿不到分的。

上述 3 种思维定式归纳起来就是做题思维。

### 2. 做题思维在现实中有哪些问题

做题思维在学生时代是非常有用的，它完美地符合学生时代的要求，能够让学生很好地应对考试。但到了现实生活中，你会发现做题思维不管用了。如图 1-1-2 所示，真实职场上的目标思维与学生时代的做题思维至少有 3 点不同。

| 做题思维 | 目标思维 |
| --- | --- |
| ● 题目与现实世界是割裂的 | ● 数据需求一定要符合现实 |
| ● 题目一定是有答案的 | ● 数据需求未必是可以解决的 |
| ● 在回答问题时一定要切题，不能随意发挥 | ● 解决问题最重要，不必严格按照需求的要求来做 |

图 1-1-2　做题思维与目标思维的差异

（1）数据需求一定要符合现实。

在学生时代，题目和现实世界可以不相关，但在真实职场上，数据需求必须是解决实际问题的现实需求。所以在拿到题目后，不管题目是否合理，上手就做的做法在职场上并不适用。

题目一定是正确的，但数据需求未必是合理的。公司的经营方向有无数个，要想扩大公司规模，有效的手段有融资、提高研发能力、扩大销售团队、降低生产成本等，具体应该选择哪种手段，要根据公司状况来定。

业务人员一般是站在自身岗位的角度提出数据需求的，这些需求未必和公司的战略密切相关，甚至可能和战略方向相反。比如，公司计划缩减外部广告投放的预算，转而通过提供更优质的服务实现老用户口碑传播。这时广告投放部门为了证明广告投放的价值，提出需求，从而保留公司的资源投入，这和公司的战略方向就是不符的。

所以，如果你在拿到需求后不假思索地去做，就很容易低质量地完成工作。

（2）数据需求未必是可以解决的。

很多公司喜欢把业务人员难以解决的问题抛给数据分析师来解决，但很多问题对数据分析师来说也无法解决。这和个人能力无关，纯粹是因为这些问题本身数据不全、复杂度太高。有些公司连用户数据都没收集全就想做用户分析，巧妇难为无米之炊，连数据都没有，再强的人也解决不了需求。数据分析是科学，不是玄学。

（3）解决问题最重要，不必严格按照需求的要求来做。

业务人员想要看一个业务数据，不一定要严格按照需求的口径，花一个下午的时间重新写一段代码来获取。也许在报表上有一个和想要看的数据非常近似的指标，虽然这个指标和需求的口径有所差异，但并不影响对结果的判断。遇到这种情况，直接查看这个近似指标就行。

比如，业务人员想要看从 A 渠道获取的新用户中有多少人在未来 10 天内会再次访问。报表上有一个现成的"用户 7 日内留存率"指标，如果需求中"10天内再次访问"这个口径不具有特别的业务含义，就不必重新取数了，直接用这个现成的"用户 7 日内留存率"指标就行了。

管理大师德鲁克说过，最重要的是做正确的事，其次才是如何正确地做事。在现实生活中，做题思维最多只能算是正确地做事，这会导致我们经常做一些无用功。取数怪圈就是这么来的，你接到一个取数的需求，就好像学生时代的你拿到了一道题，你的第一反应是如何解答这道题。但比解题更重要的是，我们为什么要解答这道题。

那些能跳出取数怪圈的数据分析师，往往具有另一种思维方式——目标思维。

### 1.1.3　什么是目标思维：追问问题背后的问题

什么是目标思维？先来看一个例子：

　　某工具类 App 的业务人员提出了一个取数需求：希望看一下该 App 中使用 A 功能的新用户的规模。

　　思考一下，如果你接到了这个取数需求，那么你会选择用什么指标？衡量用户规模的指标是日活跃用户数还是月活跃用户数？使用 A 功能的用户该如何定义？访问过 A 功能的用户就算是使用 A 功能的用户，还是必须有点击动作的用户才算是使用 A 功能的用户？

　　请在阅读下文前至少思考 10 秒。

　　…………

　　思考结束。如果你已经想到该选择什么指标，那么不管你想到的指标是什么，**你都错了**。因为你还在用做题思维思考问题，请记住做题思维在现实世界中不管用，我们要用目标思维思考问题。

　　**目标思维指在遇到问题时，会思考解决这个问题最终要达成什么样的目标。**

　　有目标思维的人遇到上述需求会这样思考：**业务人员为什么要取这些数据？知道用户规模和使用情况有什么用呢？这个取数需求背后要解决什么问题？**

　　让我们用目标思维分析一下这个需求。

　　如果你问业务人员为什么要取这些数据，对方可能会说："某位领导想要看这些数据。"有工作经验的数据分析师是不是觉得这种情况很常见？业务人员没有正面回答你的问题，而是用领导的权威来"压"你。这种理由一般来说并不真实，业务人员只是转述了领导看数据的需求，他自己很有可能并没有理解领导的真实想法。所以你接到的这个取数需求可能已经变形了，等你取完数据你可能会发现，领导想看的根本不是这些数据。

　　所以我们在第一次分析问题的目标后，还没找到问题的关键。

　　我们继续思考，假设领导真的说过要看这些数据，那他是因为什么要看这些数据呢？经过多方打探，你大致还原了领导当时说话的场景：

　　在某次关于业务增长的主题会议上，领导认为业务增长的下一步重点可能是扩展新用户，在确定这个方向之前，想要看一下目前新用户的规模是怎么样的。领导想要通过数据来判断，到底值不值得投入资源做新用户运营，以及该投入什么样的资源。

给你提需求的是负责 A 功能的业务人员。他想知道自己负责的功能能够承接多少新用户，如果自己负责的功能对新用户承接有帮助，那么就在扩展新用户这个大方向上做做文章，配合领导提出的业务方向。

经过梳理，这个数据需求看起来清晰一些了。这个数据需求表面看起来只是想知道 A 功能的新用户规模，但业务人员实际想知道的是 A 功能对新用户的运营到底有没有价值，领导想知道的则是新用户有没有运营价值。如果新用户有运营价值，那么切入点在哪里？先做什么，再做什么？

**所以，业务人员想要的数据不一定是领导真正想要的数据，业务人员口中领导想要的数据也不一定是领导真正想要的数据。**领导的真实目标和他提出的需求之间有着很大的差别。

你用做题思维来解决这个需求，在取完用户规模的数据后交给业务人员，如果用户规模的数据表现还不错，接着你就会迎来第二波关于用户使用偏好、用户属性等的取数需求。这样你就进入取数怪圈了。

如果你拥有目标思维，在拿到这个需求以后先分析一下需求，找到真正想要解决的问题，那么你就能预判业务人员的意图，在业务人员提出下一波取数需求之前，先把可能的取数需求全都串联起来，形成一个完整的分析报告，告诉领导新用户目前的整体状况，是否有运营价值，如果要运营，有哪些点可以切入，等等。**这样你的分析水平瞬间提升了一个档次，你把一个取数需求变成了一个分析需求。**

有了这个好的开端，你就有机会摆脱取数怪圈，进入图 1-1-3 所示的目标思维带来的良性循环：解决更多的分析需求，分析能力提升，然后解决更复杂的分析需求，最后成为一个非常厉害的数据分析师。

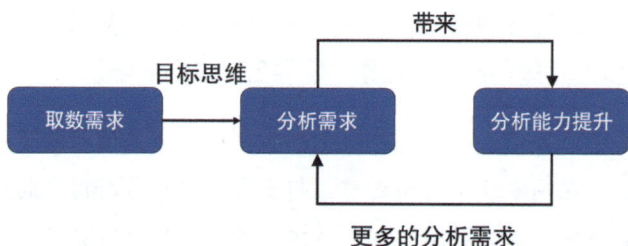

图 1-1-3　目标思维带来的良性循环

## 1.1.4　如何找出问题的目标

找出问题的目标很重要，那么用什么方法可以找出问题的目标呢？

### 1. 5 Why 分析法

在之前的案例中，我们在分析取数需求的真实目标时，经历了这样一个过程。

- 问：为什么业务人员要看这些数据？
- 答：因为领导想要看这些数据。
- 问：为什么领导要看这些数据？
- 答：因为领导认为扩展新用户是下一步的方向。
- 问：为什么扩展新用户要看这些数据？
- 答：因为业务人员想了解自己负责的功能对扩展新用户是否有帮助。

**这个不断探寻取数需求的目标的过程也是不断问为什么的过程，这种方法就是 5Why 分析法。** 5Why 分析法也被称为 5 问法、5 个为什么。做法就是对一个问题连续问 5 个 "为什么"，以追究其根本原因。虽然这种方法的名字是 5 个为什么，但在使用时不限定只做 "5 次关于为什么的探讨"，直到找到根本原因为止，有时可能只要几次，有时也许要十几次。

5Why 分析法是由丰田佐吉提出的，后来被丰田汽车公司在发展完善其制造方法的过程中采用。让我们来看丰田汽车公司前副社长大野耐一是如何通过运用 5Why 分析法来找到工厂设备停机的根本原因的。

> 大野耐一在生产线上发现机器总是因为保险丝烧断而停转，虽然修过很多次，但仍然不见好转。他询问工人机器停机的原因，于是出现了下面的问答对话。
>
> 问题一：为什么机器停机了？
>
> 答案一：因为机器超载，保险丝烧断了。
>
> 问题二：为什么机器会超载？
>
> 答案二：因为轴承的润滑度不足。
>
> 问题三：为什么轴承的润滑度会不足？

答案三：因为润滑泵失灵了。

问题四：为什么润滑泵会失灵？

答案四：因为它的轮轴耗损了。

问题五：为什么润滑泵的轮轴会耗损？

答案五：因为杂质跑到里面去了。

之前工人在执行更换保险丝的任务时，没有追根究底地思考任务背后真正要解决的问题，只是换了一根保险丝草草了事，没有解决真正的问题。

在问了 5 个"为什么"之后，大野耐一发现要解决的问题不仅仅是更换保险丝，更重要的是搞清楚如何防止杂质跑到润滑泵里，否则保险丝还会继续烧断。他最终通过采取在润滑泵上加装滤网的方式成功解决了问题。

5Why 分析法虽然很经典，但只是一种通用的分析方法。在用 5Why 分析法分析数据需求背后的目标时，经常会出现两个问题。

（1）回答的方向难以控制。

对方可能不按套路出牌，回答千奇百怪。

"为什么"这个问题太宽泛了，不同的人在回答"为什么"的时候会有不同的角度，由此产生不同的答案。

如果你用 5Why 分析法分析取数需求的目标，可能会出现这样的对话。

业务人员："数据分析师，帮我取些数据。"

数据分析师："你为什么要取这些数据？"

业务人员："我要看看业务现状怎么样。"

数据分析师心想，我刚学过 5Why 分析法，要再多问几个"为什么"，于是继续问："你为什么要看业务现状？"

这个时候业务人员已经开始不耐烦了："只有找到业务存在的问题，我才好做后续的优化啊！"

随后数据分析师继续问："为什么要做优化呢？"

业务人员这时快要"疯"了，说道："我得先分析数据，才知道要不要优化。"

数据分析师心里想，今天刚学过，要知道对方的目标才能开始取数，于是继续说："你不知道要优化什么，我怎么取数？"

业务人员这时已经彻底"疯"了："你不取数，我怎么知道要优化什么？"

"没目标怎么取数？"

"没有数据怎么知道目标？"

"目标！"

"取数！"

……

你看，问"为什么"这个问题太宽泛了，如果不限制回答的范围和次数，就会陷入这种死循环。

（2）追问的次数不好掌握。

究竟应该问多少次才合适呢？

5Why 分析法当中的"5"只是一个概数，一般可以问多个"为什么"，到底问几个合适呢？刨根问底是不是就能够挖出更深的目标？这一点没有固定标准，具体该问多少次需要自己判断。这就非常依赖提问者自身的能力和经验，要想直接上手就用好这个方法变得很难。

其实对于任何事情，只要你问足够多的"为什么"，最后就都会回归到人生、宇宙等哲学问题上。比如：

问："为什么要扩大新用户规模？"

答："因为要提升产品的日活（日活跃用户数的简称）。"

问："为什么要提升日活？"

答："因为在日活提升后，销量也会提升。"

问："为什么要提升销量？"

答："为了增加公司的利润。"

问："为什么要增加公司的利润？"

答："因为利润高了，股票的价值就能提升，公司的规模就能扩大。"

问："为什么要扩大公司的规模？"

答："因为公司的 CEO 想要实现自己的人生价值。"

> 问："为什么 CEO 要实现人生价值？"
>
> 答："因为哲学上讲求实现人生价值。"

如果将问题问到这一步，你就不再是数据分析师了，而是哲学家。你总不能最后跟老板说："老板，我发现你真正要实现的目标其实并不是扩大新用户的规模，而是要实现自己的人生价值。"

### 2. 好的提问就是直接问业务目标

5Why 分析法的思路很好，但还不完善。我们在使用 5Why 分析法时，要做一些调整。**具体做法很简单，我们直接问"要达成什么业务目标"就行了。**

我们用"达成什么业务目标"取代了"为什么"，既可以避免千奇百怪的回答，又可以将问题聚焦在"业务目标"这个主题上。

业务目标一般是指业务部门的考核指标，如日活、留存率、GMV（Gross Merchandise Volume，商品交易总额）等。这些指标是业务人员行动的核心驱动力，不管是做产品改动、活动营销，还是做用户运营，最终都是为了提升其中的某个指标。

之前在你问业务人员"为什么要取这些数据"的时候，对方的回答是千奇百怪的。但如果你问的是"业务目标是什么"，业务人员回答不上来，那么就不是你的问题了，而是他的问题。业务人员不了解自己的 KPI（Key Performance Indicator，关键绩效指标），一定不是一个合格的业务人员，他提出的数据需求你直接拒绝就可以。

你还记得之前那段陷入"死循环"的对话吗？如果我们将对话修改一下，直接问"业务目标是什么"，整个过程就会非常高效。

> 业务人员："数据分析师，帮我取些数据。"
>
> 数据分析师："你要解决什么业务问题？"
>
> 业务人员："我想提升拉新效率。"

对话结束。

当然还可以继续问下去，因为业务目标往往是能够被层层拆解的。比如，团队 A 做用户拉新，团队 B 做用户留存，他们都为了实现一个更大的目标——提升日活。就算继续深挖，也要围绕"业务目标"这个主题进行，不用上升到哲学的高度。

> 问："为什么要提升拉新效率？"
>
> 答："因为要提升产品的日活。"
>
> 问："为什么要提升日活？"
>
> 答："因为销量提升目前主要靠流量拉动，日活提升了，销量也能提升。"

到这一步就差不多了，不必继续深挖了。销量已经是结果指标了，再深挖下去，问题就太大了。如果对方所在的部门只负责用户运营，那么问到日活这一层就够了。在确定了业务目标后，我们可以思考一下提升销量或者日活是不是只有扩大新用户规模这一条路可以走。这样一来，分析的方向就开阔了很多。

## 1.1.5　目标思维的应用场景

目标思维通过不断思考问题背后的目标，找出真正要解决的问题，帮助数据分析师找出取数需求的业务目标，把取数需求改造成分析需求，跳出取数怪圈。

目标思维不仅在处理数据需求时有用，还在处理生活中方方面面的问题时有用。**如果一定要说数据分析思维中最重要的思维是哪一个，我觉得一定是目标思维。**

下面列举一些目标思维的应用场景。

### 1. 职业发展

经常有朋友问我这样一个问题：

"我想学数据分析，要学 Python 吗？"

这个问题看起来还挺容易回答的，答案要么是"要学"，要么是"不要学"。问这个问题的人也希望我能给出一个标准答案，这样他就能安心了：如果答案是"要学"，他就好好规划时间，系统地学习；如果答案是"不要学"，他就不用整天焦虑了。

但我面对这个问题，从来不直接回答，而是先问对方："你学数据分析的目标是什么？"

在我看来，这个问题是没有标准答案的。我首先要搞清楚对方的目标是什么。只有知道了对方的目标，我才能知道学习 Python 对他的目标到底有没有帮助。否则不管我回答"要学"还是"不要学"，都是在用做题思维回答问题，这是不负责任的，因为现实世界没有标准答案。

当我反问对方学习的目标时，很多人都愣住了。他们从来没有想过自己学习的目标是什么，想学数据分析也只是觉得最近数据分析很火，想尝试一下，看一看能不能转行。他们非常希望我能告诉他们一个明确的答案："学数据分析就要学 Python"。如果得到这样明确的答案，他们就放心了，终于拿到了一份"试卷"，接下来就可以安心地去刷题了。

如果你自己都不知道自己的目标是什么，那么别人也没法给出答案。对于没有明确目标的人，我最后也只能告诉他一些四平八稳的答案，比如，要走技术路线可以学什么、要走分析路线可以学什么……如果对方在深思熟虑后搞清楚了自己的目标，想好了要走技术路线还是分析路线，那么我这样的回答其实也能帮助到他。

就怕有些人，还抱着做题思维，不知道自己的目标是什么，就希望别人告诉他一个正确答案——"你应该走技术路线，一定要学 Python！"但职业发展这件事非常主观，每个方向都有优势和劣势，没有完美的选择，目标必须自己定，别人帮不了你。就算别人告诉你一个职业发展目标，但因为你的思维并没有改变，所以今后在遇到问题时，你还是会用做题思维来解决。一旦今后又有一个新的岗位流行起来，你又会问别人："我该不该转到这个岗位？"不改变思维，有目标跟没有目标是一样的。

所以目标思维对职业发展有很大的影响，如果能搞清楚自己的职业目标，就能少走很多弯路。哈佛大学曾做过一项研究，毕业生中只有不到百分之三的学生对未来有明确的目标。二十年后，这百分之三的学生更成功，也更快乐，而且这百分之三的学生的财富总和，居然大于另外百分之九十七的学生的财富总和，这就是目标的力量。

## 2. 求职面试

在求职面试的时候，面试官会问一些非专业技能的问题。比如：

*"你平时的爱好是什么，能介绍一下吗？"*

**面对这样的问题，你该如何回答？**

先别急着在脑海中思考自己的爱好有哪些，请记住，我们不做题。

很多人还是用做题思维去回答这类面试题，面试官问什么就答什么，导致在面试的时候表现不好。其实，无论你究竟是喜欢听音乐，还是喜欢看电影，对应聘这份工作都没有太大的帮助。你不需要围绕着你喜欢的某个电影或者导演大讲特讲，这样反而会让面试进入垃圾时间。

如果我们改用目标思维来思考这个问题，那么回答起来就会游刃有余。**目标思维就是要寻找问题背后的目标，我们不要看他问了什么，而要想想他为什么这么问。**

面试的目标是通过提问题了解一个人是否适合这个岗位，面试官问的问题总是有考查点的，你的回答要尽量和考查点贴近。面试官是真的想知道你的爱好吗？很大概率不是。比较大的可能性是，他想通过你的爱好了解你的性格特质，由此观察你和岗位的需求是不是相匹配。当然也有例外，面试官可能为了调节气氛单纯和你闲聊一下，没有任何考查点。就算面试官只是闲聊，你也要记住这是面试，面试的目的就是更了解你。所以你要多说说你这个人，而不是你的爱好。

了解了面试的目标，你在回答这个问题的时候就可以把个人的爱好和岗位的需求关联起来。比如，数据分析师一般要求思维能力比较强，而你恰好喜欢看高智商电影，喜欢分析电影中剧情的逻辑关系，那么你就要把这种性格特点表达出来，并举一些真实的案例。这样的表达就比说一堆自己喜欢看的电影要好得多。

这样你在回答的时候就会思路清晰，面试官也了解到了想要的信息，在心里默默地给你加了几分。

### 3．总结汇报

做完一个专题分析，最后的总结汇报是令很多人头疼的一项工作。

很多数据分析的教程里都有介绍报告结构的知识，报告一般要按照"分析目的、分析方法、分析过程、分析结果"的结构来写。如果你真的尝试过这种写法，你就会发现这样写出来的报告和论文一样，在拿去和业务人员交流的时候对方总是催促你说重点。这样的报告里有很多业务人员听不懂的专有数据名词，而业务人员关心的结论被放到了最后，导致交流效率不高。

这种结构的报告其实还是按照做题思维写出来的，是把分析的过程通过汇报的形式表现出来，类似于做证明题。但仔细思考一下，**总结汇报的目标并不是让你说出你的分析论证过程，而是让业务人员接受你的观点并且使之落地**。业务人员对你究竟用的是 $Z$ 检验还是 $T$ 检验没有兴趣，你没有必要把数据分析的过程说得那么详细。

重新定义了总结汇报的目标，还需要调整对应的解决方案。要想让业务人员接受你的观点并使之落地，至少需要让业务人员知道这几件事：你的结论是什么、为什么得出这个结论、这个结论的影响有多大、之后要做什么。只要把这几件事梳理清楚，报告的沟通成本就会低得多。

以上我列举了目标思维对职业发展、求职面试、总结汇报的帮助。实际上不止这些方面，几乎所有的事情，在搞清楚目标之后，做起来的难度都会直线下降。所以我再重复一遍之前的观点：目标思维是数据分析思维中最重要的思维。

## 1.1.6  目标思维小结

在学习数据分析时，大部分的教程都在教你如何更好地"做题"，却很少告诉你如何"做正确的题"。只有找到正确的题，后续的工作才有意义。

总结一下本节内容：

- 数据分析师陷入取数怪圈是因为用的是做题思维；
- 做题思维适用于学生时代，但不适用于职场；
- 目标思维能让数据分析师跳出取数怪圈，进入良性循环；
- 通过找出业务目标，确定需求的目标；
- 目标思维几乎是分析所有问题的基础。

读到这里，你不妨思考一下，自己学习数据分析的目的到底是什么，以及阅读本书的目的又是什么。

## 1.2　问题思维：搞清楚问题三要素，分析效率倍增

### 1.2.1　思考：有分析目标，但问题错了

1.1 节提到，在接到一个需求后，首先要搞清楚需求背后的目标，也就是这个需求要解决的业务问题是什么。搞清楚业务目标，我们就能把取数需求改造成一个数据分析需求。

有很多人能找出业务目标，但不知道该提出什么数据分析问题，面对取数需求依然毫无头绪，下面举一个例子。

一天，小 K 接到了营销团队的一个取数需求，内容是获取某场营销活动的转化用户数。

后来经过与营销团队的沟通，他发现营销团队的业务目标是提高营销活动带来的成交金额。也就是说，这个取数需求背后的业务目标是营销团队想要评估这次营销活动的效果，总结这次活动的优缺点，然后改进下次的活动。

了解到这个业务目标后，小 K 心里想着要把这个取数需求变成一个数据分析需求，于是给自己列了几个问题。

- 怎样提高活动的转化率？
- 对于不同时段、地区、手机型号的用户，转化率是否有差异？
- 该营销活动的用户有什么特征？
- 已进入产品详情页的用户，为什么最后没有实现转化？

小 K 开始对以上问题进行分析，但很快就遇到了困难。

有的问题难以回答，比如"怎样提高活动的转化率"，小 K 想要分析这个问题，但他毫无头绪，根本不知道从何入手。

有的问题的答案没有落地价值。比如，即使不同地区的用户真的存在转化率的差异，但是因为受到投放工具的限制，在投放营销活动的时候依然没办法按照地区做不同的投放。

有的问题对达成业务目标没什么帮助。比如，分析参与营销活动的用户有什么特征，其实业务人员很早就知道用户都是些什么人，分析得出的结论对业务人员来说没有什么价值。

有的问题超出了数据分析的能力范畴，比如用户为什么不转化。用户不转化的理由千奇百怪，要想解决这种问题，更适合做用户调研，而不是进行数据分析。

在上述案例中，小 K 已经找出业务目标，有了将取数需求改造成数据分析需求的意识和行动，但他还是做不好分析，为什么呢？

因为小 K 虽然找对了目标，但提错了问题。

### 1.2.2  为什么需要问题思维：其实你不知道什么是"问题"

要想提出好的问题，首先你得知道"问题"这个词到底是什么意思。

你可能会很不屑，认为"问题"这个词不需要解释，连幼儿园的小朋友都知道。别着急，虽然我们平时都会用"问题"这个词，但还真未必知道"问题"的含义。稍微深究你就会发现中文的博大精深，即使"问题"这样一个简单的词，其含义也很丰富。比如：

- 这个数据有问题；

- 小明上班迟到了，因为在路上出了点儿问题；

- 小明在网课上问了老师一个问题。

这几个句子中都有"问题"这个词，但你仔细体会，它们表达的并不是同一个意思。

如果我们把"问题"这个词翻译成英语，可能会帮你更好地理解。在英语中，问题有很多种不同的表达，如 question、problem、trouble、fault、matter 等。刚才那些句子中的"问题"对应的英文如图 1-2-1 所示。

- 这个数据有问题。这里的"问题"翻译成英文应该是 matter，整句话指的是数据出错了。

- 小明上班迟到了，因为在路上出了点儿问题。这里的问题可以翻译成 trouble 或者 problem，整句话指的是小明在路上遇到了一些麻烦或困难。

- 小明在网课上问了老师一个问题。这里的问题可以翻译成 question，整句话指的是小明提出了一个疑问。

图 1-2-1  不同 "问题" 的含义

当然，本书肯定不是教你学英语的。我列举这些关于 "问题" 的英文解释，是想告诉你，我们平时谈论的 "问题" 实际上有多重含义，但我们并没有搞清楚这些多重含义的差别。

有了这个基础的认知，提出一个好问题就变得简单了。

前文提到，我们要找出取数需求背后的业务问题，然后针对业务问题提出数据分析需求。将这段表述翻译成 "问题" 就是：

- **业务问题**是业务人员遇到的某个 problem/trouble，你可以理解为业务人员遇到的困难、困境、难题；
- **数据分析需求**是提出的一个 question，是需要回答的疑问。

一个完整的问题，实际上是 "难题" + "疑问" 这两种问题类型的组合。放在数据分析的场景中，就是针对 "业务问题" 这个难题，提出能解决难题的 "疑问"。

**理解不同问题的含义，并能提出好问题，这就是问题思维。**

## 1.2.3  什么是问题思维：问题三要素

### 1. 如何提出一个完整的问题

初步了解了问题的含义后，在以下几个案例中，你觉得哪个算一个完整的问题呢？

（1）**案例 1**：App 新用户数在持续下降，怎么办？

案例中提到新用户数在持续下降，这是不是一个问题？

你很可能会想，按照业务常识，这种情况说明产品的健康度不太好，新用户数减少了，日活肯定会受影响；长期下去这个 App 肯定要出问题，这肯定算是一个问题。

但是，这种情况未必算得上是一个问题，因为新用户下降只是现状。

虽然在一般情况下，新用户越多越好，但是如果这款 App 已经准备停止运营了，新用户数下降还是一个问题吗？

很多互联网公司为了拿下某个赛道的市场份额，会在内部展开"赛马机制"，即在同一领域开发很多款同类型的 App，最后集中资源扶持其中最好的一款 App。比如，腾讯为了推出手游版 MOBA 游戏，研发了"全民超神"和"王者荣耀"，后者在赛马机制中胜出，于是手机 QQ、微信及其他各种资源开始朝"王者荣耀"倾斜；在短视频领域，腾讯在 2018 年一年内上线了包括微视、yoo 视频在内的 14 款短视频 App，也是为了展开赛马机制。

在这种机制下，公司对那些被淘汰的 App 已经放弃运营。这类 App 的新用户少了就少了，无所谓。甚至公司还会希望新用户越少越好，最好把这些新用户都引流到另一款更成功的 App 上。

目标变化了，曾经看起来很严重的业务问题反而变得无关紧要了，所以**一个问题必须要有目标**。

（2）案例 2：销售经理下达了本月的销售任务，即每个销售员本月都必须完成 100 万元的销售额。

案例中提到的"本月必须完成 100 万元的销售额"，对销售员小李来说，是不是一个问题？

答案也是"不一定"。

如果小李平时每月的销售额在 70 万元左右，而且这个月也没有什么订单储备，那么单月 100 万元的销售额对小李来说就是一个问题，小李必须想办法提升本月的销售额。

可如果小李是金牌销售员，每个月轻轻松松就有 200 万元以上的销售额，那么他肯定能达成每月 100 万元销售额的目标，这个目标对他来说就不是一个问题。

**这个案例虽然有了目标，但是没有说明现状，所以也未必是一个问题。**

（3）案例 3：本月营销活动带动 GMV 的目标是 100 万元，目前预计只能完成 50 万元。

这个案例有目标，即"100 万元"，有现状，即"50 万元"，但仍然不是一个完整的问题。

**因为这句话只是一个陈述句，没有表示疑问。**目标和现状确实存在差距，但是需要我们做什么呢？是寻找完不成目标的原因？还是制定新的营销方案？抑或是写汇报材料？

这句话表达的内容就好像业务人员跟你描述了一下业务目前的情况，在描述完之后不需要你做什么工作，你该干什么还干什么。

没有疑问，现状和目标的差别再大，跟你也没关系。

一个完整的问题，是"难题"+"疑问"这两种问题类型的组合。"难题"可以进一步被拆解成目标和现状，所以一个**完整的问题，必须包含图 1-2-2 所示的三要素：目标、现状和疑问。**只有同时具备目标、现状和疑问的问题，才是完整的问题。

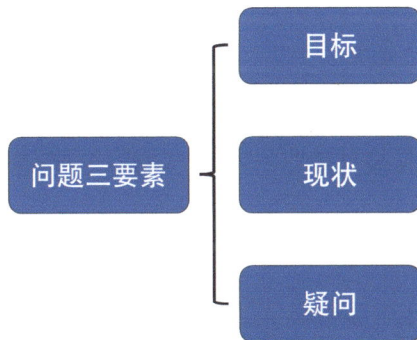

图 1-2-2　问题三要素

**目标和现状之间的差距其实就是遇到的业务问题，**是某个达不成的 KPI、不清晰的实现路径、不明原因的业务下滑等。没有这个差距，就不存在业务问题。

**疑问表明了具体要如何弥补这个差距，**如找原因、找方法、调目标、要资源等。

我们把上述三个案例转换成真正的问题，可以这样描述。

（1）App 的日均新用户数从上月的 5 万人下降至本月的 3 万人，与目标存在

2万人的差距，为什么会下降这么多？

（2）本月每位销售员的目标是100万元，但小李这个月预计只能完成70万元，需要额外增加30万元的销售额才能完成目标，应该优先转化哪些潜在用户？

（3）本月营销活动带动GMV的目标是100万元，目前预计只能完成50万元，该增加多少预算？

### 2. 如何找到目标和现状

目标和现状之间存在差距是业务问题，我们先来看一下如何找到目标和现状。在确认目标和现状的时候，容易犯以下几个错误。

（1）错误1：把直觉当成目标。

我们一听到新用户数下降，就会很自然地认为这是一个需要解决的问题。因为我们已经预设了一个标准，App产品的新用户越多越好。这是思维定式带来的直觉判断，是我们根据过去的经验得出的结论，但未必是真实的情况。数据分析对数据分析师的要求是严谨、客观，得出的所有的结论都要经得起逻辑推敲。如果你直接预设一个标准，而不是依靠事实推理，你就犯了主观判断的错误。

（2）错误2：目标不是业务指标。

当业务人员在提需求的时候，被问到目标是什么，他可能回答目标是搞清楚目前的业务现状。目标是搞清楚业务现状，现状是不清楚业务的数据表现，这算是一个业务问题吗？

当然不算。

目标和现状都必须是一个可量化的业务指标，如用户留存率、新用户数、转化率等。如果你发现用户留存率没有达到设定的目标，那么可以说这是一个业务问题。如果连现状都不清楚，那么你接到的这个需求暂时还不是一个分析需求，只是一个取数需求。

可以看出，分析需求和取数需求的差异就在于，要解决的问题是不是业务问题。**分析需求解决的是业务问题，取数需求解决的是业务方的问题。**

（3）错误3：目标和现状没有对应关系。

第三个容易犯的错误就是，目标和现状两者的指标不一致，没有对应关系。

比如，这个月要从外部获取 10 万个新用户，但这个月只有 10 万元的推广费用，怎么办？

这个问题听起来挺像那么回事，但实际上有一些逻辑问题。

我相信你应该能看懂这段话表达的是什么意思，大概就是目标为要获取 10 万个新用户，但预算有限，完成目标有一定的困难。

在日常沟通中，因为有一些信息是大家都很清楚的，所以在表述时会默认对方了解这些信息，于是省去了这些信息。这样的表述实际上并不严谨：目标是获取新用户，现状是推广费用有限。这两者中间还少了一层逻辑，即推广费用和获取新用户的关系是什么。

如果按照目标来解读，提问者实际想要表达的是：这个月要从外部获取 10 万个新用户，但现有的推广费用预计只能获取 3 万个新用户，怎么办？

如果按照现状来解读，也可以表达为：要达成获客目标，需要 30 万元的推广费用，但这个月只有 10 万元的推广费用，怎么办？

目标和现状的不匹配，会让问题变得模糊。

（4）错误 4：目标不明确。

有时候看似有目标，其实没有目标。

比如，业务方说这次营销活动的效果不及预期。看起来营销活动是有目标的，因为有一个预期效果，但是这个预期效果到底是什么呢？

业务方回答说不清楚，低于预期是指低于老板的预期，老板在看了数据以后觉得转化量偏低。但预期转化量究竟是多少，没人知道，也没人敢问。

这种情况并不少见。很多团队把满足老板的预期当作目标，但是有些老板从没有对业务人员的表现满意过，无论你做得多么优秀，都达不到他的预期。

这种目标不够明确，分析的价值也不大。因为出现这种情况的公司，一般来说不是靠数据驱动决策的，而是靠老板拍脑袋来做决策的。这样的公司虽然有数据分析岗位，用着先进的管理技术，但实际上还是依靠老一套的决策办法。数据分析师在这样的公司内一般来说存在感并不高，也很难有好的职业发展。

上述 4 种错误是数据分析师在找目标和现状时经常容易犯的错误，如果你找到的目标和现状描述的是相同且明确的业务指标，那么基本上就没问题了。

### 3. 如何提出高质量的疑问

搞清楚了业务问题的目标和现状，接下来我们来看一下如何提出疑问。

面对一个业务问题，我们可以从很多维度分析，提出很多不同的疑问。比如，"哪些人""什么时候""是什么""是多少""为什么""会怎样""怎么办"等。

比如，现在的业务问题是广告拉新（通过广告拉来新用户）的效果一直不及预期目标，对此你提出了以下这些疑问。

- 疑问 1：有哪些好的广告拉新渠道？
- 疑问 2：有哪些拉新效果好的广告形式？
- 疑问 3：在什么时段投放广告的效果比较好？
- 疑问 4：拉新广告的文案怎么写？
- 疑问 5：拉取的新用户的男女比例分布是怎么样的？
- 疑问 6：是不是三四线城市的点击率更高？

疑问的方向非常多，究竟该选哪一个？选择一个合适的疑问在很大程度上决定了分析的质量，**因为疑问往往决定了答案**。

比如，你因为爱睡懒觉，所以上班经常错过打卡时间。于是你问别人："有哪些上班不打卡的公司？"

这个问题直接限定了你解决问题的方向，那就是找到一家上班不打卡的公司，然后想办法进入这家公司。

同样面对上班迟到的现象，如果你换一个问题，即怎么样才能改掉睡懒觉的习惯，那么解决这个问题的方向就变成了不再睡懒觉，确保自己上班不迟到。

虽然待解决的问题完全一样，但是提出的疑问不一样，解决方向就会有很大的差别。

面对"广告拉新的效果一直不及预期目标"这个问题，不同的疑问也代表着不同的解决方向。

- 疑问 1：有哪些好的广告拉新渠道？

  这个疑问的答案是找到一些效果更好的渠道，然后在这个渠道上投放广告。

- 疑问 2：有哪些拉新效果好的广告形式？

  这个疑问的答案是优化拉新的广告形式。

- 疑问 3：在什么时段投放广告的效果比较好？

  这个疑问的答案是找出投放效果好的时段，然后将资源倾斜到这些时段。

- 疑问 4：拉新广告的文案怎么写？

  这个疑问的答案是找出效果更好的文案类型，然后优化文案内容。

- 疑问 5：拉取的新用户的男女比例分布是怎么样的？

  这个疑问的答案是了解目标用户的性别分布情况，然后针对用户特点优化渠道、文案、产品等。

- 疑问 6：是不是三四线城市的点击率更高？

  这个疑问的答案是找出城市等级差异，然后重点在三四线城市投放广告。

  分析方向差别这么大，究竟该怎么提出疑问？

  **不管业务人员是问"为什么""会怎样"，还是问"有多少""要多久"等，归根结底都是为了回答"怎么办"。**

  比如，广告拉新效果不及预期目标，业务人员想找新渠道、优化投放时间、优化投放人群等，其实都是"怎么办"这个大问题的具体答案。

  如果问"怎么办"，我们的分析方向就会足够清晰，且很容易找到问题的突破口。有时候业务人员提出的疑问太局限，反而把解决思路带到沟里去，还不如不限定方向，直接问"怎么办"。

  如果你之前经常觉得自己在分析的时候没思路，那有可能不是你的问题，而是提问者的问题。我们没办法要求所有提问者都学会这个方法，但至少在下次遇到类似问题的时候可以用问题公式改造一下，说不定思路一下子就打开了。

  比如，"广告拉新效果不及预期目标"这个问题没有太多的限制，分析方向很自由。至于接下来究竟是找到新渠道、新的广告形式，还是修改投放时间、投放人群，都可以在不同的方向上做分析，找出优化空间最大的方向继续深入，这样就不会"在一棵树上吊死"。

### 1.2.4 问题思维的应用场景

你可能会有这样的困惑，问"怎么办"虽然很方便，但这个疑问有点儿太宽泛了，让人完全不知道该如何入手。

其实只要你真的搞清楚了问题三要素，就能大致搞清楚分析的方向。

问题产生的原因是现状和目标存在差距，那么如果能抹平这个差距，问题也就不存在了。所以要想解决问题，要么优化现状，要么调整目标。

#### 1. 方向 1：优化现状

优化现状有两个方向，要么消除阻力，要么提升动力。

人们总是希望让自己的身体保持健康的状态。假如有个人因身体遭到了病毒的入侵而患病，那么这个时候该怎么办？

面对这种情况，调整目标肯定是不合适的。你总不能说身体病了其实也挺好的，再怎么自我安慰，身体还是会不舒服。既然调整目标解决不了问题，那就只能优化现状，让患病的身体恢复健康。

让身体恢复健康，有阻力，也有动力。

阻力是病毒，病毒入侵了身体，破坏了细胞机理，导致身体患病。

动力是免疫系统，白细胞杀死入侵的病毒，让免疫系统变强，身体得以慢慢恢复。

所以在生病的时候，我们除了吃药，还会吃些有营养的东西。吃药是为了消除阻力，让药物杀死更多的病毒；吃有营养的东西是为了增加抵抗力，提高免疫系统的能力，早日恢复健康。

解决商业问题也是一样的。要优化现状，除了要消除阻力，还要提升动力。

（1）消除阻力。

还是以"广告拉新的效果一直不及预期目标"为例。

如果广告投放策略和历史上曾经采用的广告投放策略相比没有发生太大的变化，即原来怎么投放，现在还怎么投放，那么在正常情况下，广告拉新用户数是不会有太大变化的。我们的预期目标是数据稳定，不会大涨，也不会大跌。

假如在广告投放策略没有变化的情况下，数据突然明显下滑，那一定不是广告投放策略本身的问题，而是出现了一些阻力，如产品负面新闻、竞品影响、广告算法调整、线上漏洞等。

因为广告投放策略和历史上曾经采用的广告投放策略相比基本没有差别，所以找出阻力产生的原因并不是特别困难。你可以根据业务动作做分析，用现状数据和历史数据做对比，找出差异点，找出策略执行上的原因。广告投放的业务动作一般是分渠道、分素材进行的，业务转化链路是：广告曝光—用户单击跳转落地页—用户在落地页单击跳转产品。经过这样的分析后，基本就能找到问题产生的原因了。

如果经过上述分析，发现所有渠道、所有步骤的新用户数都在下降，那么阻力可能来自外部。这类分析比较麻烦，因为外部原因的表现方式千奇百怪。在这种情况下，数据分析师需要和业务人员一起分析，业务人员提供行业内动态，数据分析师验证业务人员的假设。

（2）提升动力。

优化现状也可以通过提升动力来实现。提升动力有两种方式，一种是放大现有模式，另一种是改用新模式。

如果你的业务策略与过去的基本一致，并且没有到达规模天花板，那么提升动力最好的办法就是加大资源投入，放大现有模式。

假设投入50万元可以获取10万个新用户，那么要想获取更多的新用户，就要投入比50万元更多的资金。更多的渠道可以带来更多的流量，同时需要更多的广告素材和人力投入。

对于这种扩大现有模式的提升，数据分析师可以根据历史数据，测算出投入产出比，并根据执行上的差异，提出最高效的投入模式。比如，为了达到20万人的拉新规模，需要额外投入40万元来扩大渠道A和渠道B的投放预算。

如果当前业务策略的实施遇到了瓶颈，那么即使投入更多的资源，也无法获得业务的增长，就只能靠改用新模式来促进业务增长了。比如，原本是在各大应用平台投放拉新广告，但现在要想获得更多流量，是不是可以试一下在 App 内针对老用户投放老带新的激励活动？

新模式一般都没有历史数据可用，所以对于具体采用什么模式，数据分析师需要和业务人员配合，帮助业务人员验证其可行性。如果业务人员想要采用老用户带新用户的策略，那么该选择哪些老用户？选择的老用户的规模有多大？这些老用户原有的积分是如何分布的？再送多少积分合适？

### 2. 方向 2：调整目标

有时候，现状和目标存在差距是因为目标设置得明显不合理，或者由于各种原因现状难以得到改变。这时候想要优化现状太难，因此可以换个角度，站在目标的角度思考，是不是目标有问题并需要调整。

目标有问题，采取的措施绝不是改变目标这么简单。把广告拉新用户数的目标从 10 万人调整成 8 万人，这样目标是完成了，但问题也来了：总体新用户数和日活的目标完不成了。

公司里的目标都不是孤立存在的，广告拉新用户数目标是总体新用户数目标的一个子目标，总体新用户数目标又是日活目标的子目标。调整了广告拉新用户数的目标，其他目标也要受影响。

所以调整目标不能只盯着眼前的一个目标，要把公司的所有目标结构化地梳理出来。先看同级别的目标能否填补其他目标的缺口，如果不行，就再看上一级目标。

原来总体新用户数目标为 20 万人，其中，广告拉新用户数目标为 10 万人，裂变拉新用户数目标为 5 万人，自然流量新用户数目标为 5 万人。现在要把广告拉新用户数目标调整成 8 万人，那么同级别目标中的裂变拉新用户数目标和自然流量新用户数目标能不能填补这个目标缺口？

如果不能，那么总体新用户数目标有缺口，就会使上一级目标（日活的目标）也出现缺口。这时无法在"总体新用户数"内部做调整，可以从与"总体新用户数"同一级别的指标"老用户数"中想办法，看老用户数目标能否填补日活目标的缺口。

就这样一级一级往上推，最终把目标缺口转移到其他指标上。

当然，调整目标是一种没办法的办法。很多时候调整目标也不是数据分析师能左右的事情。所以这种分析方法并不是真的让你跟老板说调整目标，而是让你把目光转移到其他指标上，然后分析如何通过提升其他指标来达成整体目标。

比如，你告诉领导广告拉新用户数达不成目标，但是你通过分析发现，采用社群裂变的方法拉新有 3 万人的增长空间，最终可以达成总体新用户数的目标。

### 1.2.5　问题思维小结

平时在沟通需求时为什么会效率低下？

你会发现平时的需求一般都内容不全，要么没有明确的目标，要么没有明确的现状，要么疑问被限制在一个非常狭小的范围内。

业务人员觉得数据分析师不懂业务，只需要按照自己的要求分析特定数据即可。而数据分析师接到不完整的需求，根本没有机会深入了解业务，无法提供全面、有价值的信息。

问题三要素（目标 + 现状 + 疑问）可以很好地解决需求沟通时效率低下的问题。

如果能把问题按以上结构梳理出来，那么不仅大家容易理解，交流的成本也会降低。而且对数据分析师来说，拿到这样的问题，基本上就能知道问题的分析方向有哪些。

问题三要素的方法简单、易学，能快速提高需求沟通的效率。

## 1.3　量化思维：用数据描述现状，做到用数据说话

### 1.3.1　思考：如何体现你的专业性

关于描述问题"是什么"，你已经学习了目标思维和问题思维。其中，目标思维能帮助你找出分析的目标，问题思维能帮助你在这个目标下找出待解决的问题。

但你提出的问题可能仍然不够专业。

假设你是某互联网公司的数据分析师。

一天，业务人员邀请你参加业务方案讨论会。

会上讨论很激烈。当讨论到最近广告转化率下降的原因时，你积极献策："我觉得应该更新广告样式和文案，这个广告版本已经两个月没改了，我已经刷到好几次了，用户肯定产生了审美疲劳。我们这类产品的广告一般一个月左右就得更换一次，因为要转化的用户都已经转化了，剩下的都是很难转化的用户，转化率会越来越低。"

大家觉得有道理，于是开始讨论新的广告样式和文案。

会后，你的提议被采纳了，运营部门开始修改广告样式和文案。你非常高兴，因为自己的观点被认可了。

数据部门的领导找到你，跟你说你在会上的建议很好，但是要注意数据分析师的专业性，不要主观判断，否则会显得不专业。

你很清楚，在领导说"你很好，但是……"这样的话时，重点在"但是"，只需要听后面的部分就行了。看起来领导觉得你给业务人员提出的建议不够专业。

你很苦恼，自己说的明明都是对的，大家也都认可，为什么领导会说自己不专业呢？

### 1.3.2　为什么需要量化思维：可衡量才可优化

在数据分析还没有普及的时代，在企业内做决策往往依靠领导的智慧和经验。这种决策方式太过于依赖领导的个人水平，不仅不容易复制，而且在很多时候全靠领导的直觉。员工如果不能理解决策的依据，就不能很好地执行决策。

如今，随着数据采集技术和计算技术的发展，企业内数据分析成了做决策的主要依据。做什么事都要"用数据说话"。

用数据分析做决策，既可以避免"拍脑袋"带来的不确定性，又可以让所有人了解决策的事实依据和逻辑链条，认可决策的结果，实现更好的执行效果。

这两种方式的区别，和古代中国和欧洲各自发明瓷器的过程的差别有点儿类似。

　　早在春秋战国时期，中国就发明了瓷器，比欧洲早两千多年。古代中国烧制瓷器的思路有点儿像靠"拍脑袋"做决策的思路。虽然工匠们熟练掌握瓷器的制造工艺，但不明白其中的化学原理。要想做出精美的瓷器，依靠的是老师傅们的经验，比如对火候的控制靠的就是这些老师傅们通过肉眼对窑内火焰颜色的观察。这种经验难以量化，缺乏详细的工艺流程。

　　欧洲的瓷器发明起步比较晚，采用的是用数据说话的思路。有一位叫伯特格尔的炼金术师，花了 4 年时间，做了 3 万次实验，最终成功制作出了瓷器。在这期间伯特格尔记录下了制作各种瓷器的成分配比和工艺流程，这使得他在原有经验的基础上，获得了叠加性的进步。到了今天，我们依然可以根据这些实验记录还原历史上的瓷器。

　　企业要想获得可持续的发展，就必须用数据驱动决策。可衡量才可优化，这就是用数据说话的威力。

　　数据分析师这个岗位的价值就是确保数据决策的有效性，因此必须做到将数据当作客观事实，用逻辑推导合理结论，保证决策是有效的。

　　很多新入职的数据分析师学会了分析方法，能够胜任日常的数据支持工作，但由于忽视了用数据说话的思维习惯，因此在平时的分析和沟通中容易给人留下一种"不专业"的印象，在不知不觉中影响了自己的职业发展。

　　回顾 1.3.1 节案例中的发言，你通过自己的观察，结合业务经验，提出审美疲劳导致转化率下降的可能性，这种表述如果出现在日常的业务讨论中，问题不大。但在正式的会议场合，你作为一个数据分析师，表达的内容却和数据关系不大，凭借的全是自己的感受和经验，这就显得太不专业了。毕竟数据分析师要以数据为分析基础。你可以这样说：

　　"当前版本的广告转化率从 5% 下降到 2%，并且呈持续下降的趋势。广告转化率下降的原因可能是用户产生了审美疲劳。

　　"广告素材已投放超过 60 天，超过历史平均值 35 天；且近期没有其他影响广告转化率的因素，建议在更改广告素材后观察是不是审美疲劳的原因。"

　　这样表述的结论和之前的结论虽然是一样的，但是得出结论的推导过程明显更加严谨，用客观数据支持结论，更能体现你的专业性。

### 1.3.3　什么是量化思维：用数据衡量一切

在学生时代的语文课上，大家都学习过议论文的写作。议论文有三个要素，分别是论点、论据和论证。论点是指文章要证明的观点，论据是指用于证明观点的证据，论证是指证明观点的逻辑。

数据分析的目的是通过数据找出问题，并通过分析报告的方式将问题传达给其他人。分析报告其实就是一种议论文，所以它也要具备这三个要素。有所不同的是，数据分析的论据和论证比议论文要更加严谨，论据必须是客观事实，论证必须符合逻辑。

量化思维，其实就是对日常观点的论证过程进行升级迭代，最终实现用数据做论据，从数据中得出观点的目标。

要想真正地运用量化思维，一般要经过 4 个阶段。

- 阶段 1：用事实替代观点。
- 阶段 2：用数据描述事实。
- 阶段 3：从数据中提炼观点。
- 阶段 4：万物皆可量化。

#### 1. 阶段 1：用事实替代观点

数据分析需要用事实做论据，得出结论。但我们在平时的思考过程中，习惯性地会通过主观感受得出结论。因为事实可以证伪，而观点无法证伪，所以只有事实才有讨论的意义，观点很难讨论。

为了更好地用事实替代观点，我们要了解什么是事实、什么是观点。

事实：记录的客观存在，不以人的意志为转移。

观点：思想的主观判断，是"仁者见仁，智者见智"的。

我举一个简单的例子。

- 本书是关于数据分析思维的书。
- 本书是最好的数据分析思维书。

在这两句话中，哪句话是事实，哪句话是观点？

这个问题很容易回答，前者是事实，本书是关于数据分析思维的书，这是客观存在的事实。

后者是观点，对于本书究竟是不是最好的数据分析思维书，每个人都有自己的观点。评判哪本书最好，是一件非常主观的事情，不同的人有不同的标准。

我们要知道一个前提：只有事实才有讨论的意义，观点很难讨论。

事实和观点看起来很容易区分，但如果表达不够精准，那么事实也会变成观点。图 1-3-1 所示为一张销售额月趋势图。

## 销售额月趋势图

图 1-3-1　销售额月趋势图

小白看了图后，得出一个结论：本月的销量额大幅下降。请问这个结论是不是一个事实？

从图 1-3-1 中可以看出，本月的销售额确实在下降，这非常清楚，没有什么异议，这似乎是一个事实。

但这句话因为表述得不够清晰，所以其实还是观点，不是事实。因为"大幅下降"是一个比较模糊的概念，究竟下降多少算大幅下降？如果下降 10% 算大幅下降，那么下降 9% 算不算？这里的"大幅下降"其实就是一个主观判断的结果，如果另一个人觉得下降 20% 才算大幅下降，那么就不能得出销售额"大幅下降"的结论。

我们通常喜欢用模糊的形容词或副词描述某种程度，如"很多""很好""可能""大幅""一部分"等。每个人对这类词的理解都是不同的，如果想当然地以为其他人和你的理解是一样的，就会出问题。

另外，销售额下降是跟什么对比得出的结论？跟上个月比销售额确实是下降的，但和去年同期比销售额又是上涨的。所以究竟是上涨还是下降，关键要看和谁比。

如果把"大幅"两个字去掉，并增加对照说明，说成"相比于上月销售额，本月销售额下降"，那么这句话就是事实。

数据分析采用的论据必须是事实，不能是观点。

**因为事实有真假，观点无对错。**

要得出确定的分析结论，在论据部分就得用确定的事实依据。

### 2. 阶段 2：用数据描述事实

养成了用事实替代观点的思维习惯之后，还要用数据准确地描述事实。

你认为大学毕业生想要有更好的职业发展，应该回老家所在的三四线城市还是去一线城市？

你大概率会支持他去一线城市。原因是一线城市的工作机会更多，收入也更高，还能和优秀的人才共事，开阔眼界，增长见识。三四线城市的职业选择比较少，职场天花板也比较低，对未来发展不利。

这句话里的论据都是事实，一线城市工作机会多、薪资水平高是大家公认的事实，没有什么疑义。

但是这些事实还不够详细，没有具体的情况。比如，一线城市的工作机会更多，那到底比三四线城市多多少呢？

虽然这些模糊的事实不影响最终的判断，但如果将其作为一个数据分析的议题，就必须用具体数据说明这些事实。

**什么是指标呢？**

不是所有的数据都叫指标，指标要满足两个条件：

- 对业务有参考价值；

- 必须是统计数据。

对业务有参考价值是指这个数据能让你对业务更了解，有实际的业务含义。对国内的大部分公司来说，美国的 GDP 这个数据对业务经营没有什么参考价值，所以美国的 GDP 就不是这些公司的指标。

指标要满足的另一个条件是必须是统计数据。企业通过系统或人工采集到的初始数据并不能直接使用，对这些初始数据做计数、求和、求平均值等计算后得到的数据才是指标。比如，某位用户在填写会员信息时选择了"25 ～ 30 岁"这个年龄段，这个数据不能算是指标。如果你统计了所有会员中 25 ～ 30 岁的用户占比，那么这个数据就是指标。

用数据描述事实有以下要求。

（1）模糊的正确优于过度的精确。

数据不必追求过度的精准，模糊的正确优于过度的精确。

获取精确的数据是需要付出资源的，要么投入更多的资金，要么投入更多的时间。数据的精确度够用就好，不用追求过于精准的数据。

比如，对一线城市和三四线城市的工作机会进行对比，要想获得完全精准的数据是非常困难的，但是可以根据线上招聘平台的岗位招聘数据做一下估算。线上招聘平台的岗位招聘数据肯定是不精准的，但是用来估算一线城市和三四线城市工作机会的差距已经足够了。

（2）清晰的指标定义。

有时候你说的确实是具体数据，但是由于各种原因，导致对方接收到的信息和你想表达的内容不一致。一般出现这种情况，要么是因为指标的定义模糊，要么是因为口径模糊。

**先看一下定义模糊。**

在数据分析工作中，像"活动效果""满意度""流畅度"等名词，是业务语言，并没有具体的指标。

比如，对于"活动效果"，不同活动的"活动效果"对应的可能是不同的指标。拉新活动的活动效果是指活动带来的新用户数、有效新用户数、ROI（Return on

Investment，投资回报率）等；促销活动的活动效果是指活动带来的销售额、销售人数、参与人数等。如果不说清楚具体指标，不同的人可能会存在完全不同的理解，在沟通中就会出现许多麻烦。

**再看一下口径模糊。**

比如，当月平均次日留存率这个指标是怎么计算的呢？

次日留存率的口径是比较清楚的，是在当日的活跃用户中，次日依然活跃的用户所占的比例。当月平均次日留存率的口径是什么呢？这里有两种算法。

第一种是对每天的次日留存率求平均值。

第二种是对每天的次日留存用户数求和，再除以每天的活跃用户数。

这两种算法都可以算出当月平均次日留存率，如果不搞清楚定义，不同的人算出来的结果就会不同，即数据对不上。数据对不上是令数据分析师最痛苦的事，意味着要排查口径和代码逻辑。

（3）搞清楚基础专业名词。

有时候你以为自己说的是对的，但这只是你的想法。

比如，"空穴来风"这个成语，从字面上看很容易被理解为某件事情是无中生有、毫无根据的。但实际上，这个成语的含义是比喻消息或传说不是完全没有来由的，这个意思和大众理解的意思是完全相反的。如果不搞清楚这个成语的含义，那么在使用的时候就会导致误会。

我们在表达的时候，也会因为欠缺专业知识而犯错误。比如下面这句话：

> 上一期营销活动的转化率是 10%，这一期营销活动的转化率是 15%，本期营销活动的转化率提升了 5%。

这个表达有问题吗？如果你觉得这个表达没问题，那么你就和比利一样在说"爸爸打我"。

上面这句话的问题出在 5% 上，百分比和百分点是两个不同的概念。这里普及一下统计学知识。

**百分比**：百分比（英文是 Percentage）是一个相对数据，它表示一个数是另一个数的百分之几。从 1% 提升到 2%，就是提升了 100%。

**百分点**：百分点以百分数绝对值的形式表示变动幅度，从 1% 提升到 2%，就

是提升了 1 个百分点。为了书写方便，很多公司用 PT（Percentage Point 的简写）
表示百分点。

案例中原转化率是 10%，现在的转化率是 15%，如果用百分比来表示，就是
转化率提升了 50%，如果用百分点来表示，就是转化率提升了 5 个百分点。

专有名词的错误是完全可以避免的。如果你的统计学基础不是特别扎实，那
么你可以搜索数据分析专业名词、统计学专业名词等，补习一下。日常工作中还
有其他一些比较容易搞错的名词，如"比例""比率""倍数""番数"等。

很多数据分析师从业时间长了，都会有用数据说话的"职业病"。

比如，天气很热，我可能会下意识地说今天 35℃；

想表达一家饭馆的饭菜很好吃，我可能会说上次和 4 个人一起来吃都说好吃；

租了一个离公司很近的房子，我可能会说租了一个离公司步行 15 分钟就能
到的房子。

有一次，我和数据分析师同事们一起去看一部喜剧电影，放映前大家讨论这
部喜剧电影的搞笑程度如何，大家调侃要统计"全场笑的次数""观影后的搞笑
指数评价"等，这些都是数据分析师量化思维的体现。

### 3. 阶段 3：从数据中提炼观点

用数据描述事实，还不是完整的分析。完整的分析要有最终的观点，也就是
分析的结论。从数据中提炼观点，可以有这样几种方式：数学推断、逻辑推理、
多视角结合。

（1）数学推断。

数学推断是指利用数学知识做出假设，进行推断的方法。比如，我给你一家
公司的每月销售额数据，但不给你其他信息，你依然可以得出一些结论。

比如，你可以做描述性统计，知道每月销售额的平均值和离散程度，了解这
家公司销售额的稳定性；还可以根据数值制作趋势图，了解这家公司销售额的变化
趋势。

（2）逻辑推理。

逻辑推理是指根据规则和限制条件进行合理化推测。在生活中，玩牌类游戏

会用到逻辑推理。因为牌类游戏的牌型是确定的，所以你可以根据自己手中的牌大致推测出对方的牌。

因为逻辑推理引入了业务规则和一些信息，所以能够得出比数学推断更加准确和深入的结论。

比如，前几个月每个月销售额都增长 10%，则可以预测下个月销售额依然增长 10%。如果引入业务信息，之前的增长是由于持续加大了广告投入，这个月因为广告的投入产出比下滑，广告投入只维持了上个月同等的水平，那么下个月的销售额就不会再继续上涨，大概率会与这个月的销售额持平。

（3）多视角结合。

多视角结合是指从多视角的数据中挖掘出潜在的信息。

多视角结合的一种方式是通过分析多维度的数据挖掘出潜在的信息。比如，销售额持续增长，这是可以通过数学推断直接得出的结论，但是这个结论的颗粒度还比较粗。增长究竟是由什么带来的？未来还能不能持续增长？根据这个结论没法找出这两个问题的答案。如果按照维度细分，发现近几月的增长都是由新增渠道带来的，原有的其他渠道基本持平，那么这个结论就能够解释销售额增长的驱动因素。如果对新增渠道规模进行分析，则能够回答未来趋势的问题。

**维度一般是分类数据或者顺序数据。**

**分类数据**：超市里不同的商品类型就是一种分类数据，生鲜、酒水、零食、日用品等商品分类没有数学意义上的大小关系，只能用来判断一件商品是不是属于某个类型。

如果某个事物的特征数据仅仅只能标记事物所处的类别，无法标记事物的大小、高度和重量等其他量化特征属性，那么这样的数据就是分类数据。

类似的分类数据还有很多，如性别、所在城市、职业等。

**顺序数据**：很多人在决定要不要去看一部电影时，会去网上看一下这部电影的评分。一般来说，电影的评分越高，质量就越好。如果电影评分的满分是 10 分，一部电影的评分是 9 分，另一部电影的评分是 6 分，那么得 9 分的电影大概率会比得 6 分的电影更好看。

这里的 9 分和 6 分，可以做大小比较，但是不能做数学意义上的计算。你不能说得 9 分的电影比得 6 分的电影好看 1.5 倍，或者说看两部得 6 分的电影就能超过看一部得 9 分的电影。

多视角结合的另一种方式是通过指标体系找出潜在的信息。

单纯的销售额增长并不能说明企业经营的全貌。要想了解企业的经营状况，除了看销售额，还需要关注净利润、资金周转效率等其他指标。结合净利润的数据，发现虽然销售额在增长，但净利润下降了，这表明增长是通过降价促销的方式实现的，并不是由经营能力的提升带来的。这就挖掘出了销售额增长背后的隐藏信息。

### 4．阶段 4：万物皆可量化

在以上阶段中，可以量化的事物均被量化。如果某些事物就是无法量化，怎么办呢？我曾经读到这样一个故事：

一位数据分析师参与了一场非常重要的业务会议，会议分上午场和下午场。在上午场开始前，这位数据分析师被临时通知要在下午场的会议上做一个演讲。但他对业务近期关注的重点并不清楚，不知道下午该讲些什么。

如果你是这位数据分析师，想搞清楚业务关注的重点，你会怎么办？

在一般情况下，翻看业务报告或者咨询业务人员都能够了解目前业务关注的重点。这个案例看起来似乎和量化没什么关系，没有什么可以量化的地方，但这位数据分析师依然用量化的方法解决了这个问题。

他的做法是**量化上午的会议**。

在上午的会议上，他快速将其他人演讲的内容要点记录下来，同时记录在其他人演讲期间 CEO 的动作：点头、写笔记、发问、玩手机等。记录的这些数据可以反映 CEO 对不同主题的感兴趣程度。

接着这位数据分析师整理在上午场会议上收集到的数据，对演讲的主题进行归类，分析 CEO 目前对哪个主题更感兴趣。

到了下午，他就 CEO 最关心的几个主题做了一次简单的演讲，结果大获成功。

看起来原本是一个和量化完全无关的问题，最后竟然用量化的方法解决了。大部分人都不会想到用这种方法，因为根本没有想过会议内容也能被量化。

所以量化思维的第 4 个阶段是打破认知的边界，认识到万事万物都是可以量化的。

### 1.3.4　量化思维的应用场景

量化思维是用数据衡量事物。要想准确衡量事物，就要找到合适的指标。

有些场景有通用的量化指标，用数据说话看起来似乎不难，把形容词和副词改成数字就行了。

- 姚明很高，改成姚明的身高有 2.26 米。

- 小李的饭量很大，改成小李每顿饭要吃 3 碗米饭。

- 新渠道的投放效果很好，改成新渠道的投放 ROI（Return On Investment，投资回报率）比平均值高 30%。

有些场景很难马上找到合适的量化指标。因为数据分析师要解决的问题在很多情况下是未知的，这种情况往往没有现成的量化指标，想要用数据说话就显得很困难。

比如：

- 某个产品漏洞带来的影响很大，究竟有多大？

- 新产品成功的概率很高，究竟有多高？

- 我们的产品体验比竞品更好，究竟有多好？

上述几个问题没有标准答案，具体用什么指标衡量，需要调研问题的具体情况后再决定。所以只知道常用的量化指标，并不能应对千变万化的现实世界，我们还需要学会量化事物的方法，这样才能应对不同的场景。

为了让大家学会用数据描述事物，我会从单一指标的制定和指标体系的构建两个方面讲解如何构建指标。

#### 1. 制定指标的方法：OSM 模型

因为每家公司的业务或多或少都有一些差别，所以除了学习常见的指标，我们还需要学会自己制定指标。这里我建议使用 OSM 模型。

OSM 中的 3 个字母分别对应 3 个单词——Objective、Strategy 和 Measurement，

代表的分别是业务目标、业务策略和业务度量。

- Objective（业务目标）：用户使用产品的目标是什么？产品满足了用户的什么需求？
- Strategy（业务策略）：为了达成上述目标采取的策略是什么？
- Measurement（业务度量）：采取这些策略带来的数据指标变化有哪些？

使用 OSM 模型制定指标的第一步是确定业务目标是什么。如果你没有清晰的业务目标，那你就不可能制定出准确的指标。你现在能理解我把"目标思维"放到开篇的原因了吧，因为目标思维实在太重要了，无论做什么事，都要先思考目标。

我举一个例子帮助你理解 OSM 模型的使用方法。以网约车平台的业务为例，按照 OSM 模型，它的指标是什么？

首先是 O，到业务目标，我们需要问这么一个问题：用户使用网约车的目标是什么？

用户的目标是便捷、快速地打到车，并且安全地到达目的地。

然后是 S，也就是找到对应的业务策略，即如何让用户感受到自己的需求被满足。

网约车平台的业务策略如下。

- 在便捷方面，平台提供了多个产品入口，有专门的独立 App、小程序，以及高德、微信、支付宝等产品的打车入口。
- 在快速方面，平台针对不同的需求提供了不同的产品选择，如快车、优享、拼车、出租车等，并且根据早晚高峰的出行需求调节运力，减少用户排队时间。
- 在安全方面，平台实行司机准入机制和司机合规机制。

最后是 M，也就是对业务策略进行度量，制定指标。

- 在便捷方面，需要度量的是多个产品入口是否真的正在被用户使用，指标可以选择渠道人数、渠道转化率和转化人数。
- 在快速方面，需要度量的是用户找到运力的难度，指标可以选择供需比、平均匹配时长。
- 在安全方面，需要度量的是司机的规范程度，指标可以选择司机服务分。

## 2. 构建指标体系的方法

单一的指标带来的信息是有限的。比如，同样的两个业务，A业务的销量是100万个，B业务的销量是50万个，请问哪个业务更好？

答案是不一定。

单纯根据销量这个指标带来的信息进行判断还不够，我们需要将其和利润、客单价、用户忠诚度等多个指标联合起来一同判断。也许A业务的销量高但利润低，B业务的销量低但利润高。A和B两个业务各有不同的特点，用单一指标去评判这两个业务是不合理的。

所以我们需要把相关的指标整合起来，构建一个指标体系。了解业务的指标体系对数据分析来说至关重要，有以下两个好处：

• 能了解业务是如何运转的，以及业务人员最关心什么；

• 当遇到数据异常的时候，顺着指标体系进行排查，能很快找出问题。

在对数据分析师进行面试的时候有一道几乎必问的题目，那就是"如果某个指标突然出现了异常，怎么排查问题"。如果你有指标体系的概念，那么这是一道"送分题"。如果你没有指标体系的概念，就会"东一榔头，西一棒槌"，想到哪儿说到哪儿，这样的回答说明你没有基本的指标体系的概念。

如图1-3-2所示，我们可以通过4个步骤完成指标体系的构建。

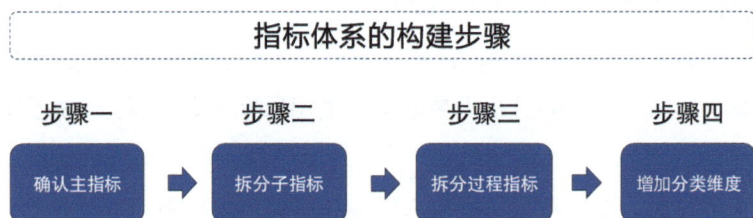

图 1-3-2　指标体系的构建步骤

（1）确认主指标。

主指标就是用来评价你负责的业务到底怎么样的指标。比如，销售部的责任是尽量多卖出产品，所以主指标是销售额；渠道运营的责任是拉来更多的有效新用户，所以主指标是有效新用户数。

　　主指标的制定要根据业务的实际情况来进行，不同业务的主指标不同，同一个业务在不同阶段的主指标也不同。

　　以不同的产品阶段为例，一款 App 的常见主指标如下。

- 引入期：这个阶段产品刚刚启动，需要注重打磨，主指标是**留存率**，在留存率达标之后，再进行大规模推广；
- 发展期：这个阶段用户量猛增，主指标是**用户数、活跃率**等；
- 成熟期：这个阶段用户数已经稳定，重心转移到了商业化上，主指标是和营收有关的指标，如**销售额、利润率**等；
- 衰退期：这个阶段用户增长停滞、用户活跃度下降，主指标是**用户流失率**等。

　　简化一下，就是引入期做留存，发展期做增长，成熟期做营收，衰退期做回流。主指标要根据产品所处阶段的特点确定。

　　这里要提醒一点，主指标一般要多个综合使用，因为一个指标很容易造成"虚荣指标"的结果。比如，成熟期只看销售额，销售额猛增，但是利润没变，甚至变少了，这样的销售额增长并不代表业务在变好，所以在成熟期，除了销售额，还可以将毛利润作为主指标。

　　主指标的制定是整个指标体系构建的重中之重，主指标选择得不对，后面的所有工作都是无用功。

　　确定业务的主指标可以采用前文提到的 OSM 模型，这里不再赘述。

　　（2）拆分子指标。

　　第二步就是把主指标拆成子指标。

　　什么是子指标呢？比如，主指标是毛利润，而毛利润又是根据销售额和成本计算出来的，计算公式如下。

$$毛利润 = 销售额 - 成本$$

　　那么，销售额和成本就是毛利润的子指标，销售额和成本这两个子指标还可以继续往下拆分成更小层级的子指标，如图 1-3-3 所示。

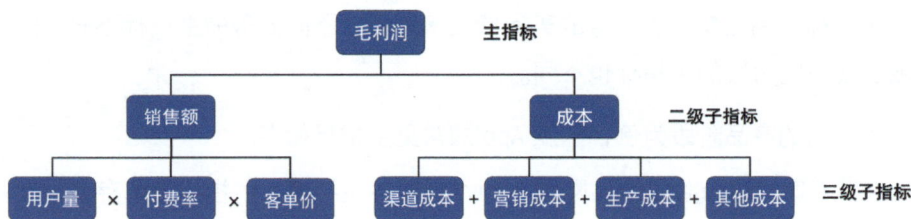

图 1-3-3　毛利润的子指标示意图

在网约车平台的案例中，拆分子指标可以按照图 1-3-4 所示的方法进行。

- 在便捷方面：主指标为渠道转化人数，子指标为渠道人数、渠道转化率。
- 在快速方面：主指标为供需比，子指标为司机人数、乘客人数。
- 在安全方面：主指标为司机服务分。司机服务分一般根据驾龄、信用风险分、事故次数等综合得出。公式中的因子就是子指标。

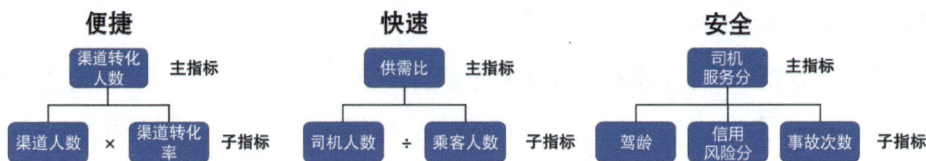

图 1-3-4　网约车平台的拆分子指标示意图

在实际的工作场景中，如果主指标是整个公司的共同目标，那么子指标通常是部门的绩效考核目标。比如，用户量、付费率、客单价可能是由三个不同的部门负责的。如果主指标是部门的共同目标，那么子指标一般是分到小组或个人的目标。比如，供需比是由司机人数和乘客人数决定的，司机人数和乘客人数一般由两个小组分别负责。所以在拆解子指标时，要使拆解出的子指标与各部门的实际业务情况保持一致。

（3）拆分过程指标。

拆解完子指标，接下来我们继续拆解过程指标。主指标和子指标通常是最终的结果，这类指标一般被称作"结果指标"。结果指标可以明确地告诉我们业务到底做得好不好，但是它有个缺点，就是反应太慢了。

比如，销售额其实是一连串销售行为的最终表现，当我们发现销售额下降的时候，其实已经晚了。销售额下降不是在看到这个数据的时候才开始的，而是在平时的获客、跟进过程中就已经出现了，所以我们需要一个更灵敏的指标，提前发现问题。我们可以监督销售流程的各个环节，各个环节的表现指标**就是过程指标**。

过程指标最常见的形式是漏斗模型。比如，一个产品的销售流程是**落地页→购买页→支付页→支付成功**。

我们可以根据这个流程把"付费用户数"这个指标拆分开，单独计算每一个环节的用户数。

到了这个流程的最后一步，也就是支付成功这一步的人数，和"付费用户数"是相同的。这样，我们不用等到"付费用户数"这个指标出问题了才去想办法，而是在结果出来之前，就可以通过过程指标提前预判其会不会出问题。

除了各个步骤之间的转化率，在每一个步骤内部，还有一些衡量这一步效果的指标，这些指标都是过程指标，如图 1-3-5 所示。

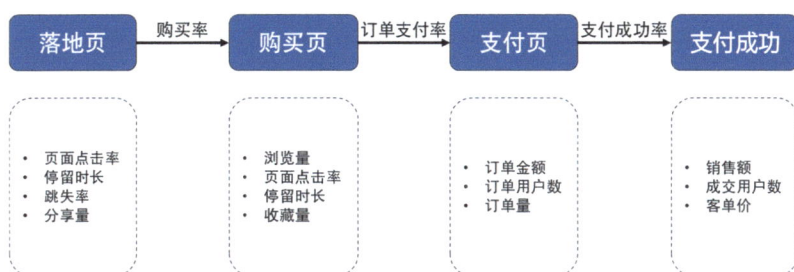

图 1-3-5　过程指标示意图

在网约车平台的案例中，衡量便捷的主指标是渠道转化人数，我们可以拆解过程指标，如渠道触达人数、渠道下载人数、渠道登录人数。

如果你要为业务方提出分析建议，应尽量分析到过程指标。业务方让你分析如何提升销售额，你只拆解了子指标，把销售额拆解成用户量、付费率和客单价，你能提出什么建议？你只能说"要想提升销售额，可以提升用户量、付费率和客单价"。这是一句标准的废话。业务方自己难道不知道要提升这 3 个指标吗？问题是该怎么提升。

如果你拆解到了过程指标，那么业务方就更容易落地。过程指标对应具体的某个环节，而具体环节解决的问题往往是比较清楚的。比如，我们拆解了过程指标，告诉业务方"要提升销售额，可以提升落地页的转化率"。这样业务方就容易讨论后续方案，因为落地页的目的就是引导用户浏览商品信息，之后就可以思考如何更好地激发用户的兴趣，让其产生购买意愿。

（4）增加分类维度。

拆解完过程指标还没结束，我们还可以给指标增加分类维度。维度就是指标的某个特征，常见的分类维度有时间、地域、渠道、用户群体、商品类型等，如表 1-3-1 所示。维度数据一般都是定性数据中的分类数据和顺序数据。

表 1-3-1　常见的分类维度示例

| 分类维度 | 示例 |
|---|---|
| 时间 | 第一周 |
| | 第二周 |
| | 第三周 |
| 地域 | 北京 |
| | 上海 |
| | 杭州 |
| 渠道 | 线上广告 |
| | 线下广告 |
| | 好友邀请 |
| 用户群体 | 新用户 |
| | 忠实用户 |
| | 流失用户 |
| 商品类型 | 引流品 |
| | 主推品 |
| | 利润品 |

给指标增加分类维度是拆解问题的基础，但是如何选择好的维度是一件非常困难的事情，新手很容易选择一堆的维度，最后得出一些完全无用的结论。维度的选择必须符合业务的特点。比如，网约车平台的业务在不同城市、不同地段、不同时间的差异较大，而且都有对应的含义，所以在维度上我们可以选择城市维度、商圈维度、渠道维度、时间维度、用户标签等。不好的维度是类似手机系统、机型、App 版本等这样的维度，这些维度可以用来做系统漏洞的排查，但是对业务来说意义并不大。

在将主指标、子指标、过程指标和维度罗列出来之后，我们就可以把某项业务的指标体系建立起来了。通过上述步骤可以看出，指标的拆解有三种方法。我们要想分析问题，就要拆解问题，而拆解问题逃不开这三种方法。

- 子指标：按照指标公式拆解。
- 过程指标：按照生成过程拆解。
- 分类维度：按照业务维度拆解。

这样当你在回答面试官的问题时，就能做到思路清晰、有条理。

这里要提醒一点，子指标和过程指标的拆解方法不一定适合所有的指标，比如用户量这个指标，就拆不出子指标。在获取新用户时，有些外部数据无法拿到，就没法拆解过程指标。所以我们可以按照这三种方法思考如何拆解指标，如果无法拆解，跳过去就可以了。

## 1.3.5　量化思维小结

拆分指标是数据分析师的基本功，掌握这项能力代表着你已经厘清了业务关系，能在业务中抽象出关键信息，这些对于后续的分析都是至关重要的。

很多数据分析师觉得拆分指标没什么技术含量，到真要用的时候，在网上搜一下，直接照搬 BAT 的指标体系就行了，这种做法会极大地限制你分析能力的提升。

为什么？所有练武的人都是从扎马步开始的，但是大家都不喜欢扎马步，都喜欢学武功招式。

武功招式学起来多过瘾啊，学完马上就可以用。而扎马步，就算扎三个月马步，也看不出有什么进步。

没扎过马步、只会招式的人，能力上限很低，纯属"花架子"；而在扎好马步后再学招式的人，才是真的高手。学数据分析也一样，**我们不能过度追求分析的招式，而是需要扎实的基本功做支撑。**

# 第 2 章
# 分析问题的思维

在数据分析师的招聘要求里，往往都会有这么一条："**具有较强的分析能力**"。但奇怪的是，很少有人能够说清楚**分析能力到底是什么**。大部分人对分析能力只有一些模糊的印象，以下一些表现就体现了绝大多数人所认知的分析能力。

- 思维灵活：善于解答趣味问题，比如从容量为 5 升和 4 升的水壶里怎么取出 3 升水。

- 数学优异：数学成绩好，甚至能现场推导数学公式。

- 条理清晰：说话的结构性强，逻辑清晰。

- 善于预测：对事物的预测能力强，比如费米问题：不查资料，估算一下中国有多少个数据分析师。

- 沟通能力强：能在 30 秒内说清楚一件事情。

**在面试的时候，上述 5 种表现哪种更能体现分析能力呢？**

你可以在阅读下文前思考 10 秒。

…………

答案揭晓：真实的情况是，大部分面试官自己也不清楚"分析能力"到底指的是什么。没错，分析能力对数据分析师来说如此重要，居然没有一个统一的定义。如果你深究这个问题，就会发现网上对分析能力也没有一个标准答案，但是你能在网上搜到很多和分析能力有关的名词，如逻辑思维、深度思维、广度思维、抽象思维、逆向思维等。这些名词的含义确实都和分析能力有关联，**但是如果没有一条主线把这些名词串在一起，这些名词就很难在工作中被灵活运用。**

我斗胆在这里对"分析能力"下一个定义，将上述名词归纳汇总，并且将它们串联起来，帮助你真正理解并运用这些思维。我把分析能力分为 3 种思维，分别是：

- 逻辑思维；
- 结构化思维；
- 系统性思维。

如果我们把整个数据分析的过程比喻成建造一座大厦，那么各种思维在其中所起的作用如下。

- **逻辑思维是用事实和观点论证结论的思维能力，是砖块之间的黏合剂。** 逻辑思维可以整合事实和观点（砖块），建造出一根根支撑最终结论的支柱。
- **结构化思维是大厦的设计图。** 没有合理的结构，就算砖块和黏合剂的质量再好，用其建造的大厦也是不牢固的。
- **系统性思维是城市规划图。** 其考虑的是这座大厦在城市中的位置、对城市的影响，以及这些内容最终如何反过来影响大厦。

具备分析能力是分析问题的基础，本章将对上述 3 种思维展开详细讲解。

## 2.1　逻辑思维：有逻辑地分析，大胆接受领导的挑战

### 2.1.1　思考：应届生适合做数据分析师吗

本章开始进入"分析问题"的部分。到了分析问题这一步，很多初学者会发现自己不知道该从何下手。下面举个例子。

小强是某互联网公司的数据分析师。

有一次小强接到了一个分析需求，让他分析某个新上线产品的功能效果如何。

小强没什么思路，于是先把基础数据看了一遍，包括用户规模、用户留存率、用户使用次数等。

小强发现该产品的用户规模比较小，大概是同类产品的 50%。于是小强咨询了一下产品经理。产品经理说，这个产品刚上线不久，使用人数比较少是

正常的。小强觉得产品经理说的话很有道理。

小强又发现该产品的用户留存率比较低，说明该产品的用户黏性比较差。但是产品经理说，这个产品的入口比较难找，用户留存率会受此影响。小强又觉得有道理。

接着小强还发现产品的用户使用时间很长，小强觉得这可能是一个较好的表现。但是产品经理又说，这个产品是工具类产品，用户使用时间太长不一定是好事。小强点点头，觉得有道理，但又不知道目前的用户使用时间算不算太长。

虽然经过一番"分析"，小强看了很多数据，但还是没有得出确定性的结论。

为什么小强的分析会没有头绪呢？因为小强的分析没有逻辑。没有逻辑的后果是别人的观点很容易影响小强的判断，让他没法做出判断。

数据分析的主要工作是分析。分析就是找出信息的内在关系，并推导出合理的结论。我们评价一个人分析得好，往往会说他分析得很有逻辑。逻辑是思维的规律和规则，有逻辑思维的人在分析问题时能够遵循事物和思维的规则，所以其得出的结论更容易被他人接受。

要想提升分析能力，必须提升逻辑思维能力。

我们日常的思考是普遍缺乏逻辑的。比如，有人说："新开的美食街没什么人去，肯定因为食物不好吃。"

说这句话的人，根据"去美食街的人很少"这个事实，得出了"美食街的食物不好吃"的观点。这其中有什么逻辑呢？为什么去美食街的人很少，美食街的食物就一定不好吃呢？去的人少也有可能是由交通不便、配套不完善或宣传不够等多方面因素导致的，"人少"这个事实和"食物不好吃"这个结论之间并没有必然联系。

如果不加以训练，我们日常的思维方式就容易被直觉思维主导，从而做出不理性的决策。大多数人都会做出不理性的决策，如过度自信、信赖权威、从众效应、认知失调等。

我问你为什么说数据分析师是适合应届生的好岗位，如果你马上开始思考数据分析师这个岗位究竟有哪些方面适合应届生，那么你就落入了这个问题的圈套。这个问题本身带有一个前提条件，那就是数据分析师确实是适合应届生的好岗位。但这个条件究竟成不成立，还不能确定。如果这个条件不成立，那么问题本身就是错的，你按照问题思考的方向也就错了。

所以，遇到这类问题，你应该先用理性的逻辑思维思考一下这个问题是否有前提条件，接着用逻辑思维验证前提条件的真实性，最后回答这个问题。

所有的分析都需要逻辑思维，接下来就讲解一下逻辑思维到底是什么。

## 2.1.2　什么是逻辑思维：归纳和演绎

逻辑思维一般是包括 3 种逻辑推理方法，分别是归纳法、演绎法和类比法。

- 归纳法是指 "大家都说好，那就是好"。比如，好几个朋友都说这本书不错，看来这本书确实是好书。
- 演绎法是指评价一本书好不好有一个标准，满足这个标准就是好书。比如，有干货的书才是好书，这本书有干货，所以是一本好书。
- 类比法是指用其他事物比喻一本书好的程度是怎样的。比如，这本书就像美酒一样让人陶醉。

因为类比法主要用于修辞，在沟通过程中方便其他人通过通俗易懂的事物理解一个新的概念，所以这种方法在分析的过程中几乎不会被使用。在数据分析中主要用到的是归纳法和演绎法，所以下文只讲述归纳法和演绎法。下面就详细说明一下归纳法和演绎法的特点和应用场景。

### 1. 归纳法

图 2-1-1 所示为某产品的销售件数走势图。根据图中的信息，在每个月月底，该产品的销售件数都会下跌。如果让你来预测一下 6 月底的销售件数，你会得出什么样的结论？

我们从图 2-1-1 中可以发现，该产品平时的销售件数稳定在 10 万件左右，但是每到月底，销售件数就会出现明显的下滑，然后在下个月月初快速恢复到平均水平。

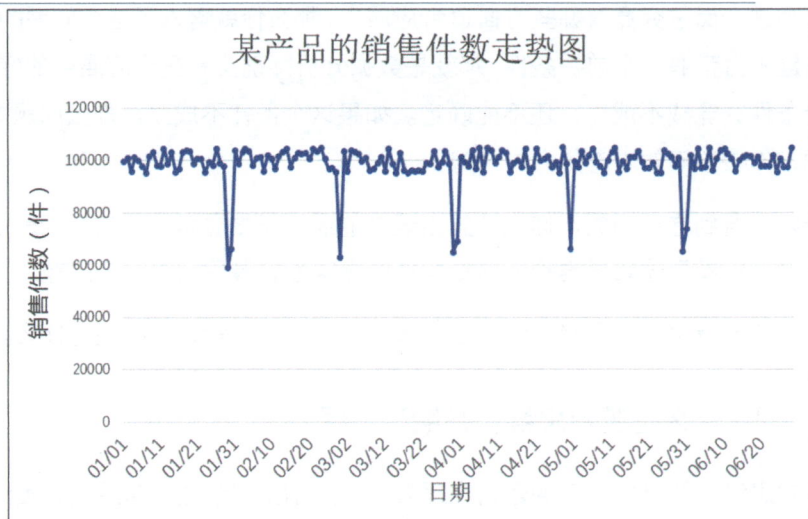

图 2-1-1　某产品的销售件数走势图

于是我们可以得出这样的结论：每到月底，销售件数都会大幅下降，如图 2-1-2 所示，所以我们认为 6 月底的销售件数也会出现大幅下降。

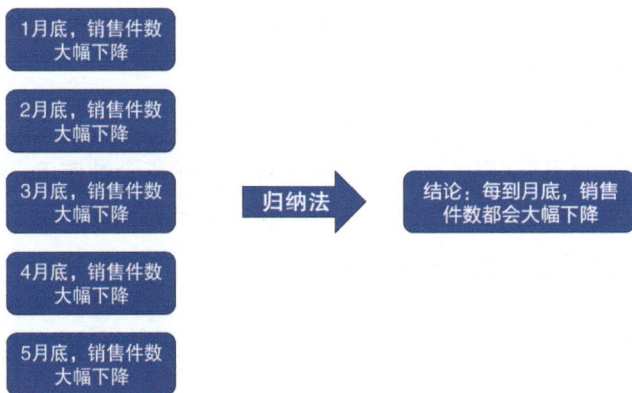

图 2-1-2　用归纳法分析销售件数的走势

这种推理方法就是归纳法。归纳法认为反复出现的事物具有某种规律，这种规律会在未来再次显现。

归纳法是我们最常使用的逻辑推理方法。你并不需要经过特别的学习，就能理解这种逻辑推理方法，因为这种逻辑推理方法是人类的一种本能。

- 在几百万年前，原始人看到猛兽伤人，于是总结出"长着利爪和尖牙的动物很危险"。当他们下次再遇到长着利爪和尖牙的动物的时候，就知道赶紧躲起来。

- 小孩因为摸了冒热气的杯子而被烫到，当他下次再看到冒热气的杯子时，就知道这个东西很烫。

如果人类没有归纳的能力，则根本无法生存下来。

（1）归纳法的优缺点。

归纳法有一个问题：哪怕你看到的规律重复了无数次，结论也有可能是错误的。英国哲学家罗素提出过一个问题，这个问题被称为"罗素的火鸡"。

在一个饲养场里，有一只火鸡发现，不管是艳阳高照，还是狂风暴雨，不管是天热，还是天冷，不管是星期三，还是星期四，每天上午 9 点，主人都会准时出现，并给它喂食。

于是，这只火鸡得出了一个惊天大定律："主人总是在上午 9 点给我喂食。"

这个定律很准确，在被火鸡发现后的每天都被验证。

直到圣诞节前一天的上午 9 点，主人又一次准时出现，但是这一次，主人并不是来给火鸡喂食的，而是把这只火鸡变成了食物……

我们在运用归纳法时最常见的问题就是，容易和农场里的火鸡一样，犯"以偏概全"的错误。我们在日常生活中经常犯这样的错误。

- 我追求的女生全都拒绝了我，所以我不受异性欢迎。
- 这只基金过去每年盈利超过 10%，所以今年盈利也会超过 10%。
- 我大姨投资股票赚钱了，我二舅也赚钱了，所以我也会赚钱。

上述这些例子在日常生活中很常见。在日常沟通中，我们往往觉得这些结论是合情合理的，但是稍加思考，就会发现这些结论是有问题的。

虽然归纳法得出的结论未必准确，但是归纳法有一个优点：得出结论的效率很高。这里的效率高不仅指得出结论的速度快，也指得出的结论的有效性高。

通过归纳法得出结论的速度快比较好理解。在前文案例中，我们通过观察销售件数的走势，得出"每到月底，销售件数都会大幅下降"这个结论，花费的时间不会超过 10 秒。

通过归纳法得出的结论的有效性高似乎有点儿难理解，得出的结论不完全准确，为什么其有效性还高呢？

对前文中那只火鸡来说，"每天上午9点主人会准时喂食"这个结论是不完全准确的。但是在圣诞节之前，这个结论一直成立。

人类几乎所有的知识都是通过归纳法建立的，其中也有很多这种"结论不准确，但依然有用"的情况。比如"重力"这个概念，牛顿通过各种实验和计算，发现万事万物的引力都符合一个规律，于是提出了万有引力定律，也就是我们在生活中常说的重力。在爱因斯坦发明相对论之后，人们发现牛顿的万有引力定律是不准确的，重力实际上是空间扭曲的结果，是相对论在低速运动时的特殊解，但这不妨碍人们在爱因斯坦发明相对论之前利用万有引力定律推进科技的发展。也许有一天，我们会发现爱因斯坦的相对论也是不准确的，但只要没有更好的理论出现，爱因斯坦的相对论就是科技发展的基础。

（2）如何做：穆勒五法。

虽然说运用归纳法是人类一种与生俱来的能力，但在面对复杂的问题时，单纯靠人类的本能是不够的。我们还是要系统地学习一下归纳法。

英国哲学家穆勒提出了5种归纳方法，简称穆勒五法。穆勒五法分别是求同法、求异法、共用法、共变法、剩余法。

① 求同法：找相同。

**求同法的概念**

> 1960年，英国某农场里的十万只火鸡和小鸭吃了发霉的花生，在几个月内得癌症死了。
>
> 后来，农场主用这种花生喂羊、猫、鸽子等动物，又产生了同样的结果。1963年，有人又拿发霉的花生喂大白鼠、鱼和雪貂，它们也都纷纷得癌症而死。在上述各种动物患癌症的前提条件中，对象、时间、环境都不同，唯一相同的就是吃了发霉的花生。
>
> 于是，人们推断：吃了发霉的花生可能是这些动物得癌症的原因。
>
> 后来通过化验证明，发霉的花生内含黄曲霉素，黄曲霉素是致癌物质。

上述故事中所用的分析方法就是"求同法"。

求同法的思路：如果不同场合出现同一种现象，且这些场合之间除一个条件相同外，其他条件都不同，那么这个相同条件就是这个现象出现的原因。

**求同法的应用：广告分析**

在广告分析中经常会用求同法。

运营人员投放了很多广告，自然想知道究竟什么样的广告转化效率更好。要分析影响广告转化效率的因素，就可以用求同法。

我们可以分析那些转化效率较好的广告，找出这些广告的共同特点。一旦总结出规律，就能将规律扩展到其他广告上，提高整体的广告转化效率。

具体的做法是拆解广告的不同要素，如投放时间、广告内容、活动形式等，具体的分析情况如表 2-1-1 所示。

表 2-1-1　不同广告的差异点

| 广告 | 投放时间 | 广告内容 | 活动形式 |
|---|---|---|---|
| 广告 1 | 上午 | 降价 | 裂变拼团 |
| 广告 2 | 下午 | 免费 | 裂变拼团 |
| 广告 3 | 晚上 | 限时 | 裂变拼团 |
| 广告 4 | 下午 | 限时 | 裂变拼团 |

在表 2-1-1 中，这几个广告的转化效率比较好，通过简单拆解 3 个要素，发现这几个广告的共同点是活动形式都是裂变拼团。所以裂变拼团的形式对广告转化效率有着比较好的提升效果，之后的营销活动可以考虑多以裂变拼团的形式进行。

② 求异法：找不同。

**求异法的概念**

在做化学实验的时候，人们发现，氯酸钾在加热的条件下会产生氧气，但速度很慢，一旦加入少量的二氧化锰，就会快速产生大量的氧气。

这两组实验唯一的区别在于是否加入少量的二氧化锰。所以得出结论：加入少量的二氧化锰是氧气快速产生的原因。

这种找出差异的方法就是求异法。

求异法的思路是，比较某个现象出现的场合和不出现的场合，如果在这两个场合中除了一个条件不同，其他条件都相同，那么这个不同的条件就是这个现象出现的原因。

### 求异法的应用：A/B 测试

在现实世界中，要想找到除一个条件外其他条件完全相同的两个场合几乎是不可能的。尤其是线下场合，地理位置的差异是无法消除的，只能尽量做到其他条件近似相同。互联网公司相对来说好一些，可以通过采用 A/B 测试的手段，创造理想的线上实验环境。

A/B 测试一般是制作两个（A/B）或多个（A/B/n）版本的页面，用技术手段把用户随机分流到其中一个页面。由于各个条件均相同，只有访问的页面不同，所以最终产生的用户留存率、用户转化率、客单价等数据的差异，就可以被理解为不同页面带来的差异。

③ 共用法：先找相同，再找不同。

### 共用法的概念

1990 年，有一个叫杰里·斯特宁（以下简称斯特宁）的人被国际慈善组织派到越南，他的任务是解决越南儿童营养不良的问题，并在半年内做出成绩。

斯特宁到了越南后才发现，越南非常落后，连最基本的饮用水都供应不足，就更别提卫生条件和教育条件了。

在斯特宁来之前，已经有很多专家对越南的情况做过分析，结论是经济水平太低导致儿童营养不良，如果经济问题得不到解决，那么儿童营养不良问题就不可能被解决。

但斯特宁想了想，认为就算越南农村的条件再不好，也不至于一个健康的孩子都找不到吧？只要弄清楚这些健康的孩子是如何避免营养不良的，不就找到解决办法了吗？

所以斯特宁开始寻找健康的孩子。因为身高是衡量营养水平的一个重要指标，于是他先从越南各地通过测量身高挑选出了一批高个儿的孩子，然后排除其中家庭条件优越的，仅留下了家庭条件一般、身高却比同龄儿童高的孩子，把这些孩子作为正面样本。

这些孩子的家庭条件一般，但是其营养水平更好，他们的家庭究竟是怎样做到的呢？为了找出其中的原因，斯特宁让这些孩子带他去观察他们各自家庭的饮食情况。

经过大量走访，斯特宁发现这些孩子的共同点是：每天都吃四顿饭，他们的家人经常会抓一些小虾米来做菜，还会在米饭里加入用紫薯叶熬出的汁液。而那些个子比较矮的孩子的饮食情况则没有这些特点。

小虾米和紫薯叶都是当地比较常见的东西，并不会增加家庭的日常开支，而且做法简单，容易被推广复制。于是斯特宁便将这种饮食方式推广到越南全境。

就这样，他在没有任何资源的情况下，在 6 个月后，使当地 65% 的孩子的营养不良问题得到了明显改善。

这里用到的方法就是共用法，也称为求同求异共用法。

运用共用法包括 3 个步骤。

第一步，用求同法找正面场合的共同点。

把现象 a 出现的正面场合加以比较，发现只有一个共同的条件 A，由此根据求同法确定条件 A 和现象 a 有因果联系。

第二步，用求同法找反面场合是否都不具备第一步得出的共同点。

把现象 a 不出现的反面场合加以比较，发现唯一共同点是都没有出现条件 A，由此根据求同法确定不存在条件 A 与不存在现象 a 有因果联系。

第三步，用求异法比较正反面场合，得出正面场合和反面场合的差异就是第一步的共同点。

通过比较正反面场合，发现有条件 A 就有现象 a，没有条件 A 就没有现象 a，由此根据求异法得出结论：条件 A 和现象 a 之间有因果联系。

按照步骤拆解上述案例中的归纳过程。

- 第一步，先找高个儿孩子的相同点：从家庭条件一般的高个儿孩子中寻找饮食的共同点，得出在饮食中加入小虾米和用紫薯叶熬出的汁液这种饮食习惯和孩子个子较高有关系。

- 第二步，再找矮个儿孩子的相同点：发现矮个儿孩子的饮食中没有加入小虾米和用紫薯叶熬出的汁液，得出没有这种饮食习惯和孩子个子较矮有关系。

- 第三步，最后找不同，用求异法对比两组孩子的情况。发现有这种饮食习惯的孩子的个子就高，没有这种饮食习惯的孩子的个子就矮，于是得出结论：这种饮食习惯和个子高有因果关系。

共用法相比于求同法和求异法，应用的范围更广，而且进一步提高了结论的可靠程度。

**共用法的应用：识别无效用户**

在数据分析场景下，在进行用户分析中的用户特征分析时就用到了共用法。

互联网行业中发放的各种优惠券催生了很多无效用户。这类用户通过分析营销活动的规则漏洞，获得认证奖励、充值返现、投标返利等利益。对互联网公司来说，这类用户群体占用了营销费用，但不产生实际的业务价值。因此，互联网公司需要在用户中识别出无效用户，制定对应的风控机制。

用共用法识别无效用户的特征的步骤如下。

- 第一步，找异常用户的相同点：通过人工筛选出异常用户的 ID，然后分析其属性和行为，找出相同点。比如，我们发现这类用户的手机陀螺仪数据异常，手机基本都处于静止状态。

- 第二步，找正常用户的相同点：发现正常用户没有异常用户的特点，正常用户的手机陀螺仪均记录了手机的变化。

- 第三步，用求异法对比两组情况：发现手机静止的用户就是无效用户，手机在运动的用户就是正常用户。于是得出结论，手机在使用过程中保持静止是无效用户的特征之一。

④ 共变法：看变化。

**共变法的概念**

某农业科学研究所对小麦产量进行调查研究，得出小麦产量与施肥有密切关系：如果缺少肥料，小麦产量就会降低；如果增加肥料，小麦产量就会提升。在同等条件下：

每亩小麦施氮肥 7.5 千克，其产量接近 400 千克；

每亩小麦施氮肥 10 千克，其产量接近 450 千克；

每亩小麦施氮肥 12.25 千克，其产量接近 500 千克。

由此得出结论：施氮肥是小麦增产的原因。

上述这种分析方法就是共变法。

共变法的思路是：在其他条件不变的情况下，如果某一现象发生变化，另一个现象也随之发生相应的变化，那么，前一现象就是后一现象变化的原因。

**共变法的应用：相关分析**

数据分析方法中的相关分析就是共变法的一种应用。相关分析就是衡量两个数值型变量的相关性，以及计算其相关程度的大小。在前面介绍的提高小麦产量的案例中，用的就是相关分析。通过计算相关系数，可以得出氮肥使用量与小麦产量的相关系数接近 1，说明两者高度正相关。

可以将相关分析应用在现实的业务场景中，比如分析广告投放量与产品销量之间的关系、产品核心功能使用率与用户留存率之间的关系、发放的红包金额与用户召回率之间的关系等。

不过，在现实的业务场景中，很难保证只让一个条件发生不同程度的变化。要想提高结论的可靠性，要么增加样本量，要么老老实实地做 A/B 测试。

⑤ 剩余法：排除错误答案。

**剩余法的概念**

福尔摩斯说过："排除一切不可能的，剩下的即使看上去再不可能，那也是真相。"这其实就是剩余法的思路。

1846 年以前，一些天文学家在观察天王星的运行轨道时，发现它的运行轨道和按照已知行星的引力计算出来的它应运行的轨道总有一些偏离。经过观察和计算分析，有一些偏离是由已知的其他几颗行星的引力引起的，有一些偏离则一直找不到原因。

这时天文学家考虑到，既然天王星运行轨道的各种偏离是由相关行星的引力所引起的，现在已知的一些偏离是由已知的几颗行星的引力引起的，那么剩下的偏离必然是由未知的行星的引力所引起的。

> 后来，天文学家和数学家据此推算出了这颗未知行星的位置。按照这个推算的位置进行观察，天文学家果然发现了一颗新的行星——海王星。

海王星的发现，应用的就是剩余法。

剩余法的思路是：已知一个现象是由多个条件共同引起的，如果这个现象中的一部分表现是由某些条件引起的，那么剩下的表现就是由剩下的条件引起的。这种做法非常像做选择题时排除错误答案的做法，在有限的选项里确定哪些是错误答案，那剩下的自然就是正确答案了。

剩余法的要求非常苛刻，现象和条件的对应关系必须是明确的。这一点在极度复杂的现实业务场景中很难做到，所以剩余法的应用范围比较有限。我们只在做异动分析时偶尔会用到剩余法。

**剩余法的应用：异动分析**

我们都知道，影响产品销量的因素有内部和外部两方面因素：内部因素主要有产品吸引力、渠道销售能力、产品生产能力等因素；外部因素主要有用户需求、竞争对手等因素。

对于产品的销售额在某天出现了大幅的下降，我们在做异动分析时一般先做内部因素的分析。因为内部数据比较全，更容易定位问题。

有时候我们会发现排查完内部因素，所有的内部因素都没有问题，那么唯一的可能就是外部因素导致了销售额的下降。

### 2. 演绎法

介绍完归纳法，我们再来看第二种逻辑推理方法——演绎法。

演绎法就是从一般性的前提出发，通过推导（即演绎）得出具体结论的过程。演绎法常见的方法有三段论、假言推理和选言推理等，其中三段论应用较广，本书主要介绍三段论。

（1）三段论。

关于三段论，有一个著名的案例叫作"苏格拉底三段论"：

• 所有人都是要死的；

• 苏格拉底是人；

- 所以苏格拉底是要死的。

在上述三段论中,"所有人都是要死的"是一个大前提,是普遍成立的结论。"苏格拉底是人"是一个小前提。小前提包含在大前提中,所以大前提的结论也适用于小前提。

三段论就是通过一个大前提,结合目前状况这个小前提,最终得出结论的方法。三段论推理的根据是,首先确定某一部分是属于整体的,然后得出某一部分的组成成员也属于整体的结论。

我们可以用欧拉图来更好地理解三段论。

欧拉图是由瑞士数学家欧拉发明的,是用圆圈标识事物之间的从属关系的一种图形。

比如,表示"所有车都是交通工具"的欧拉图如图 2-1-3 表示。图 2-1-3 中的小圆圈代表车,大圆圈代表所有交通工具。小圆圈在大圆圈里,表示所有的车都属于交通工具。在大圆圈里面小圆圈外面还有一部分,这表示有一些交通工具不是车。

图 2-1-3　欧拉图:所有车都是交通工具

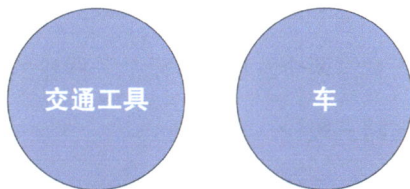

"有些车是交通工具"这句话的意思是有些车不是交通工具,同时有些交通工具也不一定是车,表示这个逻辑的欧拉图如图 2-1-4 所示。

在图 2-1-4 中,代表交通工具的圆圈和代表车的圆圈有交叉的部分,也有各自独立的部分,交叉的部分表示有一部分的车属于交通工具,右边圆圈中不交叉的部分表示这些车不属于交通工具,左边圆圈中不交叉的部分表示这些交通工具不是车。

表示"所有车都不是交通工具"的欧拉图如图 2-1-5 所示。

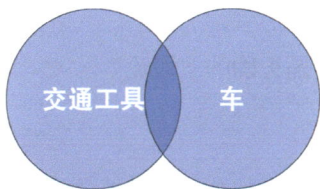

图 2-1-4　欧拉图:有些车是交通工具　　图 2-1-5　欧拉图:所有车都不是交通工具

在图 2-1-5 中,代表交通工具的圆圈和代表车的圆圈各自独立,没有任何交叉。这表示两个圆圈没有任何关系：只要是车，就不是交通工具；只要是交通工具，就不是车。

欧拉图可以很好地表示事物的相互关系，因此可以用其表示三段论。我们来看一下一个标准的三段论如何用欧拉图表示。

在《形式逻辑教程》中对三段论的公理的表述如下：如果一类对象的全部是什么或不是什么，那么这类对象中的部分对象也是什么或不是什么。换句话说，凡是肯定或否定了一类对象的全部，也就肯定或否定了这类对象的任何部分对象或个别对象。简单地说，只要肯定或否定了全部，就肯定或否定了部分。

这段话读起来不太容易理解，用欧拉图表示如图 2-1-6 所示。

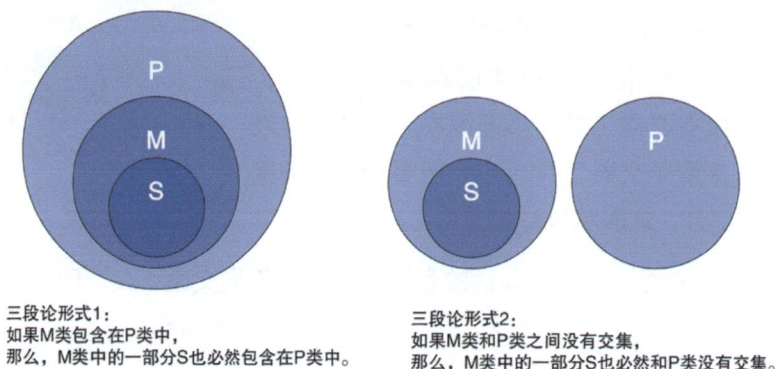

三段论形式1：
如果M类包含在P类中，
那么，M类中的一部分S也必然包含在P类中。

三段论形式2：
如果M类和P类之间没有交集，
那么，M类中的一部分S也必然和P类没有交集。

图 2-1-6　欧拉图：三段论的两种形式

**图 2-1-6 中的左图表示**：如果 M 类包含在 P 类中，那么，M 类中的一部分 S 也必然包含在 P 类中。

**图 2-1-6 中的右图表示**：如果 M 类和 P 类之间没有交集，那么，M 类中的一部分 S 也必然和 P 类没有交集。

符合这两个欧拉图表示的三段论的条件的就是正确的三段论。

### 省略三段论

三段论在结构上包括大前提、小前提和结论三个部分。在日常沟通中，我们一般不会严格按照三段论的逻辑结构说话，经常会省略其中的某些部分，这种表达可以被称为"省略三段论"。

以"苏格拉底三段论"为例。

- 省略大前提：因为大前提"所有人都是要死的"这句话是一个常识，是获得大家普遍认可的真理，说出这个大前提反而会显得很奇怪，所以我们可以省略大前提，这样表达："苏格拉底是人，也是会死的。"

- 省略小前提：小前提"苏格拉底是人"是一个不言而喻的事实，在日常交流中没必要说出来，所以我们可以省略这个小前提，这样表达："所有人都是要死的，苏格拉底也一样会死。"

- 省略结论：省略结论不太常见，一般是因为不方便直接说出结论，并且结论显而易见。假设在苏格拉底死后，他的好友一直很伤心，别人过来安慰他："所有人都是要死的，苏格拉底也是人。"这种省略方式在比较看重逻辑的分析场景中是不会出现的。

上述几种表达方式虽然省略了三段论的部分要素，但只是在语言表达上进行了省略，其逻辑结构依然是完整的。当你下次再遇到这种表达方式的时候，要厘清对方想表达的完整逻辑，找出三段论中被省略的部分。

回到前面介绍的预测销售件数的案例，如果我们用三段论的方法来预测月底的销售件数，要怎么做？

首先我们要找出影响销售件数的因素，然后结合 6 月底的实际情况推测结果。

如果我们在分析过去 5 个月月底销售件数下降的原因后发现，每次下降都是因为库存不足。库存不足的原因是每次采购都在月底进行。所以到了月底，库存不足，产品不够卖了，销售件数自然下降。到了下个月月初，库存得到补充，销售件数也就马上恢复了。

知道了这个大前提，我们再来看 6 月的实际情况。如果 6 月的库存和前 5 个月一样，依然是不足的，并且采购的货物也无法在月底到货。那么结合这两个前提，我们就会得出 6 月底的销售件数会和之前一样下降的结论。如果 6 月的库存充足，我们就会得出 6 月底的销售件数保持稳定的结论。用欧拉图表示这一分析过程如图 2-1-7 所示。

用三段论的表述方法来表示这一分析过程如下。

- 大前提：历史上个月月底的销售件数下降，是因为库存不足。

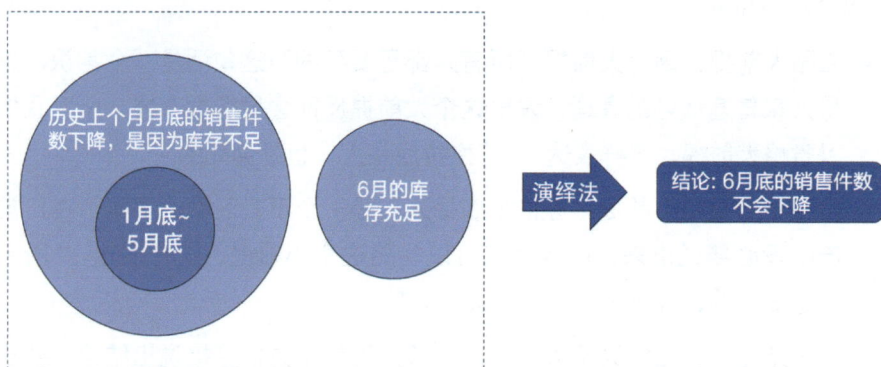

图 2-1-7 欧拉图：演绎法的示例

- 小前提：6 月的库存充足。

- 结论：6 月底的销售件数不会下降。

（2）演绎法的优缺点。

归纳法和演绎法的优缺点如图 2-1-8 所示。

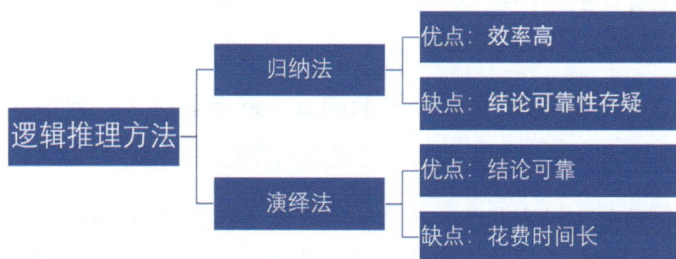

图 2-1-8 归纳法和演绎法的优缺点

和归纳法相比，演绎法的准确率更高。只要保证大前提、小前提和论证过程都正确，得出的结论就正确。

演绎法也有缺点，就是要对问题有很深入的了解。如果一个新人接触业务没多久，对业务理解不深，不清楚业务上有哪些约定俗成的常识，就很难用演绎法推导结论。

（3）三段论的错误类型。

三段论的特点是，只要大前提、小前提和论证过程都正确，那么结果必然正确。三段论的错误类型包括大前提错误、小前提错误和论证过程错误。

① **大前提错误。**

你听到某位朋友诉苦："我这么努力地工作，怎么没有升职加薪呀？"

这个三段论是一个省略了大前提的三段论，梳理之后完整的三段论如下所示。

- 大前提：努力工作就能升职加薪。
- 小前提：我很努力工作。
- 结论：我应该升职加薪。

朋友认为自己应该升职加薪，但现实中没有，所以他心情很低落。

这个三段论的大前提是错误的，升职加薪的人往往都是努力工作的人，而努力工作的人未必都能升职加薪。在大前提错误的情况下，结论必然是错误的。

② **小前提错误。**

第二种错误类型是小前提错误，看下面这个三段论。

- 大前提：车是交通工具。
- 小前提：风车是车。
- 结论：风车是交通工具。

这个三段论的小前提是错误的。风车虽然名字里有"车"这个字，但是风车不是车，所以风车自然也不是交通工具。

③ **论证过程错误。**

三段论应遵循一些基本规则，如果违反了其中一种，那么论证过程就是错误的。

关于这些基本规则，不同的人有不同的说法。在《形式逻辑》一书中提出了 8 条规则，在《普通逻辑学》一书中提出了 6 条，而在《形式逻辑教程》一书中提出了 1 条公理和 5 条规则。我们不是逻辑学专业的学生，不需要确定到底有几条规则。之前我已经提到了正确的三段论是什么样的，这里简单介绍一些错误的三段论。

（4）错误的三段论。

① 四项错误。

看一下下面这个三段论有什么问题。

- 大前提：人已经存在几百万年了。
- 小前提：你没有存在几百万年。
- 结论：你不是人。

我们用欧拉图来表示上述三段论，如图2-1-9所示。

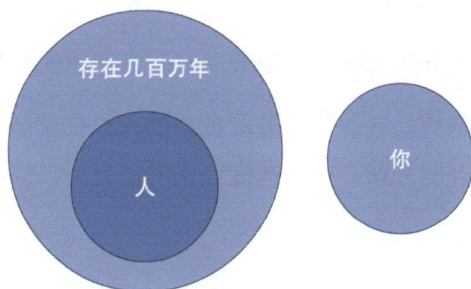

图2-1-9 欧拉图：四项错误案例

在图2-1-9中，代表"你"的圆圈和代表"人"的圆圈没有交叉，说明你不是人。

你很容易就发现这个论证过程是错误的，到底错在哪里呢？

这个三段论中存在的错误，是大前提中的人和结论中的人不是同一个概念。大前提中的人是指人类，结论中的人是指人的生物学概念。在这个三段论中，一共有4个概念，分别是人类、存在几百万年、你、人的生物学概念。

一个标准的三段论只能有3个概念，上面案例中出现了4个，所以这个三段论是错误的。这种错误被称为"四项错误"，指的是三段论中出现了4个概念。

这个三段论正确逻辑的欧拉图如图2-1-10所示。

② 中项不周延。

再来看下面这个三段论有什么问题。

- 大前提：一部分中国人很有钱。

- 小前提：北京人是一部分中国人。

- 结论：北京人很有钱。

这个结论很明显是错误的。原因是联系大前提和小前提的"一部分中国人"不是一个有明确范围的概念，两者之间没有从属关系。下面用欧拉图表示这个三段，论如图 2-1-11 所示。

图 2-1-10　欧拉图：四项错误案例的正确逻辑　　图 2-1-11　欧拉图：中项不周延案例

这种错误类型在逻辑学中被称为中项不周延。

**什么是中项？什么是周延？**

"所有人都是要死的，苏格拉底是人"，这里的"人"就是中项，用来联系大前提和小前提。周延指的是命题中的名词代表的是一类事物的全体。

在"一部分中国人很有钱，北京人是一部分中国人"这句话里，"一部分中国人"就是中项。这个中项并没有包含一类事物的全体。如果改成"一线城市的人很有钱，北京人是一线城市的人，所以北京人很有钱"，中项是"一线城市的人"，这个中项指的是所有一线城市的人，所以是周延的。这个三段论在论证过程上是正确的，只不过大前提未必是正确的。

我们在描述用户的行为偏好时，会说类似"新用户喜欢使用 A 功能"这样的话。这句话实际上是指大部分的新用户会喜欢使用 A 功能，这一般是通过数据统计得到的结论。比如，60% 的新用户喜欢用这个功能，那么就认为新用户对这个功能有一定偏好。但这个"新用户"概念是不周延的，不是所有的新用户都喜欢用 A 功能。所以你不能说因为"小明是新用户"，所以"小明也喜欢用 A 功能"，否则就犯了中项不周延的错误。

③ 小项扩大，大项扩大。

再来看下面这个三段论有什么问题。

- 大前提：红薯是高产作物。

- 小前提：红薯是杂粮。

- 结论：杂粮是高产作物。

我们一眼就能看出这个结论是错的，那么这个三段论的错误在哪呢？

我们先用欧拉图把这个三段论的正确逻辑表示出来，如图 2-1-12 所示。

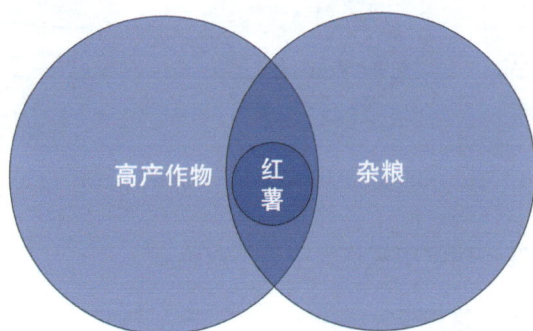

图 2-1-12　欧拉图：小项扩大案例的正确逻辑

从图 2-1-12 中可以看出，有部分杂粮是高产作物，其中包括了红薯，但同时也有部分杂粮不是高产作物。

这个三段论的小前提"红薯是杂粮"，表达的是红薯是"一种"杂粮，但结论表达的是"所有"杂粮都是高产作物。这种"小前提"是"部分"、结论是"所有"的错误就叫作"小项扩大"。

与之相对应，还有一种"大项扩大"的错误，"大项扩大"指的是大前提是"部分"、结论是"所有"的错误。

- 大前提：程序员需要加班。

- 小前提：我不是程序员。

- 结论：我不需要加班。

大前提"程序员需要加班"中的程序员是"部分"需要加班的人。结论"我不需要加班"指的是我不在"全体"需要加班的人中。大前提是"部分"，结论是"全体"，就是"大项扩大"。

下面用欧拉图表示上面这个三段论，如图 2-1-13 所示。这个三段论有两种情况。

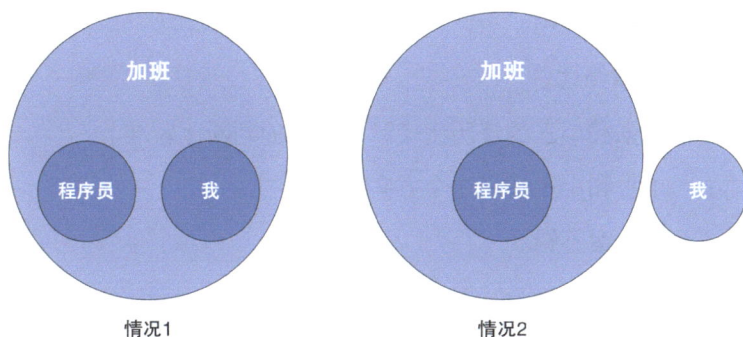

情况1　　　　　　　　　　　情况2

图 2-1-13　欧拉图：大项扩大案例可能出现的情况

上述三段论只考虑到了情况 2，但实际情况也可能是情况 1，所以得出的结论是错误的。

还有一些其他的错误三段论，只要你用欧拉图分析三段论的内在逻辑，就很容易找出问题，这里不再列举。

### 2.1.3　逻辑思维的应用场景

学习了这么多逻辑推理方法，那么逻辑思维在工作中有哪些应用呢？

#### 1．识别问题逻辑

我们平时除了要厘清自己的逻辑，还要帮助业务方厘清他们的逻辑。毕竟我们是专业的"分析人员"。还有更重要的一点，如果你能找出业务方的需求存在的逻辑问题，就可以更容易地拒绝一些没有意义的需求。

要想找出业务方的需求存在的逻辑问题，首先要搞清楚对方用了什么分析方法得出结论。我们在平时说话时不会非常规范地说出自己的分析思路，所以不太容易分辨出这两种逻辑推理方法。甚至有时分析逻辑不同，但是得出的结论竟然是一模一样的。

比如，"小张和小王他们俩都说这个方案挺好，看来这个方案不错"。对于同样的一句话，可以有不同的理解。

有些人用的是归纳法。

- 论据：小张说方案好，小王也说方案好。
- 论点：这个方案不错。

有些人用的是演绎法。

- 大前提：小张和小王的资历比较深，他们的判断比较准。
- 小前提：小张和小王都说这个方案好。
- 结论：这个方案不错。

当然，这个大前提在说话人的脑海中，并没有被说出来，上述三段论是一个省略三段论。

如果我们在网络上通过文字与对方沟通，就很难知道对方的逻辑。如果采取的是当面沟通的方式，还是能分析出一些蛛丝马迹的。

用归纳法的人在说这句话的时候，会将重音放在"都"字上面：小张和小王他们俩都说这个方案挺好，看来这个方案不错（重音在"都"）。

用演绎法的人在说这句话的时候，会将重音放在"他们俩"上：小张和小王他们俩都说这个方案挺好，看来这个方案不错（重音在"他们俩"）。

所以，我一直建议数据分析师要多和业务方当面沟通需求。这样不仅可以搞清楚业务方的逻辑是什么，而且有助于分析工作的开展。

搞清楚了对方的逻辑，就能确认对方的需求是否有逻辑问题。如果有逻辑问题，那么这样的需求肯定是不靠谱的。拒绝这些不靠谱的需求，我们才能解决更有价值的需求。

如果对方用的是归纳法，那么我们就举反例。如果对方用的是演绎法，那么我们就从大前提、小前提和论证过程3个方面进行反驳。

下面举一个讲归纳法时提到的例子。

- 大前提：月底销售件数下降是因为库存不足。
- 小前提：6月的库存充足。
- 结论：6月底的销售件数不会下降。

这个三段论可能存在几种错误。

- 大前提错误：月底销售件数下降只是因为库存不足吗？会不会是因为需求不足？假设案例中的数据是一个小超市的数据，其主要的用户是来自对面写字楼里的白领，明天写字楼里的一家大公司会搬走，那么就算库存充足，月底销售件数也很可能会突然下降。

- 小前提错误：6 月的库存真的充足吗？到底多少算充足？或者库存的数据有没有搞错？

- 论证过程错误：小前提的库存和大前提的库存是同一个概念吗？如果大前提说的是 A 产品的库存，小前提说的是 B 产品的库存，单独看大小前提都正确，但是它们所指的不是同一个概念，那么结论就是错误的。

如果我们能用逻辑错误去反驳对方，让对方知道自己提出的需求不靠谱，就可以减少很多不必要的工作。

### 2. 提升结论的可靠性

用归纳法和演绎法都可以得出结论。

因为用演绎法得出的结论的可靠性比用归纳法得出的结论的可靠性更高，所以如果一个结论可以用演绎法得出，就尽量不要用归纳法得出。

比如，在 App 改版后，客服部门接到的关于功能使用的投诉意见明显增加，所以新版本的功能使用体验比之前版本的功能使用体验变差。

这是一个用归纳法得出结论的过程，因为很多人对功能使用有意见，所以归纳出结论：新版本的功能使用体验不好。

但这个结论的可靠性不高，因为可能存在一种情况，就是新版本提升了用户占比为 90% 的核心用户的体验，损害了用户占比为 10% 的非核心用户的体验，而投诉的用户主要为非核心用户。从整体来看，用户体验是变好的。

如何用演绎法分析呢？

首先要找到一个大前提，即究竟什么样的表现能被称为"用户体验好"。一般来说，如果用户体验不好，则用户的留存率就会下降。所以可以先设置一个大前提，即"用户留存率下降说明用户体验变差"。

接着看改版后的产品的用户留存率是否下降，如果改版后的产品的用户留存率下降，那么根据三段论的规则，结论是改版后产品的用户体验变差。否则，就算用户的反馈意见再多，也未必能说明用户体验变差。

### 2.1.4 逻辑思维小结

理解归纳法和演绎法这两个知识点其实并不难，难的是你是否始终用逻辑思维思考问题。如果你想要快速地锻炼这个能力，建议你可以多看辩论类的节目。你会发现辩论高手总是能很快地找出对方的逻辑问题，并且能马上组织出语言反驳对方。你还会发现他们找出对方漏洞的方法就是上文中提到的方法。这都是有套路的，多练习几次你也能很快掌握。

掌握了这项技能，不管是在面试中，还是在日常沟通中，你都能给自己加分。

总结一下本节内容。

（1）追求效率就用归纳法，追求准确就用演绎法。

（2）归纳法有 5 种方法，分别是求同法、求异法、共用法、共变法和剩余法。

（3）演绎法的主要方法是三段论，可以用欧拉图厘清三段论的逻辑关系。

（4）逻辑思维能提升结论的可靠性、拒绝无意义的需求、提升思维深度。

逻辑思维是分析能力的基础。懂得了归纳法和演绎法，能更容易地组织分析思路，并且提升分析结论的严谨性。

## 2.2 结构化思维：即使分析复杂的问题，也能全面清晰

### 2.2.1 思考：为什么领导总说"换一个角度再分析分析"

2.1 节讲述的是逻辑思维能力，这种能力可以帮助你从零散的信息中提炼出结论。然而，这种能力只能解决相对简单的问题。简单的问题就像学生时代的计算题，题目已经明确告诉你要计算的是什么，你只需要套用方法解答就可以。比如，求面积、求长度等，这类问题在工作中可能是"预测销量""现状描述"等问题，可以直接套用逻辑思维解决。

除了计算题，还有一种让人很讨厌的题型——简答题。

简答题的回答思路很不明确，比如"文章表达了作者怎样的思想感情"，解决这类问题无法直接套用现成的方法，必须自己组织思路。你现在好不容易毕业了，做了数据分析师，结果发现数据分析师的日常工作居然是做简答题！

数据分析师经常会面对"怎么提升日活跃用户数"这样的问题，这类问题和简答题一样，没有标准的解法。新入职的数据分析师在回答这个简答题时，可能会说："要分析如何提升日活跃用户数，我觉得可以分析一下外部渠道拉新（拉来新用户）的效果，还可以分析一下如何提升老用户的留存率。对了，我们的拉新落地页很久没改了，可以看一下怎么优化。还有一些流失用户可以召回。"这个回答中的每一句话都和提升日活跃用户数有关，但是这些方向之间有什么关联、哪些是重要的方向，以及还有哪些方向没有被考虑到，这些问题我们都不清楚，所以这个回答给人的感觉是杂乱无章的，没有什么条理。

在你真的按照这个思路进行分析后，**领导往往会说，分析得不够全面，换一个角度再来分析**。这时候你会发现，逻辑思维能力并不是特别管用。逻辑思维能力确实可以保证得出的结论是正确的，但现在的问题是，你不知道该从哪些方面解答这个问题。

在回答这种简答题时，你需要运用结构化思维。

## 2.2.2　什么是结构化思维：组织思路的必备框架

### 1. 什么是结构化思维

我们在平时思考问题的时候，会不断地冒出一些想法。这些想法和我们思考的问题之间或多或少地有一些联系。这些想法多了之后，如果得不到整理，就会像洗衣机里的衣服一样搅在一起，互相之间没有清晰的逻辑关系。

你一定有过和朋友聚餐的经历。很多人一起聚餐，最头疼的问题就是选哪家餐厅。

- 朋友 A 说："我们去附近新开的一家火锅店吃吧，这家店新开业，打八折。"
- 朋友 B 说："吃火锅会弄得一身味道，还是去吃日本料理吧，有一家日本料理店特别有名，我一直想去吃。"
- 朋友 C 说："日本料理不错，但是那家店太远了，还是吃川菜吧，周围有两家好吃的川菜馆子，都很不错。"

- 朋友 D 说："川菜太辣了，还是吃烧烤吧。"

……

这样的讨论方式就是零散的讨论，如图 2-2-1 所示，每个人都会提出自己的想法，但每一次的讨论结果都只能排除一个错误答案，后面依然有无数个答案等着被排除。这样讨论的效率很低，往往要持续很久才能最终确定到底去哪家餐厅。

**零散的讨论**

图 2-2-1　零散的讨论

如果换一种讨论方式，效率就能大大提高。

- 首先讨论餐饮类型，是吃中餐、西餐、日本料理、烧烤，还是吃火锅？
- 接着讨论菜系：如果是吃中餐，那么是吃川菜、粤菜还是吃杭帮菜等？如果是吃火锅，那么是吃重庆火锅、潮汕火锅还是吃海鲜火锅？
- 最后讨论具体餐厅，如果吃杭帮菜，那么是选择味道好的餐厅 A、距离近的餐厅 B，还是选择环境好的餐厅 C？

和之前的讨论方式相比，这样的讨论方式能让目标范围缩小，只需要三四轮就能最终确定聚餐的餐厅。

不难看出，第二种方式是将选择餐厅的讨论过程进行分层，分成餐饮类型、菜系、餐厅等不同的层级，从而形成一个如图 2-2-2 所示的清晰的结构。

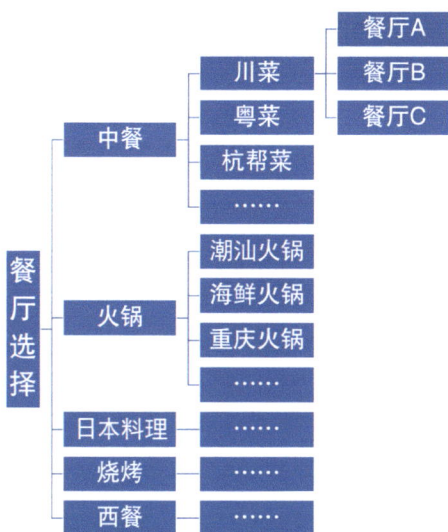

图 2-2-2　结构化的讨论

　　**这种把不同的概念分门别类，形成结构清晰的思路的思考方法，就是结构化思维。**

　　如果我们把数据分析的整个过程比喻成建造一座大厦，那么各项思维之间的关系如图 2-2-3 所示。

- "事实和观点"是建造这座大厦的砖块，是构成整个大厦的原材料。客观的事实和观点就是坚固的砖块，是构成大厦的基础，所以量化思维是关键。

- 逻辑思维是从事实和观点中得出结论的思维能力，是砖块之间的黏合剂。逻辑思维可以整合事实和观点，建造出一根根支撑最终结论的支柱。所以逻辑思维是关键。

- 如果没有合理的结构，就算砖块和黏合剂的质量再好，用它们建造的大厦也是不牢固的。结构化思维就是大厦的设计图，将通过逻辑思维建造出的支柱组合成一个更复杂的结构。所以结构化思维是关键。

- 在建造大厦时，除了考虑大厦本身的结构，还要考虑其对他人、对未来的影响。这就需要站在更高的视角，考虑这座大厦在城市中的位置、对城市的影响，以及这些因素最终如何反过来影响大厦。系统性思维就是城市规划图，从大厦这个面扩展到城市这个体。在第 3 章会讲解这部分内容。

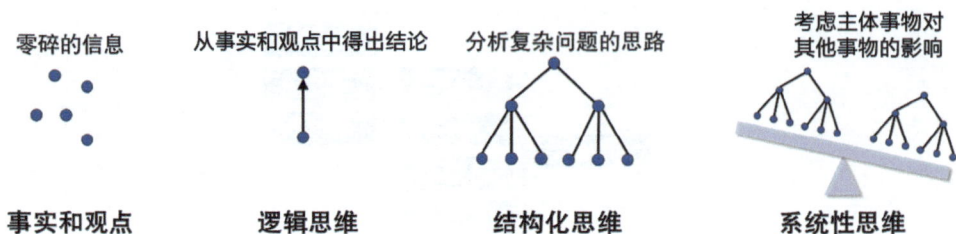

零碎的信息　　从事实和观点中得出结论　　分析复杂问题的思路　　考虑主体事物对其他事物的影响

**事实和观点**　　　**逻辑思维**　　　　**结构化思维**　　　**系统性思维**

图 2-2-3　各项思维之间的关系

### 2. 金字塔结构

工欲善其事，必先利其器。要想更加深入地掌握结构化思维，就需要了解结构化思维的基础工具，并且熟练地运用这些工具。

最著名且广泛被使用的结构化思维工具是"**金字塔结构**"。

金字塔结构最初是由芭芭拉·明托在她的著作《金字塔原理》中提出的。**金字塔结构以上下层次的形式展现思考的过程**。如图 2-2-4 所示，在纵向上，每一层的观点都是下一层观点的总结和延伸。在横向上，每个观点都与同一层级的其他观点相互补充，并且不重叠，以及按照一定的逻辑顺序排列。所有的观点最终被按照一定的结构汇总成最上层的结论。由于这种形式类似于金字塔的形状，因此被称为金字塔结构。

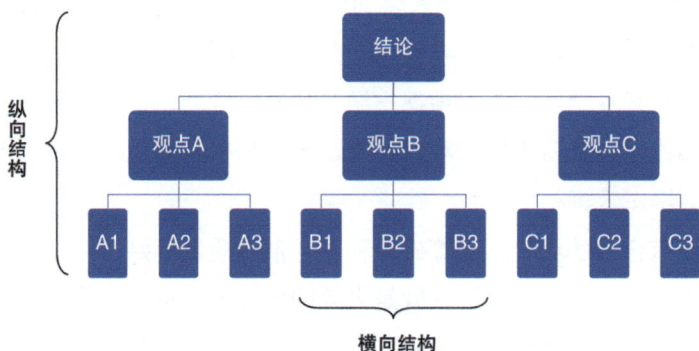

图 2-2-4　金字塔结构示意图

除了金字塔结构，还有一种常用的结构化思维工具——**逻辑树**。

逻辑树是由管理咨询公司麦肯锡推广的思考工具。**逻辑树以左右结构的形式展现思考的过程**。如图 2-2-5 所示，在横向上，每一层的观点都是其右边观点的总结和延伸。在纵向上，每个观点都与同一层级的其他观点相互补充，并且不重叠，以及按照一定的逻辑顺序排列。逻辑树的形式类似于一棵树，左边的观点不断地向右边延伸。

从结构来看，金字塔结构是自上而下的，而逻辑树是从左到右的。两者在其他方面没有明显的差异，完全可以互相替代。接下来我将对更常用的金字塔结构进行详细说明，以便读者更好地理解。

逻辑思维得出的是单一的结论，而结构化思维则是将多个逻辑思维得出的结论组合起来形成更复杂的分析。因此，结构化思维可以被看作逻辑思维的升级版。逻辑思维主要包括归纳法和演绎法两种，对应地，我们可以分别绘制归纳金字塔结构和演绎金字塔结构。

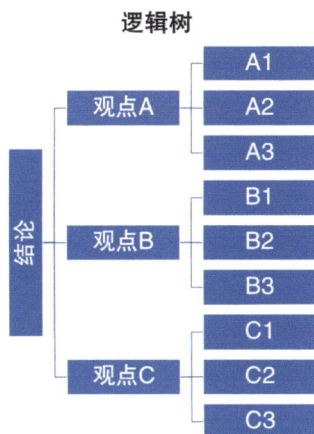

图 2-2-5　逻辑树示意图

（1）演绎金字塔结构。

演绎法是一种通过大前提和小前提得出最终结论的逻辑推理方法。在 2.2 节中，我们把演绎法的结论与其他结论结合在一起，用金字塔结构来表示。而演绎法的金字塔结构（演绎金字塔结构）如图 2-2-6 所示。

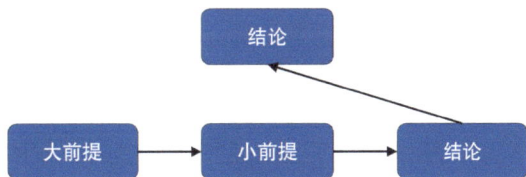

图 2-2-6　演绎金字塔结构

下面使用演绎法来分析 GMV（商品交易总额）下降的原因。

- 大前提：GMV 受到用户量、转化率和客单价的共同影响。
- 小前提：转化率和客单价都没有发生变化，但用户量下降了 20%。
- 结论：GMV 下降是由用户量下降引起的。

用演绎金字塔结构表示上述分析过程如图 2-2-7 所示。

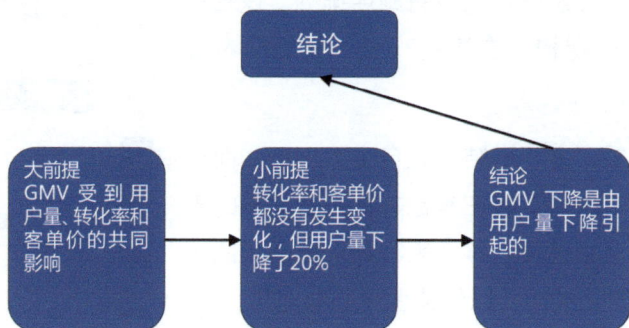

图 2-2-7　演绎金字塔结构示例

除了标准三段论的演绎金字塔结构，一些常见的金字塔结构也是演绎金字塔结构，如问题—原因—对策，如图 2-2-8 所示。

图 2-2-8　常见的演绎金字塔结构：问题—原因—对策

这个金字塔结构实际的逻辑如下。

- 大前提：解决问题要找到问题原因。
- 小前提：当前问题的原因是 A。
- 结论：解决当前问题的对策是解决原因 A。

因为大前提是常识，所以省略了，然后把小前提的问题和原因分拆，形成了"问题—原因—对策"这样的演绎金字塔结构。

（2）归纳金字塔结构。

另一种逻辑推理方法是归纳法，它通过总结多个案例的观点来进行推理。归纳金字塔结构如图 2-2-9 所示。

如果用归纳法来分析之前的问题"为什么 GMV 下降"，则可以得出以下分析结果。

## 归纳金字塔结构

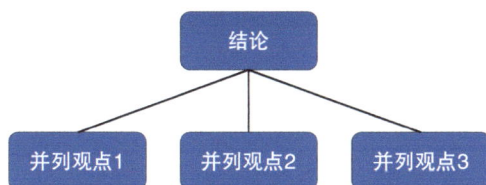

图 2-2-9　归纳金字塔结构

- 影响因素 1：用户量下降 20%。
- 影响因素 2：转化率没有发生变化。
- 影响因素 3：客单价没有发生变化。
- 结论：GMV 下降是由用户量下降所导致的。

将上述分析过程用归纳金字塔结构来表示，如图 2-2-10 所示。

图 2-2-10　归纳金字塔结构示例

可以看出，相同的结论可以通过不同的逻辑推理方法得出。在应用时，选择使用哪种逻辑推理方法取决于使用目的。

演绎金字塔结构适用于分析问题或向他人解释"为什么"的场景，因为它可以更深入地分析原因。然而，它的缺点是用户理解成本较高，需要付出一定的注意力。

归纳金字塔结构更加简单，适用于口头表达或告诉他人具体"怎么做"的场景。在通过口头表达时，人们很难记住大量的内容，因此使用归纳金字塔结构来表达观点更容易让人理解。

关于演绎金字塔结构和归纳金字塔结构更复杂的应用，会在 2.2.4 节中进行说明。

### 3．结构化思维的特点

在介绍完结构化思维是什么后，下面介绍结构化思维的几个特点。结构化思维具有以下几个特点：**上下一致、不重不漏、信息精简、逻辑清晰**。

（1）上下一致。

上下一致是指在金字塔结构中，上一层和下一层的观点必须具有一致性，也就是要有明显的逻辑关联。如果上下不一致，就会出现信息不清晰、逻辑混乱、重复冗余等问题，影响思考和表达的质量和效果。比如，对于如何提高收入水平这个问题，我们一般会想到下面这些方法。

- 升职加薪：在主业上投入更多精力，通过升职加薪提高收入。
- 做兼职：通过出售自己的时间和劳动，获得固定的兼职收入。
- 开展副业：在主业之外结合自己的兴趣和技能特长开展副业，和兼职不同的是，副业没有确定性收入，但是副业的成长空间更大，甚至未来能超过主业的收入。
- 减少餐饮消费：周末多在家做饭，减少夜宵等不必要的餐饮消费。
- 减少娱乐性消费：减少看电影、听演唱会、旅游等娱乐性消费。
- 减少交通开支：减少打车次数，尽量乘坐公共交通工具。

以上这些方法和提高收入水平就不符合上下一致的原则。仔细分析你会发现，在这些方法中只有前面的 3 种方法是关于增加收入的方法，后面的 3 种方法是减少支出的方法。所以这样的金字塔结构是有问题的，经过修改后的金字塔结构如图 2-2-11 所示。

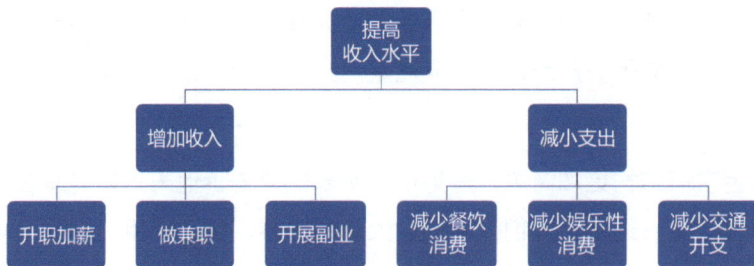

图 2-2-11　经过修改后的金字塔结构

所以，并不是在思考和表达的时候会列举观点就可以形成金字塔结构，如果上下观点不一致，那么金字塔结构是有问题的，这种金字塔是很容易"倒塌"的。

（2）不重不漏。

在金字塔结构中，同一个层级的观点要做到不重复、不遗漏，简称"**不重不漏**"。不重不漏原则一般被称为 MECE 原则，翻译成中文就是相互独立，完全穷尽。

相互独立指的是金字塔结构中每一层级的观点之间没有重复。例如，如果你把手机分成苹果手机、安卓手机和小米手机，就有重复，因为小米手机属于安卓手机。

完全穷尽指的是金字塔结构中每一层级的观点务必不出现遗漏。例如，如果你把手机分为苹果手机、小米手机、华为手机，就是不完整的，因为还有很多其他的手机没有被统计进来。

图 2-2-12 所示很好地说明了不重不漏的含义。

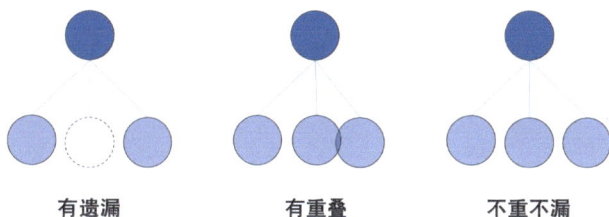

有遗漏　　　　　有重叠　　　　　不重不漏

图 2-2-12　不重不漏

结构化思维必须做到不重不漏，因为不重复代表着我们在考虑问题时思路清晰，能够清楚地拆解问题，避免信息之间的相互影响，提高分析效率和准确度。

不漏代表着我们在考虑问题时已经考虑到了各个方面，不偏废任何一个方面。如果有遗漏，就可能会忽略一些重要因素，导致分析不全面或决策不准确。

（3）信息精简。

根据相关研究，人的短期记忆最多只能记住 7 件事，所以在构建金字塔结构时，**同一个层级内的观点不要超过 7 个，最好是 3 ~ 5 个**。

如果我们将用户按照金字塔结构拆分成 20 个不同的类型，虽然看起来分得非常细致，但实际上在拆到七八个类型的时候，可能连我们自己都搞不清楚区别了。就算我们自己能搞清楚，也很难向别人表达清楚。

如果事物真的能被拆分成很多层级，就用多个层级拆分。比如，家人让你去超市采购，给了你一个采购清单，需要采购的物品有苹果、香蕉、包心菜、番茄、牙膏、西瓜、洋葱、黄瓜和肥皂。

这个清单上的物品超过了7个，你马上记住它们是很困难的。如果我们把同类型的物品归类，构建一个金字塔结构，那么第一层是水果、蔬菜和日用品。

- 水果：苹果、香蕉、西瓜。
- 蔬菜：包心菜、番茄、洋葱、黄瓜。
- 日用品：牙膏、肥皂。

你需要记住要买的东西有3种水果、4种蔬菜和2种日用品，这样记忆的效率就能大大提高。

如果内容实在太多，总结成3类后，每一类下面的信息还是会超过7个，怎么办？遇到这种情况时，解决的办法是如果**做一次总结不行，那就做多次。**

比如，蔬菜除了包心菜、番茄、洋葱和黄瓜，还有菠菜、白菜、胡萝卜、青椒、南瓜。如果还是按照原来的方法分类，蔬菜这个类型下面就有9种不同的蔬菜。

- 蔬菜：包心菜、番茄、洋葱、黄瓜、菠菜、白菜、胡萝卜、青椒、南瓜。

我们可以先将这9种蔬菜分成3种不同的蔬菜类型，其金字塔结构如图2-2-13所示。

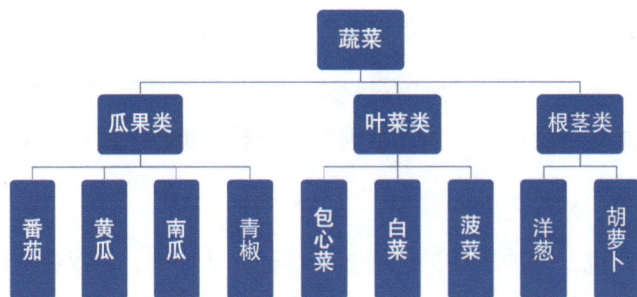

图2-2-13　精简后的金字塔结构

- 瓜果类：番茄、黄瓜、南瓜、青椒。
- 叶菜类：包心菜、白菜、菠菜。

- 根茎类：洋葱、胡萝卜。

然后将这 3 种不同的蔬菜类型汇总为"蔬菜"这个大类型，这样通过多层的汇总，依然能确保每一层的蔬菜在 5 种以内。

（4）逻辑清晰。

第四个原则同样是关于同层级的观点之间的关系的，指的是**同一个层级的观点之间的逻辑关系必须清晰**。

前文提到，金字塔结构有演绎金字塔结构和归纳金字塔结构。演绎金字塔结构的逻辑比较固定，只要有大前提、小前提和结论三个要素就行了。

而归纳金字塔结构就有点儿复杂。因为归纳法是将多个观点进行分类，这就会出现一个问题，即究竟按照什么方式分类。

以用户分析为例，我们可以从性别、地区、注册时间、产品使用深度等不同的维度分析用户。那么在分析用户的时候究竟按照什么方式分类呢？

归纳金字塔结构的分类方式其实只有三种。

- 按时间顺序。
- 按结构顺序。
- 按重要性顺序。

① 按时间顺序。

按时间顺序是指根据时间先后来分析问题。常见的时间顺序如下。

- 过去、现在、未来。
- 筹备、执行、收尾。
- 上午、下午、晚上。

例如，在分析互联网产品版本改动所带来的效果时，通常会区分新版本上线前和上线后的数据，并得出结论。这种方式就是按时间顺序对数据进行区分的。

② 按结构顺序。

在前面介绍的超市采购的案例中，可以按照结构顺序对采购的物品进行拆分，将采购的物品分为水果、蔬菜和日用品。

按照结构顺序是指将问题拆分成不同的部分来分析。常见的结构顺序有以下几种。

- 按地域：华南、华北、华中、华东、东北、西北、西南。
- 按渠道：付费渠道、免费渠道。
- 按人群：新用户、老用户。

按照结构顺序划分类似于将一个蛋糕切割成不同的部分，在一般的多维度分析中，通常也会按照结构顺序进行分析。

### ③ 按重要性顺序。

以超市采购为例，如果按照结构顺序将物品分类，那么可以将要采购的物品分为蔬菜、水果和日用品三种类型。如果按照重要性顺序来分类，那么该怎么分呢？

要按照重要性顺序分类，首先要**弄清采购的目的是什么**，也就是为什么要去超市采购。

经过询问妈妈，你找到了原因：下午有客人要来家里，所以要准备一些水果和蔬菜招待客人。其他要买的东西只是顺便让你买一下。

所以招待客人是采购的第一目的。让你买一些其他水果和蔬菜，是为了准备今明两天的食材。家里的肥皂和牙膏还剩一点，估计还能用几天，所以让你也顺便买了。

按照这个逻辑，招待客人要用到的物品是最优先的，近期食材是次要的，日用品的优先级最低。

按照重要性排序，可以将要采购的物品这样分类。

- 招待客人：西瓜、番茄、洋葱。
- 准备近期食材：苹果、香蕉、包心菜、黄瓜。
- 日用品储备：牙膏、肥皂。

按重要性顺序分类的结果可能会和其他的分类结果非常相似。假如下午只需要买水果来招待客人，那么按重要性顺序分类得出的结果可能和按结构顺序分类的结果一样。

按重要性顺序分类的结果是这样的。

- 招待客人：苹果、香蕉、西瓜。
- 准备近期食材：包心菜、番茄、洋葱、黄瓜。
- 日用品储备：牙膏、肥皂。

按结构顺序分类的结果是这样的。

- 水果：苹果、香蕉、西瓜。
- 蔬菜：包心菜、番茄、洋葱、黄瓜。
- 日用品：牙膏、肥皂。

这两种分类方式的结果看起来是一样的，但实际上两者的逻辑不一样。

按照时间顺序或结构顺序分类不需要我们对问题本身有太深的了解，我们可以根据常识套用一些方法。分类后的结果是没有先后顺序的，各类型之间是并列的关系。上面案例中的水果、蔬菜和日用品三个类型的重要性是一样的，是同时需要买的东西。

按重要性顺序分类需要我们对问题的背景有更深入的了解，在了解问题背景后再确定不同事物的优先级。在上面的例子中，招待客人、准备近期食材和日用品储备的优先级是从高到低的，如果时间不够或者超市缺货，需要优先购买优先级高的物品。分类后的物品有明确的优先级，能帮助我们优先解决更重要的问题，从而更高效地完成任务。

### 2.2.3　如何掌握结构化思维

接下来将介绍如何构建一个完整的金字塔结构。假设有一个问题："如何提升日活跃用户数"，下面来看一下如何通过构建金字塔结构来解决这个问题。

#### 1. 从下到上归纳总结

第一种方法是从下到上，通过归纳总结构建金字塔结构。

对于"如何提升日活跃用户数"这个问题，可以根据图 2-2-14 所示的三个步骤进行思考。

（1）步骤一，收集想法。

首先，面对如何提升日活跃用户数，我们脑海里一定会迸发出各种各样的想法。先看一下新入职的数据分析师说了什么。

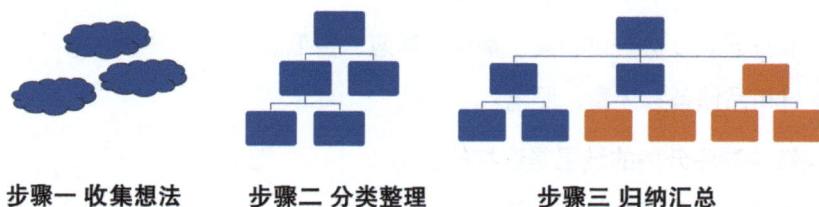

步骤一 收集想法　　　步骤二 分类整理　　　步骤三 归纳汇总

图 2-2-14　从下到上归纳总结的步骤

"要分析如何提升日活跃用户数，我觉得可以分析一下外部渠道拉新的效果，提升新用户数。还可以分析一下如何提升老用户的留存率。对了，我们的拉新落地页很久没改了，可以看一下怎么优化。还有一些流失用户可以召回。"

在这段话中，有一些零散的信息，我们将这些信息整理出来，如图 2-2-15 所示。

步骤一 收集想法

图 2-2-15　从下到上归纳总结的步骤一

- 外部渠道拉新，提升新用户数。
- 提升老用户的留存率。
- 优化拉新落地页。
- 流失用户召回。

（2）步骤二，分类整理。

接着，我们把刚才收集的信息进行分类整理，将同一层级的信息放在一起。

在之前收集的信息里，用户类型有新用户、老用户和流失用户。新用户方面的策略是外部渠道拉新（优化拉新落地页），老用户方面的策略是提升老用户的留存率，流失用户方面的策略是流失用户召回。

经过分类，我们得到图 2-2-16 所示的金字塔结构。

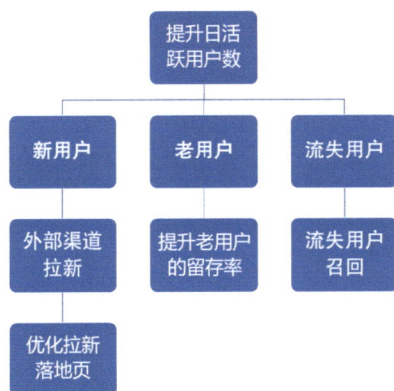

**步骤二 分类整理**

图 2-2-16　从下到上归纳总结的步骤二

（3）步骤三，归纳汇总。

最后，我们要完善这个金字塔结构。上一步得出的金字塔结构还不完整，我们需要根据每种用户的特点来填补缺失的内容。

例如，对于新用户这个议题，除了外部渠道拉新，还应考虑新的拉新方式带来的流量及应用商店自然流量等。对于外部渠道拉新，不仅需要优化拉新落地页，还需要开拓优质渠道、优化现有渠道的资源分配等。

经过整理总结，我们得到了图 2-2-17 所示的金字塔结构，之后可以按照这个逻辑逐步展开分析。

通过对这三个步骤的整理，之前杂乱无章的信息变得清晰、完整。

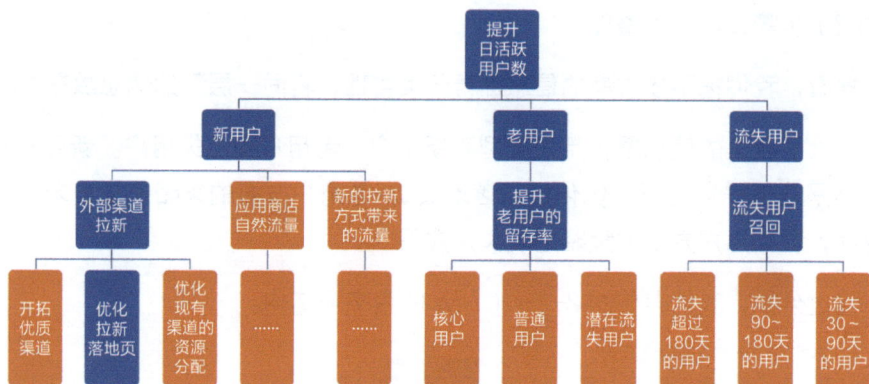

**步骤三 归纳汇总**

图 2-2-17　从下到上归纳总结的步骤三

### 2. 从上到下构建框架

第二种构建金字塔结构的方法是从上到下构建框架。

还是以"如何提升日活跃用户数"为例，如果按结构区分，则日活跃用户数有以下几种分类方法。

- 获取的新用户、回流的老用户、召回的流失用户。
- 安卓用户、苹果用户。
- 免费用户、付费用户。
- 游客用户、注册用户。

上述分类方法中的第一种方法在实践中更具有操作性，所以我们首先按照第一种方法构建一个两层的金字塔结构，如图 2-2-18 所示。

图 2-2-18　从上到下构建框架的步骤一

接着，我们对第二层的结果做同样的动作。

比如，新用户按照结构顺序有以下两种分类方法。

- 免费用户、付费用户。
- 现有渠道用户、新增渠道用户。

老用户根据访问频次、成交金额、使用深度等可以被分为以下三种类型。

- 潜在流失用户。
- 普通用户。
- 核心用户。

同理，流失用户根据流失天数，可被分为以下三种类型。

- 流失超过 180 天的用户。
- 流失 91 ~ 180 天的用户。
- 流失 30 ~ 90 天的用户。

按照这个逻辑从上到下构建框架，一层层地向下分解，最后我们就能得到一个完整的金字塔结构，如图 2-2-19 所示。

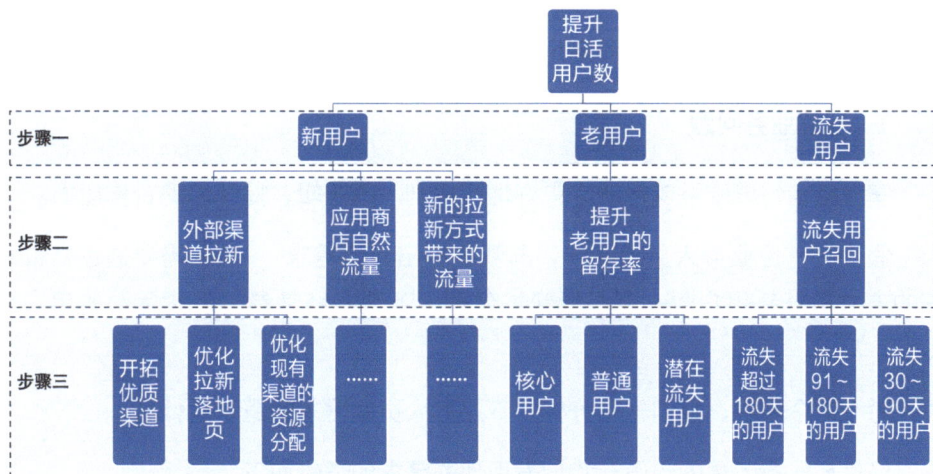

图 2-2-19　从上到下构建框架的步骤示意图

### 3. 两种方法的优缺点

构建金字塔结构有两种方法，不能说哪种方法更好，它们各有各的优缺点。

从下到上构建金字塔结构的优点是**我们不需要对业务有特别深入的了解就**

**能开展**。此外，这种方法可以让我们更加全面地了解业务的各个层面，从而在分析过程中不会忽略任何重要信息。缺点是我们要花费比较长的时间，并且分析的质量未必会很高。因此，在使用这种方法时，需要仔细权衡时间和质量之间的关系。

从上到下构建金字塔结构的优点是**我们可以对一个成熟框架进行分析，这样可以加快分析的速度，提高分析的质量**。此外，这种方法还有助于积累更多的知识和经验。缺点是我们需要有足够的知识和经验积累，以便能够理解和应用这个成熟框架。

在实际应用中，我们一般不会只使用其中一种方法，而是根据具体情况选择合适的方法。

### 2.2.4　结构化思维的应用场景

结构化思维在分析问题和沟通表达时能发挥巨大的作用。通过运用结构化思维，我们可以将复杂的问题分解为简单的问题，从而更清晰地看到问题的全貌。此外，结构化思维还可以帮助我们更好地组织和呈现自己的想法，使其更易于被别人理解和接受。因此，掌握结构化思维对我们的工作和学习非常重要。

#### 1. 理解业务问题

掌握结构化思维可以帮助你更好地理解别人的逻辑，提升你的合作能力。

假设有一位业务人员找我们，向我们提出一个需求："产品需要通过社群裂变的方式提升新用户数，能不能帮忙分析一下现在经常参与运营活动的用户有多少？"

对于这个需求，我们先来分析一下业务人员的需求的逻辑是什么。

经过与业务人员的沟通，我们发现他的需求的逻辑如下。

- 大前提：可以模仿A公司的拉新策略。
- 小前提：A公司的拉新策略是社群裂变。
- 结论：我们采取的拉新策略也是社群裂变。

这个大前提和小前提分别是怎么来的？我们可以继续拆解一下。

先看小前提：A 公司的拉新策略是社群裂变。这个结论通过归纳法得出，运营人员经过调研发现，A 公司采用了发布裂变海报、策划"老带新"红包活动等社群裂变方法，因此得出 A 公司的拉新策略是社群裂变这样的结论。

再看大前提：可以模仿 A 公司的拉新策略。为什么要模仿 A 公司的拉新策略呢？这个结论由演绎法推导而来，因为我们要模仿拉新做得较好的公司的拉新策略，而 A 公司是一个成功的例子，所以我们要模仿 A 公司的拉新策略。

我们也可以对大前提和小前提进一步深挖，形成一个多层次的金字塔结构，如图 2-2-20 所示。

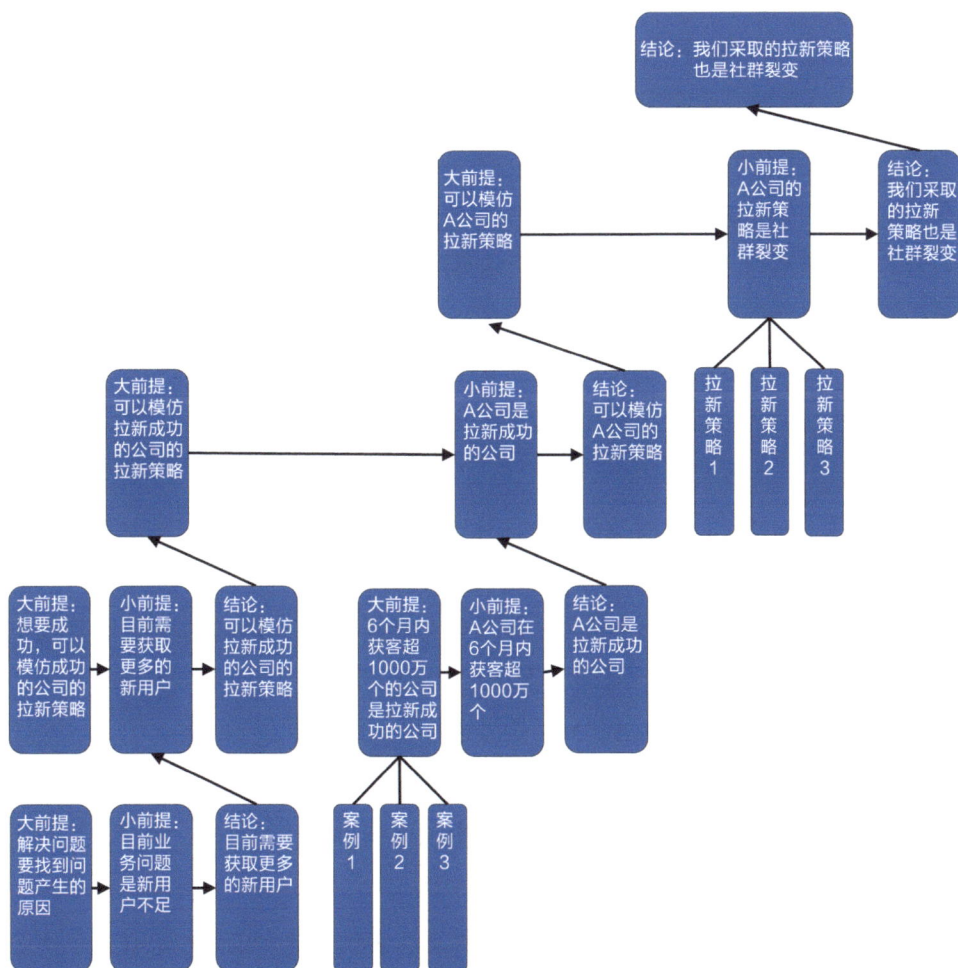

图 2-2-20　一个多层次的金字塔结构

这个多层次的金字塔结构包含了归纳和演绎的推理，非常复杂。如果没有结构化思维的帮助，我们很难厘清这样的逻辑关系。在我们弄明白对方的需求的逻辑后，就可以审查需求的可行性，看其是否存在不合理的地方，这对理解业务问题非常有帮助。

## 2. 构建分析框架

结合本章介绍的结构化思维，让我们一起来分析一下"本月目标是1000万元的销售额，目前算上所有的投放资源，只能完成900万元，怎么办"这个问题。

我们已经介绍过问题思维，现在梳理一下这个问题的三要素。

- 目标：目标销售额为1000万元。
- 现状：目前只能完成900万元。
- 疑问：怎么办。

在搞清楚了问题的三要素后，我们开始组织分析思路，也就是构建分析这个问题的金字塔结构。对于一个问题，通常有两个通用的解决方法：要么优化现状，要么调整目标。

调整目标这个方法是相对容易的，把目标调整到900万元就能解决问题，没有什么分析的必要。如果选择优化现状，则需要我们分析一下有哪些方法可以优化现状。

如果你不知道用什么框架可以全面地整理出优化现状的方法，没关系，可以先用从下到上归纳总结的方法列举出所有能想到的方法。

- 开展个性化推荐，根据用户的差异化需求推荐符合其兴趣的产品，提高交叉销售率和复购率。
- 提高供应链效率，改善部分畅销品经常断货的问题。
- 优化投放引流文案，提高获取流量的效率。
- 提供优惠和促销活动，推出各种优惠和促销活动，如打折、满减、买一送一等，吸引用户进店和购买。

你可能会想到一些不同的方法，没关系，重要的是思考的过程。在列举出这些方法后，得到的金字塔结构如图2-2-21所示。

先观察一下这些方法，然后将这些方法进行提炼，可以发现这些方法能被归纳为以下几类，如图 2-2-22 所示。

- 用户：开展个性化推荐。
- 供应链：提高供应链效率。
- 流量：优化投放引流文案、提供优惠和促销活动。

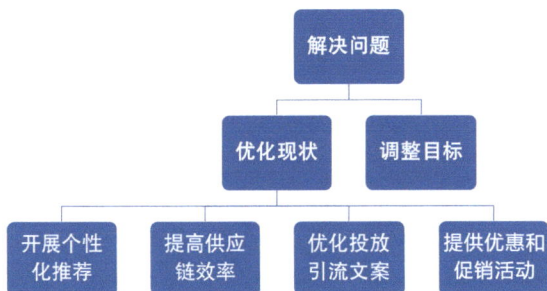

图 2-2-21　构建分析框架：分类整理

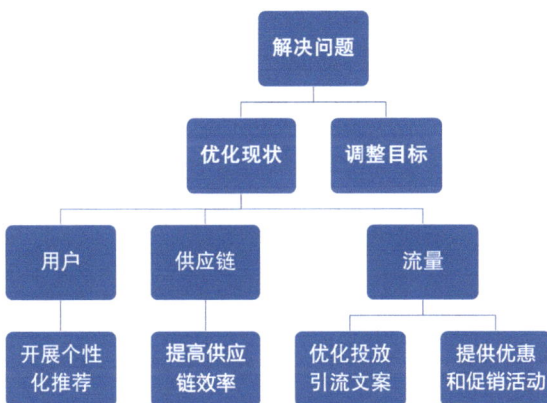

图 2-2-22　构建分析框架：归纳汇总

这个分类有什么特点呢？稍加思考我们会发现，"人货场"模型比较适合分析此类问题。

首先，我们根据"人货场"模型把金字塔结构调整一下，将分析框架填充得更加完整，如图 2-2-23 所示。

这个分析框架相对比较完整，涵盖了几乎所有的方向。在实际的业务实践中，资源是有限的，不太可能实施所有的优化现状的方法，所以要对这些方法进行优先级的排序。

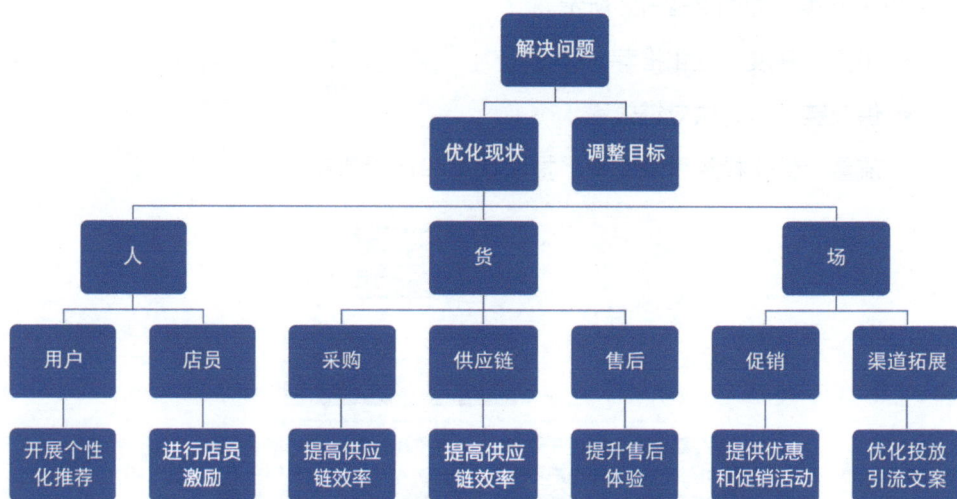

图 2-2-23  构建分析框架：用"人货场"模型再次归纳汇总

我们可以通过数据分析方法分析不同方向的优先级。比如，在"人"方面，分析目前用户的转化率是否处在历史低位，和竞争对手相比是高还是低。如果用户的转化率有明显的提升空间，那么其优先级就较高，反之就较低。

同理，分析采购的价格水平与竞争对手相比是否偏高，分析供应链的订单满足率等指标是否达标等，可以让我们对人、货、场各个方面的优化潜力有更好的认识。

结合各个方面的优化潜力，最后就能得出结论。比如，要在三个方向上提升销售额，可以采取的策略分别是进行用户细分、提高仓库周转效率、加大渠道 A 投放。

经过运用结构化思维进行分析，我们就能得出提升销售额的策略。

### 3. 沟通表达

结构化思维同样可以帮助我们进行有效的沟通表达。

之前提到的演绎金字塔结构和归纳金字塔结构在表达时具有不同的优势。演绎金字塔结构能够清晰地阐述事物的原理，告诉别人得出结论的原因；而归纳金字塔结构则更加简洁，适用于说明具体的操作步骤。

然而，很少有只使用演绎金字塔结构或者归纳金字塔结构就能够解决问题的情况，通常是将两者结合在一起使用的。如果是两层的金字塔结构，则可以先进行归纳，再进行演绎，也可以先进行演绎，再进行归纳。

**先归纳再演绎**的方式如图 2-2-24 所示，第一层是归纳金字塔结构，其下方是演绎金字塔结构。在实际表达时，先说明第一层的归纳金字塔结构：这个问题有三种对策，分别是对策 1、对策 2 和对策 3。然后按顺序表达演绎金字塔结构：提出"对策 1"是因为目前存在"问题 1"，而"问题 1"产生的原因是"原因 1"，所以我们可以通过实施"对策 1"解决"问题 1"。对策 2 和对策 3 的分析顺序也是一样的。

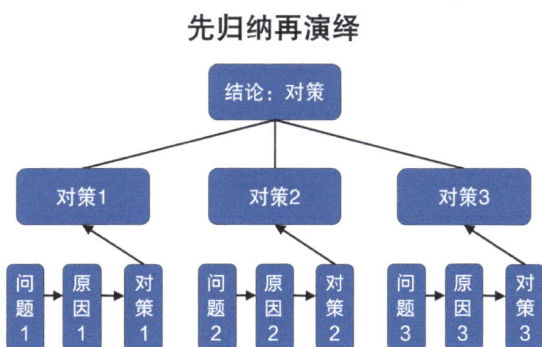

**先归纳再演绎**

图 2-2-24　先归纳再演绎的方式

**先演绎再归纳**的方式如图 2-2-25 所示，第一层是演绎金字塔结构，其下方是归纳金字塔结构。在实际表达时，先列举对策 1、对策 2 和对策 3，得出这些对策是因为问题的表现是问题 1、问题 2 和问题 3，产生这些问题的原因分别是原因 1、原因 2 和原因 3，所以需要针对这些原因执行对策 1、对策 2 和对策 3。

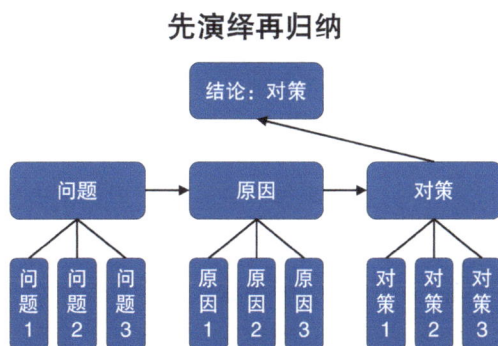

**先演绎再归纳**

图 2-2-25　先演绎再归纳的方式

通过结合演绎金字塔结构和归纳金字塔结构，我们可以使用不同的逻辑表达方式，将同一件事表达出来，以适应不同的场合，使表达更加有力。

运用结构化思维能够快速组织思路。结构化的表达有一个特别实用的技巧，即"讲三点"。你经常在领导讲话中听到"下面我简单地讲三点"，虽然讲的内容不一定简单，甚至所讲的内容也未必是三点，但至少说明大家都认可"讲三点"是一种有效的表达技巧。

如果是即兴发言，想要快速组织思路，那么可能会有一些困难。我们可以提前准备一些结构化的发言框架，以备不时之需。

- 是什么、为什么、怎么做。
- 过去、现在、未来。
- 问题、原因、对策。
- 做得好的、做得不好的、未来怎么做。
- 感谢、感恩、感想。

以上这些框架可以帮助我们在即兴发言时快速组织思路，使表达的逻辑更清晰。当然，这也需要日常刻意地练习，平时多培养"讲三点"的习惯，在关键时刻才不会失去重点。

如果我们具备了这样的逻辑推理能力，在思考问题时将会拥有更加清晰的思路。

### 2.2.5　结构化思维小结

很多人都看过《金字塔结构》这本书，它被认为是职场必读书籍。然而，很多人只知道结构化思维，却不了解逻辑思维。他们的思考看起来像罗列1、2、3一样，实际上没有将逻辑思维作为基础，所以他们搭建的金字塔结构往往并不牢固。

**结构化思维并不是一种独立的思维，它是逻辑思维的升级版**。只有掌握了逻辑思维，才能更好地掌握结构化思维。仅掌握逻辑思维而不掌握结构化思维是不够的。在现实世界中，很少有只需要使用逻辑思维就能得出结论的问题。如果问题都如此简单，那么就不会需要专业的数据分析师了。

　　本节介绍的金字塔结构看起来并不复杂。然而，要掌握结构化思维，最困难的部分在于养成思维习惯。运用结构化思维是一种思维习惯，需要通过实践和持续的学习来养成。只有不断运用结构化思维，我们才能在面对复杂的问题时更加游刃有余。因此，我们应该鼓励自己在日常生活中运用结构化思维，培养这种思维习惯，并不断提升自己的思维能力。

## 2.3　系统性思维：即使面对动态变化的问题，也能游刃有余

### 2.3.1　思考：为什么结构化思维会失灵

　　假设有这么一个问题：领导希望你对公司的供应链成本情况进行分析，确定哪个环节的成本较高，并优化该环节以降低整体供应链成本，提升公司竞争力。

　　基于 2.2 节学习的结构化思维，你决定先按时间顺序拆分供应链成本问题，并将整个供应链流程分为入库、仓储、出库和送货这几个环节，然后获取每个环节的数据，并计算出各环节的成本。

　　通过一系列的数据收集和分析，你发现供应链各环节的成本结构如下。

　　入库成本：10%。

　　仓储成本：60%。

　　出库成本：10%。

　　送货成本：20%。

　　可以看出，仓储成本占比最大，达到 60%。因此，后续的优化重点应放在仓储环节。

　　在得出这个结论后，业务团队为了降低仓储成本，找到了一家成本更低的仓库。新仓库的仓储成本只有原来仓库的一半，也就是说，使用新仓库后供应链成本可以降到原来的 70%。

　　经过一番努力，公司将货物全部迁移到了新仓库。新仓库开始运作，你满怀希望地期待着这个月的供应链成本能够明显下降。

　　然而，到了月底，你盘点了一下使用新仓库后的供应链成本，惊讶地发现：供应链成本不仅没有下降，反而增加了。

　　原来，新仓库虽然仓储成本更低，但它的地理位置有明显缺点。新仓库离供应商和用户都很远，导致入库和出库的成本大幅增加。因此，虽然仓储成本降低了，但增加的入库成本和出库成本更高，最终导致整体供应链成本增加。

　　虽然使用了结构化思维分析这个问题，但是最终结果并没有按照设想的方向发展。为什么会出现这种情况？结构化思维为什么失效了？

　　这是因为**结构化思维假定事物是静态的**，并且事物各部分之间是独立且互不影响的，只要解决其中某个部分的问题，就能解决整体问题。在很多情况下，这种假定是成立的。比如，将销售额按华东区、华南区和华中区拆分，各区域之间的销售额的影响较小，因此提升其中一个区域的销售额，就能提升整体销售额。

　　然而，在现实中，很多事物是动态变化的，而不是静止不动的。事物各部分之间相互影响，某个部分的变化会影响其他部分，其他部分的变化又可能反过来影响最初变化的部分。例如供应链问题，为了降低仓储成本，更换了仓库，仓库的变化影响了入库和出库的成本，从而提高了整体供应链成本。如果成本上升会导致销量下降，那么库存减少后平摊到每件货品的仓储费用可能会增加。最终，这种变化可能会影响仓储成本本身。

　　因此，结构化思维适用于分析静态问题，可以被用来分析那些组成部分之间没有相互影响的问题。对于那些组成部分之间存在相互影响的动态复杂问题，需要用一种新的思维方式来分析，这种新的思维方式就是系统性思维。

### 2.3.2　什么是系统性思维：要素的动态连接

　　要想掌握系统性思维，首先要了解系统的定义。

　　根据《系统思考》一书的内容，系统是指一组相互连接的要素。在这个定义中有两个概念，一个是要素（也称变量），一个是相互连接。

　　举个例子：你按照规范组装电脑的 CPU、内存、主板和硬盘等硬件后，只差开启电源了。这个时候的电脑算是一个系统吗？

　　这台电脑包含了不同的硬件，也就是要素。这些要素只是静态地组合在一起，没有相互作用，所以这台电脑还不是一个系统。

　　当你开启电源、电脑开始运行时，各个硬件之间开始相互影响：内存从硬盘读取数据，CPU 从内存读取数据，显卡输出视频信号等。这个时候电脑的各个要素之间有了连接，才成为一个系统。

生活中也有很多常见的系统。

- 身体：消化系统、呼吸系统、免疫系统。
- 社会：教育系统、交通系统、宣传系统。
- 环境：生态系统、气候系统。

系统性思维就是一种基于"要素之间的关系"思考问题的方式，通过分析系统内各个要素之间的关系，解决系统问题。

**一个系统中最重要的部分是要素之间的关系。** 如果关系不发生变化，则改变要素后将不会产生什么效果。

例如，旅游景区经常出现"宰客"现象，其食宿价格明显高于正常水平。除了景点内供需关系紧张导致的溢价，商家和游客之间的连接关系也是一个重要原因。

大多数人在游览完一个景区后，很难再来第二次。所以对商家来说，即使提供的食宿体验很差，游客对此有很大意见，也无关紧要。因为游客很难再次光顾该景区。

而在那些旅游资源不发达的地区，景区周边的小商贩往往诚信经营，不会出现欺诈行为。这是因为商家和游客之间的关系是长期的交易关系，如果商家不诚信经营，让游客不满意，商家就没有生意了。这体现的仍然是关系决定行为。

要改变旅游景区的"宰客"现象，最重要的是改变商家和游客之间的关系。随着社交媒体的发展，为用户提供旅游攻略的平台让很多有过不好经历的游客有了发声的平台。这些平台让宰客的商家损失了未来的客流量，商家们不得不重新审视自己与游客的关系。此时游客不再是孤立的个体，每一次交易也不再是一次性的。游客之间有了信息的交流，商家和游客之间的关系也变得持续，所以商家自然而然地就开始积累良好的口碑。

这就是系统性思维的力量，通过改变关系改变系统，让系统自发地朝着良好的方向发展。

### 2.3.3　如何掌握系统性思维

如何掌握系统性思维呢？

这里介绍一个分析系统的工具：**系统循环图**。

### 1. 系统分析工具：系统循环图

我们要想理解系统，就必须学会系统思考的语言——系统循环图。

为了让读者理解这种新语言的基本要点，下面用一个例子说明。

假设你拿着一个杯子到水龙头底下接水。你打开水龙头，看着杯子中的水位不断上升。当水位快要上升到杯子顶部的时候，你把水龙头关小，水流放慢。当杯子里的水达到你期待的水位时，你把水龙头完全关闭。

想象一下，如果你闭上眼睛，还能成功地完成这个动作吗？相比之下，如果你闭上眼睛，完成这个动作可能就会有些困难了，因为眼睛需要关注杯子中水位的变化。了解水位变化有什么用呢？水位的变化可以指导我们调节水龙头的水流量。而水龙头的水流量又会影响什么呢？它会影响杯中水位的变化速度。

看似非常简单的接水行为，当被拆分成不同的步骤时，其实并不简单。用杯子接水这个行为实际上是一个由五个变量组成的水位监测系统：目标水位、实际水位、观测到的水位差距、水龙头开关的位置、水流量。下面将这些变量写下来，并绘制成图形，用线条将它们之间的关系表现出来，这样就形成了一个因果关系的环路，即系统循环图，如图 2-3-1 所示。

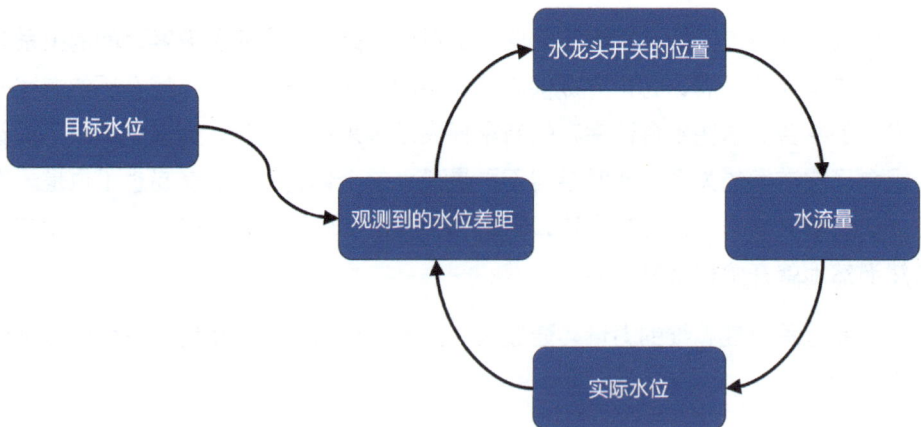

图 2-3-1　用杯子接水的系统循环图

图 2-3-1 中的一个变量发生变化，会影响到其他变量，这个环路会持续运行，

直到水位达到目标值。系统循环图可以清晰地展现系统中各个部分之间的相互影响关系，将复杂的系统变得清晰、直观，对我们理解复杂系统很有帮助。

**2. 系统循环图的基本组成部分**

用杯子接水是一个相对简单的系统，复杂的系统会有更多的变量和连接。无论多么复杂的系统循环图，其基本组成部分都很简单，只有三种类型，分别是**变量、反馈和延迟。**

（1）变量。

**变量是系统中的基本要素。** 在"用杯子接水"的例子中，图 2-3-1 中矩形框内的内容就是变量，如水龙头开关的位置、水流量等。

变量是可衡量的。当你看到杯子快满时，你会调整水龙头开关的位置，但是水龙头本身不能被视为系统中的要素。因为水龙头这个概念比较宽泛，没有具体可衡量的属性。你实际调整的是水龙头开关的位置，这个位置是可衡量的，是一个变量。

变量的数量变化应该遵循奥卡姆剃刀原则，即如无必要，勿增实体。比如，水龙头开关的位置并不直接影响水流量，而是先影响水龙头内部阀门开合的大小，阀门开合大小的变化再进一步影响水流量。然而，阀门开合大小和水龙头开关的位置基本上是一致的，将水龙头开关调大，阀门开合也会变大，将水龙头开关调小，阀门开合也会变小。对该系统来说，阀门开合大小是可有可无的，因为它和水龙头开关的位置一样，都是影响水流量的变量，它们可以被认为是同一个变量。因此，增加这个变量是不必要的。

（2）反馈。

**系统内变量和变量之间的连接关系被称为反馈。** 在系统循环图中，用带箭头的线表示两个变量之间的连接关系。

比如，水龙头开关的位置影响水流量，这个关系是单向的，存在因果关系。反过来，水流量并不影响水龙头开关的位置，所以系统循环图上必须带有箭头。

反馈有两种类型，分别是增强反馈和稳定反馈。

**增强反馈也被称为正反馈，** 是指一个变量的变化会增强另一个变量的变化，在系统循环图中可以用"S"表示，如图 2-3-2 所示。

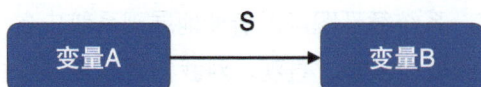

图 2-3-2 增强反馈

比如，你平时加强体育锻炼，你的身体素质就会变好。体育锻炼增强了身体素质，这就是一个增强反馈。增强反馈可以影响要素的变化，使好的变得更好，使差的变得更差。如果你减少体育锻炼，那么你的身体素质就会变差。

**稳定反馈也被称为负反馈**，是指一个变量的变化会使另一个变量的变化减弱，在系统循环图中可以用"O"表示，如图 2-3-3 所示。

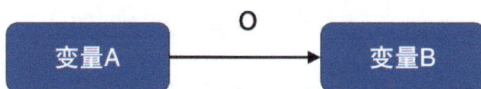

图 2-3-3 稳定反馈

在"用杯子接水"的例子中，"目标水位"对"水龙头开关的位置"来说就是一个稳定反馈。当实际水位和目标水位的差距还很大时，目标水位对水流量基本没有影响。当实际水位越来越接近目标水位的时候，目标水位对水流量的影响就会越来越强，直到实际水位达到目标水位。

稳定反馈能让系统稳定下来。旅游景区的商家通过提升商品的价格来提高销售额，但是他们不可能无限制地提高价格。因为有游客购买力这个要素存在，其最终会使商品的价格保持稳定。

（3）延迟。

**延迟**是指在反馈过程中出现的间歇和中断，它使作用的结果缓慢显现出来。在系统循环图中，延迟用两条竖线表示，如图 2-3-4 所示。

图 2-3-4 带延迟的反馈

关于延迟，一个典型的案例是洗澡时调节热水和冷水的比例。你把热水的开关开得更大一些，但是过一会儿水温才会上升。过了一会儿，你发现水温太高，你要把热水的开关再开小一点，如此反复几次，才能调整到最合适的水温。

热水开关和实际水温之间存在正反馈，但是因为两者之间的反馈有延迟，所以我们需要慢慢调节热水开关才能使水温符合我们的期望。

**延迟大大提高了系统的复杂性。**

首先，延迟会让你忽略一些反馈。如果对热水开关的调节需要 10 分钟才能反映到实际水温上，那么你还能调整到期望水温吗？几乎不可能。

这不是时间长一点就能调整好水温的问题，而是反馈的延迟太长，也许你在发现水温没变化的时候就会觉得这个开关坏了。

其次，延迟会让系统变得不稳定。一名新员工进入公司后，一般需要在几个月后才能适应并开始发挥才能。假如公司正处在快速扩张期，会招收大量新人，但新人发挥才能需要时间，所以当快速扩张期结束时，公司往往会发现招聘的人太多了。

### 3. 系统循环图进阶：回路

在系统循环图中，变量被表示为节点，反馈被表示为连接节点的线段。然而，这些线段是单向的，在变量 A 影响变量 B 后，反馈就结束了。这并没有体现系统循环图中的"循环"这个概念。因此，我们将这些线段连接成一个圈，形成一个回路。

变量之间的反馈形成了回路，就像电路形成通路一样，这样才能让系统持续运行。

回路分为两种，分别是增长回路和调节回路。

（1）增长回路。

增长回路是由若干增强反馈连接起来的环形回路，如图 2-3-5 所示。增长回路会让系统中的变量像滚雪球一样不断增强。

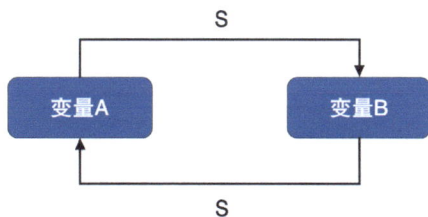

图 2-3-5　增长回路

下面介绍一下比较简单的两个变量的增长回路：变量 A 的增长增强了变量 B 的增长，而变量 B 的增长又反过来增强了变量 A 的增长。

举个例子：小明在一家小公司上班。他感觉每天的工作内容枯燥且重复，对工作产生了厌烦情绪，他每天机械化地上班打卡，完成固定的工作内容。小明越是这样应付工作，越是感到厌恶，于是对工作更加应付。这是一个典型的恶性循环，这个恶性循环就是一个增长回路，如图 2-3-6 所示。系统每循环一次，对工作的厌恶感就加强一次。

图 2-3-6　增长回路案例：厌恶工作的恶性循环

如果多个变量之间都存在增强反馈，那么这就是一个增长回路。例如，在用户增长领域，有一个很著名的理论叫作"增长飞轮"。这个概念最早由亚马逊的创始人贝索斯提出。如图 2-3-7 所示，当公司持续提升用户体验时，用户的口碑会带动流量自然增加，吸引更多的第三方卖家与之合作，这样就能使用户享受到更多便利的服务，从而进一步提升用户体验。随着循环的不断进行，电商行业的高固定成本逐渐被分摊，使公司能够以更低的价格提供商品和服务。而低价格又是提升用户体验的重要因素之一，从而带来更多的流量。

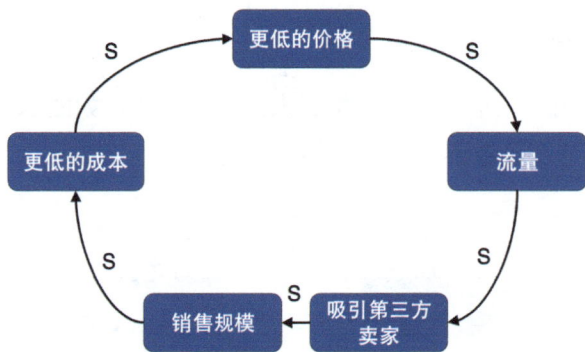

图 2-3-7　增长回路案例：增长飞轮

对于我们熟悉的马太效应、滚雪球效应等，通过分析其系统循环图，可以发现它们都具备增长回路。

（2）调节回路。

调节回路是指最终会趋于稳定的回路，其通常由一个稳定反馈（或者奇数个稳定反馈）和若干增强反馈组成，如图 2-3-8 所示。调节回路的功能是使系统趋向稳定或达到某个目标。

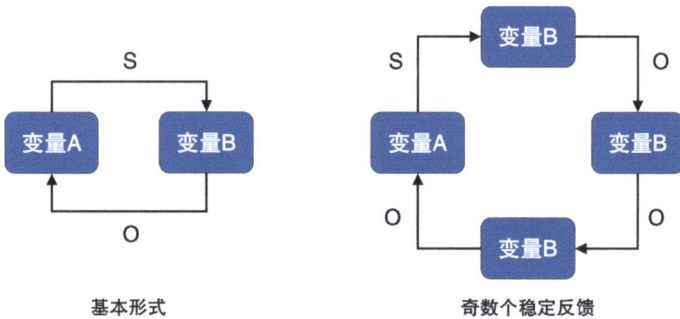

图 2-3-8　调节回路

许多创业公司在初期依靠增长回路实现了公司规模呈指数级的增长，但是在达到一定规模后，增长开始变得缓慢。这是因为在公司规模增长达到一定程度后，管理复杂性增强和市场空间减小等因素都会限制公司的发展。公司规模越大，这些因素越限制公司规模的进一步发展，这就是一个调节回路。这种情况的系统循环图如图 2-3-9 所示。

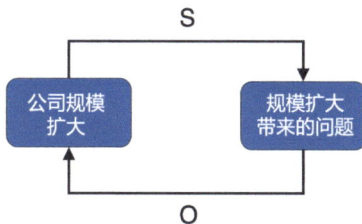

图 2-3-9　调节回路案例：公司发展受限

处于调节回路中的公司，在这种情况下，不要一直增加增强反馈，而是要考虑减少稳定反馈。虽然增加更多的销售人员确实可以带来更多的销售额，但是管理复杂性的增强使得这种做法的收益越来越小。此时更好的做法是在管理方式上进行改进，尽量减少公司规模扩大所带来的稳定反馈。

增长回路和调节回路是系统思考最简单的形式，但它们本身还不足以解释复杂的世界。我们可以将它们组合起来，形成更复杂的系统循环图，以解释我们所处的世界。

**4．常见的系统循环图模型**

我们生活在各种不同的系统中，许多系统具有相同的特征。前人已经总结了一些比较常见的系统的结构，可以帮助我们快速掌握系统性思维。以下是对几种系统循环图模型的简单介绍。

（1）有延迟的稳定反馈。

第一个常见的系统循环图模型是有延迟的稳定反馈，如图 2-3-10 所示。这个模型最经典的案例是调节热水开关。一般在调节热水开关一段时间后实际水温才会发生变化，因此热水开关的调节和实际水温变化之间存在延迟。如果不能准确地判断延迟的存在，就很容易做出过多的调整，导致水温时冷时热，甚至可能因为不知道延迟的存在而认为热水器出了问题，放弃调整。

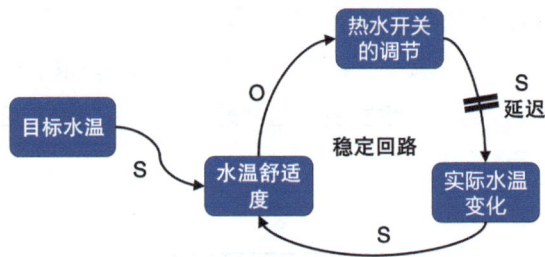

图 2-3-10　系统循环图模型 1：有延迟的稳定反馈

商业上也有很多类似的案例：地产开发商看到市场需求旺盛，于是不断开发新的楼盘。但新楼盘的完工需要很长时间，这期间存在很长的延迟。直到一年后，房地产市场转变了风向，出现了销售疲软的情况。这时市场上其他开发商也有很多在建项目，导致楼盘供过于求。

如果延迟太长，就会导致系统不稳定。因此，优化这个系统的最佳方案是缩短延迟。

（2）强者愈强。

第二个常见的系统循环图模型是强者愈强。

为什么强者会越来越强？

对于这个问题，之前的增长回路解释了部分原因，一家公司的优势会被不断放大。但是在现实世界中，我们不能忽视系统中的其他要素，如竞争对手。强者愈强模型可以更好地解释这种现象，其结构如图 2-3-11 所示。

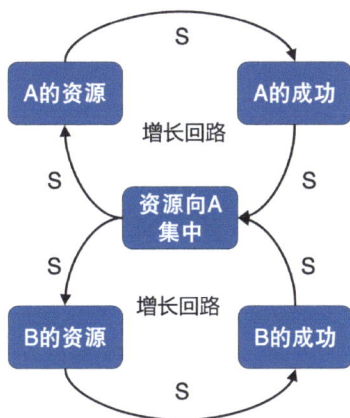

图 2-3-11　系统循环图模型 2：强者愈强

这个模型由两个增长回路构成。在资源有限的情况下，如果某一方变得更成功，就会获得更多的支持，而另一方则会失去支持。例如，在商业领域，总的市场规模是有限的。当一家公司获得更多的市场份额时，它也会获得更多的关注和流量。相应地，其他公司就会失去一部分市场份额。渐渐地，这家公司的优势会越来越大。

在这样的系统中，如果你是优势方，那么只需要确保自己一直处于优势，就能让系统不断地增强你的优势。但是，如果你是劣势方，那么你在争夺资源上的努力可能不会有好结果，更好的做法是切断你和优势方之间的联系，避免在资源有限的情况下与优势方进行竞争。形势胜于人，你再努力也很难对抗系统的力量。一个更好的办法是运用蓝海战略，挖掘出还没有太多竞争对手的市场，从而避免与原有竞争对手直接竞争。

（3）增长极限。

虽然强者愈强，但这种增长依然会有极限。之前我们用两个变量的调节回路解释过这种现象。

但调节回路太过简单，只解释了限制增长的因素，没有将增长回路考虑在内。增长极限模型可以更全面地解释这种现象。增长极限模型由一个增长回路和一个调节回路组成，如图 2-3-12 所示。

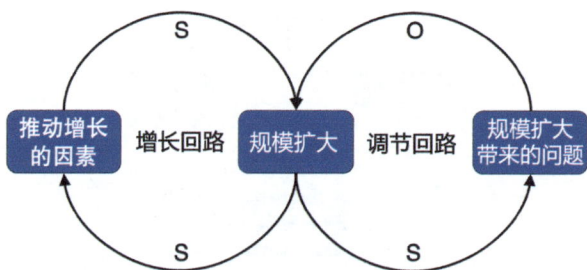

图 2-3-12　系统循环图模型 3：增长极限

这个模型的左半部分是一个增长回路。在增长回路中，系统加速增长和扩张，不断扩大规模。模型的右半部分是一个调节回路。在系统的规模达到一定程度后，调节回路开始逐步限制系统规模的扩大，直到完全停止，甚至有可能出现逆转，系统开始加速崩溃。如果系统达到了增长极限，被调节回路限制了发展，建议千万不要在增长回路上耗费太多力气，最好的办法是减少调节回路的限制因素。例如，当公司在扩大规模后出现了各种管理问题，导致产能不能继续增长时，那么再增加设备和人员是无法提升产能的。正确的做法是改善管理能力不足的问题，从而提升规模增长的上限，重新让公司进入增长回路。在公司规模还比较小的时候，右边的调节回路几乎没有发挥作用。所以很多公司在初期可以实现指数级增长，丝毫感受不到增长的阻力。但就算是这样，我们也要知道，有增长回路，必然会有调节回路，要尽早认识到调节回路的存在。

（4）转移负担。

如果得了胃炎，吃止痛药可以缓解胃疼吗？止痛药在短期内会对胃疼有一定的缓解作用，但是，长期吃止痛药，反而会使胃病变得越来越严重。这种用短期的缓解症状的方法来解决问题，最终导致问题越来越严重的情况，在系统性思维中被称为"转移负担",或者"舍本逐末",如图 2-3-13 所示。

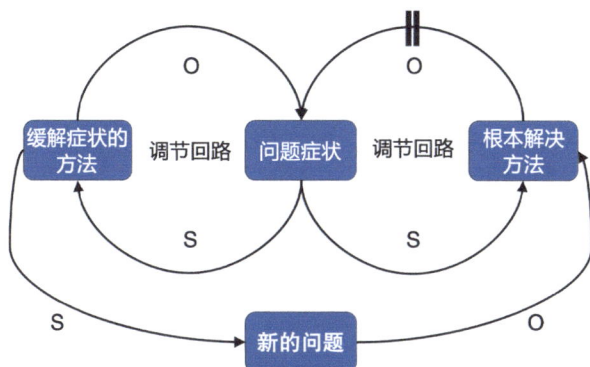

图 2-3-13　系统循环图模型 4:转移负担

这个模型的含义是:为了改善问题的现状,采用了缓解症状的方法。这种方法虽然可以立刻奏效,但是并不能从根本上解决问题,反而带来了新的问题。如果反复采用缓解症状的方法,那么新的问题就会越来越多。新的问题持续积累,直到严重到连采用根本解决方法都无法解决原来的问题时,就会更加依赖缓解症状的方法。

这种做法看起来很愚蠢,但是在实际生活中,很多人都在犯类似的错误。

比如,公司的绩效管理体系有问题,导致员工的离职率很高。很多公司就采用大量招人的方式来解决这个问题。问题解决了吗?看起来在短期内员工数量补充上来了,但是绩效管理体系没有被改进,员工大量离职的风险依然存在。如果在公司业务发展到关键时期时出现大量员工离职,则造成的危害反而更大。

如果你处在这样的系统中,就必须专注于从根本上解决问题。假如采用缓解症状的方法是必要的(因为根本解决问题的方法的效果有延迟),那就采用缓解症状的方法来争取时间,但永远不能拖延着不去从根本上解决问题。

(5)恶性竞争。

有些模型不仅适用于组织内部,还可能与组织外部的竞争对手有关,如恶性竞争模型(见图 2-3-14)。

在这个模型中,A 认为自己的利益依赖于相对于 B 的优势的建立。如果 A 占据了优势,B 就会觉得自己受到更大的威胁,于是 B 便更加努力地提高自己的水平,减少 A 的优势。结果这种做法使得 A 受到更大的威胁，促使 A 继续努力，重新扩大自己的优势。双方往往将自己咄咄逼人的行为视为对对方的防卫反应，而各自的"防卫"行动导致双方都不愿意看到的恶性循环出现，这就是"内卷"。

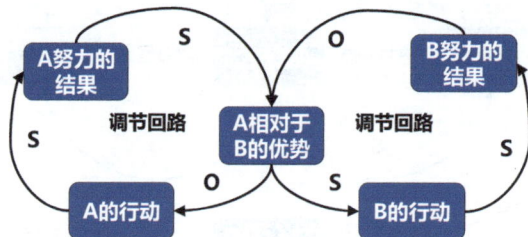

图 2-3-14  系统循环图模型 5：恶性竞争

商业案例：某公司开发了一款新产品，并迅速在市场上取得了巨大的成功。与此同时，另一家公司推出了一款类似的产品。为了争夺市场份额，第一家公司决定降价 20%。第二家公司不甘示弱，随后也降低了产品的售价。为了进一步提高市场份额，第一家公司又一次降价。虽然第二家公司不情愿，但还是紧随其后，再次降价。经过几年的竞争，两家公司的利润都下降到了无法维持业务运营的程度。

如果你处在恶性竞争的系统中，最好的应对方法是找到"双赢"的办法，让双方都达到自己的目标。在许多情况下，某一方可以单方面地逆转这种恶性循环，比如公开、主动、大胆地采取"和平"行动，使对方感到没受到太大的威胁。

## 2.3.4  系统性思维的应用场景

系统性思维在数据分析中主要有以下两个应用场景：理解业务问题和构建分析框架。

### 1. 理解业务问题

业务方因为站在自己的视角看问题，所以提出的业务需求未必是合理的。通过系统性思维，我们可以理解业务方真正遇到的问题是什么，从而提高分析的价值。

比如，我遇到过这样的数据需求：产品的拉新渠道投入产出比越来越低，业务方希望找出优化渠道的投放效率的方法，获得更好的拉新效果。

我在深入研究这个需求之后发现，这个需求的解决方法也许并不在于如何优化渠道的投放效率，而在于如何提升用户的 LTV。LTV，即用户生命周期价值，意思是一个用户从第一次进入页面到最后流失，一共能带来多少收入。

为什么要分析这个看起来与解决需求毫不相关的 LTV 呢？

因为目前业务所处的系统是增长极限模型。投入更多的钱，可以获得更多的用户，更多的用户会带来更多的钱，这是一个增长回路。

但是，在现有系统中可能还存在一个调节回路，由于缺乏变现手段，用户的 LTV 不高，因此在投放策略选择上存在很多限制：只能选择一些投放成本比较低的渠道，对于那些价格高但质量好的渠道，没办法投放。

这个时候该怎么办？

如果我们在增长回路上发力，虽然可以提升一下获客量，但是这样做不仅解决不了根本问题，而且效率也不高。

增长极限模型的最优解是优化调节回路，如果我们在调节回路上发力，就能找到系统性的解决方法。我们可以尝试挖掘用户的潜在需求，开发新的变现方式，提升用户的 LTV。一旦 LTV 有了增长，就有更多的资金被投放进来，那么增长回路那一端的系统就又开始运转，用户量可以更好地增长。

理解业务问题的核心所在，在更有价值的系统变量上做分析，**这就是系统性思维的威力。**

## 2. 构建分析框架

系统性思维在数据分析中的第二个应用场景是构建分析框架。

如果有一个需求是想要分析如何提升销售额，那么我们可以怎么做呢？

首先，我们可以对目前的销售方式进行梳理，通过结构化思维清楚地了解销售方式的现状。根据业务实际情况和不同的营销策略，我们可以拆分销售额。

通过运用结构化思维进行梳理，我们可以弄清楚不同的营销策略带来了多少销售额，这些营销策略的效率如何，以及整体的趋势如何。

我们发现目前的营销策略非常依赖于降价促销，甚至让用户形成了产品不降价就不购买的认知。这导致在产品不降价的情况下，销售额变得很低，只有在降价促销的活动中才能够有较高的销售额。但是降价促销这个行为极大地影响了公司的利润。

分析到这里，我们基本可以判断目前的营销策略处于转移负担模型中。降价促销是一种能够快速提升销售额的方法，但是这种方法会带来副作用，即用户必须等到产品降价才会购买。这反过来影响了销售额的提升，导致问题更加严重。因此，降价促销只是一种缓解症状的方法，我们需要找到根本解决方法。

然而，由于找到根本解决方法需要时间，我们需要采用缓解症状的方法来拖延时间。因此，我们的分析框架必须同时包含缓解症状的方法和根本解决方法。

我们需要分析降价促销有哪些优化的方向，如发放多大面额的优惠券、将优惠券发给什么样的人群，以及在何时进行活动更有效等。

然后，我们要挖掘适合产品的新的营销方法，如分析竞品或其他行业的营销方法，分析社群营销、直播营销等对本产品的可行性，并根据这些营销方法的特征预估它们可能带来的销售额。

这个分析框架在结构化思维的基础上融入了系统性思维，变得更加全面和完整。

## 2.3.5　系统性思维小结

真实世界中的大部分问题都是复杂问题，因为事物之间相互作用，不是独立存在的。面对这样的复杂问题，有时运用结构性思维不能找到问题的关键。相比之下，系统性思维更注重问题的动态性和复杂性。它强调整体性和综合性思考，将事物视为相互作用的系统，而非孤立的部分。系统性思维关注问题的因果关系、反馈循环和动态演化，以此来理解问题的本质和影响。它适用于处理复杂的问题，如市场变化、组织变革和生态系统等方面的问题。系统性思维可帮助我们全面地看待问题，发现潜在的关联和影响，以更好地应对变化和挑战。

系统性思维是高级数据分析师必备的思维方式。它能够让你从更宏观的角度思考问题，找到问题的本质，并重新定义问题。具备了系统性思维，你能够看到别人察觉不到的事物之间的关系，比其他人更早地预测到事物未来的发展。其他人不会再认为你"不懂业务",甚至还会向你请教业务问题。

在用系统性思维看待世界时,你不仅能看到表面现象,还能获得更深刻的洞察。你不再局限于当前的角度,可以从更广阔的角度思考问题。你不仅可以运用系统性思维思考组织内部的问题,还可以运用系统性思维思考自己与竞争对手的关系,思考行业的竞争。

当你跳出现有系统,站在更高的角度观察系统时,你能够清晰地看到大趋势,找出系统的主要矛盾。

# 第 3 章
# 解决问题的思维

我们现在已经知道了定义问题和分析问题的方法，接下来就要解决问题了。

数据分析师的工作产出一般来说是分析报告和建议，最终解决问题的是业务人员，数据分析师并不参与最终的决策落地。所以实际上，数据分析师并不会直接解决问题，他只是给出一个建议。对数据分析师来说，解决问题就代表着其给出的建议能够落地。

但是这个要求并不简单。

我们都喜欢给出宽泛但无法落地的建议，因为提出这样的建议很容易。

父母经常教育孩子要"好好学习"。但对大部分人来说，这句话并没有实际用处。我们知道要好好学习，但不知道如何去做。这是一条正确却没有实际意义的建议。

对缺乏经验的新入职的数据分析师来说，他们经常提出一些无法执行的建议，如"提高转化率，转化率太低了"。然而，一旦深入分析，他们就不知道该如何进行下去了，因为他们只知道数据之间的关系："销售额 ＝ 用户量 × 转化率 × 客单价"，却不知道这些指标对应的具体业务行动是什么。

要想让建议能够落地，必须了解业务。只有了解业务的具体内容、特点，以及业务的运转方式等知识，才能对类似"转化率下降"这样的问题进行更深入的分析，例如：

- 了解日常提升转化率的行动有哪些，就可以分析哪个行动更有效，让业务人员加强这个行动。
- 了解用户的结构分布特点，可以分析提升哪些用户的转化率更有效，让业务人员设计对应的方案。

- 了解周期性影响转化率的因素和趋势，就可以分析转化率的波动是否正常，避免因脱离实际情况而导致判断失误。

究竟什么叫作"懂业务"呢？业务问题有很多，以下随便列举一些业务问题。

- 主营产品是什么？
- 目标用户群体是谁？
- 这个业务靠什么赚钱？
- 运营人员每天要做哪些事情？
- 本年度的业务策略是什么？

以上这些问题都是业务问题，但是差别很大。有些问题很宏观，抽象到业务的盈利模式；有些问题很微观，具体到实际的操作步骤。

本章从高层管理者的商业模式视角、中层管理者的业务模型视角、基层管理者的执行策略视角介绍什么是"懂业务"，其中分别用到商业思维、业务思维、用户思维。

"懂业务"可以大大提升数据分析师给出的建议或方向的落地性，以及提高解决问题的能力，是数据分析师进阶成高级数据分析师的必备能力。

## 3.1　商业思维：读懂企业的商业模式，找准高层管理者关注的重点

### 3.1.1　思考：为什么领导说你的分析不够深入

新入职的数据分析师在进行数据分析汇报时经常会说出以下内容：

"活动整体的销售额是 ×× 万元，比去年增长 ×%；用户数为 ×× 万人，其中新增用户数 ×× 万人，转化率为 ××%；老用户数为 ×× 万人，转化率为 ××%。"

这样的汇报内容涉及了很多与销售额相关的数据，同时也包含了一些对指标之间关系的分析。然而，其中缺乏最重要的业务结论，只是简单陈述了一大堆数据，却不知道这些数据说明了什么问题。

所以，领导看到这样的分析报告，往往会说"分析得不够深入"。这是新入

职的数据分析师经常出现的问题：只擅长分析数据，而不懂得分析业务。

数据分析的核心能力是用数据驱动业务增长，也就是从数据中得出对业务有用的结论，最终让这些结论影响业务决策，并在业务层面得以实施。要想得出能够落地的分析结论，数据分析师必须了解业务。

数据分析师只有对业务有深入的了解，才能真正地解决问题。

## 3.1.2  什么是"业务"

要想理解业务，首先需要知道什么是"业务"。

请先看以下问题，你认为哪些是与业务相关的问题？

- 这个业务是做什么的？提供了哪些产品或服务？
- 这个业务如何盈利？收入和成本分别是多少？
- 要推动这个业务的运转，需要做哪些事情？
- 具体执行这个业务动作的操作步骤是什么？

上述问题涵盖了不同的视角。有些问题从宏观角度出发，涉及业务的盈利模式；有些问题从微观角度出发，具体到操作步骤。但是可以肯定的是，以上问题都与业务有关。

如果业务涵盖了宏观和微观两个方面，那么想要给业务下一个统一的定义，可能会比较困难。下面通过一个案例来看一下业务到底指的是什么。

以我们熟悉的打车 App 为例，看一下不同角色在不同视角下是如何理解业务的。

- CEO：CEO 眼中的业务，是指通过打车 App 这个平台，匹配司机和用户，并从中抽取佣金的平台型业务。平台通过业务模式的运转，持续不断地产生营收和利润。
- 运营总监/经理：以用户运营为例，运营总监/经理眼中的业务，是指构建和维护用户持续增长和留存的策略，如会员策略、优惠券策略等各种运营方案。平台通过实施这些策略，不断引入新用户，并将普通用户提升为具有更高活跃度的核心用户。
- 运营专员：以用户运营为例，运营专员眼中的业务，是指不断设计和优化渠道投放文案、调整优惠券金额、配置召回用户短信内容等。运营专员通过这些运营的具体动作，执行运营策略。

我们将上述不同角色眼中的业务提炼一下，给业务下一个统一的定义。

如图 3-1-1 所示，业务是指输入特定的资源，能够通过业务模型给出具有商业价值的确定性输出的经营单元。

| 输入 | 业务模型 | 输出 |
| --- | --- | --- |
| 特定的资源 | 创造商业价值 | 具有确定性的产品或服务 |

图 3-1-1　业务的定义

这个定义有几个核心要素：

- 输入特定的资源；
- 具有商业价值；
- 确定性输出。

为什么选择这个定义呢？我们结合例子来看一下，如图 3-1-2 所示。

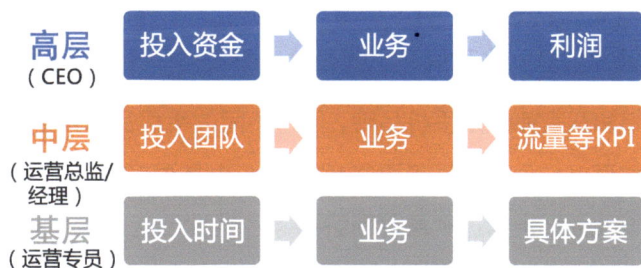

图 3-1-2　不同角色眼中的业务

- 在 CEO 的眼中，整个打车 App 平台是一个业务。这个业务的输入资源是资金，通过平台的经营，输出利润。

- 在运营总监 / 经理的眼中，业务是各种"拉新"、"促活"和"召回"的策略。"拉新"策略通过输入团队的人力资源，进行投放 / 推广等动作，输出新用户。"促活"策略通过输入用户流量，进行激励，输出具有更高活跃度的用户。"召回"策略通过输入沉默用户，对其进行运营，最终输出回流用户。

- 在运营专员的眼中，业务是具体的策略执行动作。比如，编写召回用户短信就是一个业务，输入的是自己的时间，用于文案编写和短信发送，输出的是具体的召回用户短信。

通过这个案例，你应该能够理解，尽管企业中不同角色关注的角度有所不同，但总的来说，他们关注的都是自己职权范围内创造商业价值的过程。

### 3.1.3　什么是商业思维：用商业模式思考商业问题

3.1.2节提到，高层管理者把整个平台看作一个业务，对这个平台输入资金，进行经营，输出利润。高层管理者一般会关心以下问题。

- 如何找到能稳定产生利润的业务？
- 这个业务是做什么的，面向哪些群体提供什么样的产品或服务？
- 为了提供这些产品或服务，需要哪些资源和合作伙伴？
- 企业需要做哪些事情，才能保证产品或服务的稳定供给？
- 如何找到目标用户？
- 如何赚钱？向谁收费？

高层管理者思考的这些问题，简单来说都是围绕着"如何赚钱"的，这就是业务的商业模式。这样说可能还不够具体，下面举一个例子来说明。

虽然A品牌和B品牌都是手机品牌，但是不同的手机品牌还是有很多差别的。

- 在定位方面，A品牌的手机更高端，技术含量更高，拍照技术更好；而B品牌的手机定价稍低，更具有性价比。
- 在盈利模式方面，A品牌的手机通过硬件获取利润，而B品牌的手机则通过广告等方式获取利润。
- 在渠道方面，A品牌手机的线下门店和服务点更多，而B品牌手机则更侧重网络销售渠道。

A品牌和B品牌在定位、盈利模式、渠道这些方面都有差异，这些不同之处源于两家企业的商业模式不同。除了上面列举的这些差异，商业模式还需要关注哪些方面呢？要想了解商业模式的全貌，我们需要了解一个工具——商业模式画布。

## 1．商业模式画布

对于商业模式的分析有一个专门的工具，叫作商业模式画布。商业模式画布总结了与商业模式相关的各个维度，用于描述和分析企业的商业模式。

商业模式画布由 9 个方格构成，如图 3-1-3 所示，这 9 个方格分别是价值主张、客户细分、渠道通路、客户关系、收入来源、核心资源、关键业务、重要伙伴和成本结构。

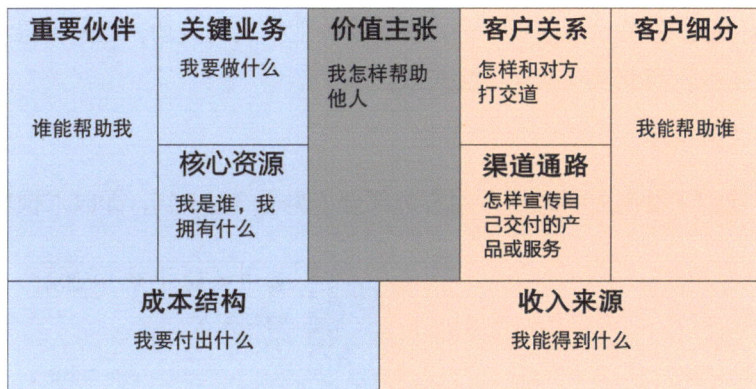

图 3-1-3　商业模式画布

这 9 个方格的内容有点儿多，不太符合之前提到的结构化思维的原则。因此，这里将 9 个方格的内容分为两个部分。

- 右边部分是收入模块，包括客户细分、渠道通路、客户关系和收入来源。
- 左边部分是成本模块，包括核心资源、关键业务、重要伙伴和成本结构。

中间还有一个价值主张的方格，这个方格比较特殊，它同时影响左边和右边两个部分。

介绍完商业模式画布的大致构造，下面再来看一看每个方格究竟是什么含义。

（1）价值主张。

商业模式画布最中间的方格是价值主张。价值主张指的是你的产品或服务究竟为客户提供了什么价值，或者客户购买或者使用你的产品或服务的理由是什么。

当你看到城市中有很多人打车不方便的时候，你会提供什么样的产品或服务来解决他们的问题？打车软件可以给乘客提供便捷的出行、透明的价格和安全的体验，为司机提供更多的用户订单，这就是打车软件的价值主张。

价值主张是商业模式搭建的灵魂。只有确定了价值主张，我们才知道如何找到客户、如何宣传产品、如何定位产品等；对企业内部来说，我们才知道需要提供哪些服务、要找到哪些重要伙伴、日常需要做哪些工作等。

你的商业模式能够建立起来，一定是你能为客户提供某些价值，客户愿意为这个价值付费。好的价值主张不一定能确保商业模式的成功，但是如果没有一个好的价值主张，商业模式就一定会失败。

（2）收入模块。

接着我们来看商业模式画布的右边部分（见图 3-1-4），即收入模块。

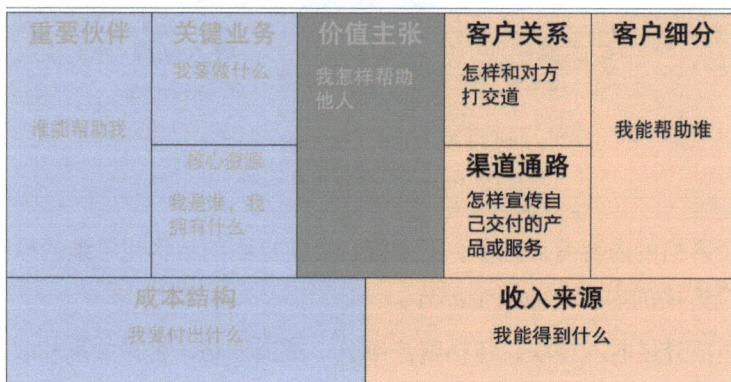

| 重要伙伴 | 关键业务 | 价值主张 | 客户关系 | 客户细分 |
|---|---|---|---|---|
| 谁能帮助我 | 我要做什么 / 核心资源 / 我是谁，我拥有什么 | 我怎样帮助他人 | 怎样和对方打交道 / 渠道通路 / 怎样宣传自己交付的产品或服务 | 我能帮助谁 |
| 成本结构 / 我要付出什么 | | | 收入来源 / 我能得到什么 | |

图 3-1-4　商业模式画布的收入模块

① 客户细分。

客户细分指的是你的客户究竟是谁，简单地说，就是**谁是你的目标客户**。

客户细分是建立商业模式的起点，所有的商业模式的建立，基本都是因为创始人发现了某个客户群体存在一种普遍性的需求。比如，在城市中打车难一直是一个普遍痛点，那些想打车的人就是打车软件能够运营成功的客户基础。

客户细分通常有几种常见的类型。

- 大众市场：大众市场指的是几乎所有人群都是你的客户，这样的目标人群

"老少通吃"，几乎没有性别、年龄的限制。比如，微信、支付宝就是这样的客户定位。

- 小众市场：小众市场指的是某些被大企业忽视的细分市场。比如，在社交软件领域，存在很多小众的需求，所以商家推出了大量的细分社交软件，如职场社交软件、陌生人社交软件、婚恋社交软件等。
- 区隔化市场：区隔化市场是指区别于主流市场的差异化市场。云南白药依靠中药的概念，在创可贴、牙膏等日常用品上和传统的厂商形成了差异化的竞争。
- 双边或多边市场：双边市场一般是指平台类的业务，既要招揽商家在平台开店，又要吸引客户来平台的店铺消费。所以这类业务的目标人群同时包括商家和用户。打车 App、电商平台等都属于双边市场。

确认了客户细分，还要结合商业模式画布中的价值主张，明确为这些客户提供什么样的价值。确认了价值主张，就可以继续下一步。

② 渠道通路。

渠道通路指的是通过什么渠道以何种方式与目标客户进行沟通或接触，并传递企业的价值主张。简单来说，渠道通路就是**如何宣传产品，以及如何向客户交付产品**。

渠道通路一般可以分为线下渠道通路和线上渠道通路。线下渠道通路主要包括实体门店、广告牌和口碑传播。线上渠道通路包括网站、网店、App 等形式。

选择渠道通路需要根据产品特点和客户群体的需求来进行。对 B2B 类型的企业来说，客户数量较少，基本上都是通过电话和线下拜访的方式来进行宣传推广的。对 B2C 类型的企业来说，由于其客户群体更大、更分散，需要采用广告、软文等方式进行宣传推广。

③ 客户关系。

在确定了客户是谁、要提供什么服务，并找到了接触客户的渠道之后，接下来要考虑的是**与客户建立什么样的关系**。

简单来说，客户关系就是企业应该如何与目标客户打交道，以及应该与目标客户建立一种什么样的关系。

常见的客户关系有以下几种。

- 自助服务：企业不直接与客户联系，而是通过自助服务为客户提供服务。工具类产品通常具有这种特点，如企图软件、搜索引擎等，客户可以通过使用这类产品自己完成服务。

- 个人助理：客户与业务代表直接沟通，从而获得服务。这种方式可以是面对面的沟通，也可以是通过电话或聊天软件的沟通。

- 共同创作：鼓励客户参与企业的价值主张的创作，如豆瓣的书评服务、短视频平台等。

- 社区：通过线下社区、在线社区等平台，促进与客户和潜在客户的互动，解决客户的相关疑问。

在一家企业中可能会有多种客户关系，例如，知乎既与内容创作者有共同创作的关系，又与普通浏览客户有社区服务的关系。

④ 收入来源。

收入来源指的是商业模式**如何赚钱**。

常见的收入来源包括广告费、交易佣金、专利授权费、服务订阅费等。

- 广告费：目前许多互联网公司通过广告获取收益。在大多数商业应用程序中，你都能看到显眼的广告。

- 交易佣金：平台类业务通常通过收取交易佣金来获得收入。例如，乘客使用打车 App 打车，平台会从其付款金额中抽取一部分作为交易佣金。

- 专利授权费：如果企业具有强大的技术能力和专利壁垒，则可以通过授权专利收取费用。例如，高通在 5G 基带芯片技术上拥有专利，这使得苹果公司每生产一台 iPhone 都需要向其支付 7.5 美元的专利授权费。

- 服务订阅费：服务订阅费是指为可重复使用的服务所付的费用，如视频应用程序的会员费、健身房的年费等。

下面总结一下收入模块的商业模式。

首先，你需要找到特定的目标群体（客户细分），然后思考能为这个目标群体提供什么价值（价值主张）；接着，思考如何将价值交付给目标群体（渠道通路），以及在交付的过程中与客户建立何种关系（客户关系）。在所有这些努力都完成之后，你才会思考如何盈利（收入来源）。

（3）成本模块。

下面介绍商业模式画布的左边部分（见图 3-1-5）：成本模块。

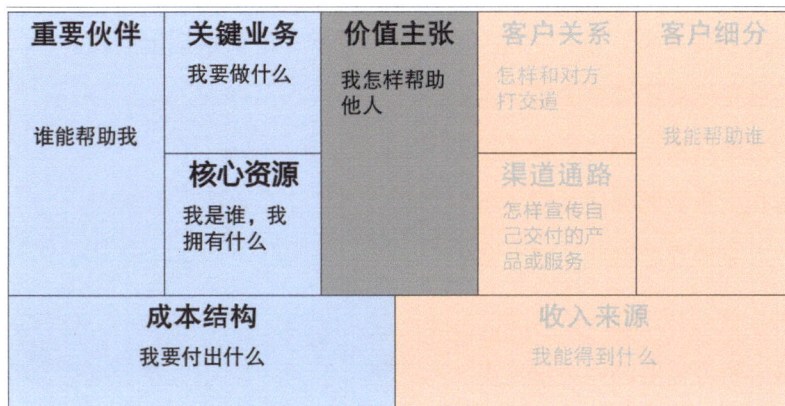

| 重要伙伴 | 关键业务 | 价值主张 | 客户关系 | 客户细分 |
|---|---|---|---|---|
| | 我要做什么 | 我怎样帮助他人 | 怎样和对方打交道 | |
| 谁能帮助我 | 核心资源 | | 渠道通路 | 我能帮助谁 |
| | 我是谁，我拥有什么 | | 怎样宣传自己交付的产品或服务 | |
| 成本结构 | | | 收入来源 | |
| 我要付出什么 | | | 我能得到什么 | |

图 3-1-5　商业模式画布的成本模块

① 核心资源。

成本模块的第一个要素是核心资源。核心资源指的是企业为了让商业模式有效运转必须具有的要素。简单来说，核心资源就是为了实现价值主张，**企业需要掌握哪些资源**。

在收入模块中，除了客户细分，其他要素都需要一定的资源。因此，我们可以问一些问题。

- 价值主张需要什么样的核心资源？
- 渠道通路需要什么样的核心资源？
- 客户关系需要什么样的核心资源？
- 收入来源需要什么样的核心资源？

一般来讲，常见的资源包括人力、资金、渠道、原材料、专利、品牌和数据等。一家企业在不同的发展阶段需要的资源是不一样的。例如，在初创期，资金和人力是最重要的资源。当企业发展到增长期时，为了确保生产和销售的稳定，原材料和渠道就变得更加重要。

② 关键业务。

接下来是第二个要素：关键业务。关键业务指的是为了确保商业模式的正常运转，企业必须进行的活动。简单来说，关键业务就是为了维持商业模式的运转，**企业需要做哪些事情**。

与核心资源类似，我们仍然可以对收入模块中的要素提出问题。

- 价值主张需要哪些关键业务？
- 渠道通路需要哪些关键业务？
- 客户关系需要哪些关键业务？
- 收入来源需要哪些关键业务？

另外，还可以增加一个问题。

- 核心资源需要哪些关键业务？

常见的关键业务包括产品制造、融资、用户服务、平台运营、技术推广、团队招募等。

③ 重要伙伴。

第三个要素是重要伙伴。重要伙伴指的是企业的商业模式有效运转所需要的供应商与合作伙伴。简单来说，重要伙伴就是**谁可以帮助企业**。

现代商业的分工非常细致，没有任何一家企业可以完全独立地生产产品，都需要依赖合作伙伴。即使你只是打算自己做家教赚一点儿零花钱，也需要依靠朋友的介绍或在网络上发帖来找到服务对象。例如，像小米这样的企业，其重要伙伴包括手机零配件供应商、商用软件供应商、广告服务商和手机零售商等。

④ 成本结构。

最后一个要素是成本结构。成本结构指的是运营一个**商业模式需要的所有成本**。

成本根据来源不同，一般包括营销／推广成本、技术授权成本、生产成本、运营成本、财务成本、人力成本等。根据结构不同，成本还可以分为固定成本和可变成本。此外，还有其他与成本相关的要素需要考虑。

其中，营销／推广成本涉及市场推广和宣传活动所需的费用。技术授权成本包括购买或租赁技术和知识产权的费用。生产成本包括原材料采购、加工和制造产品所需的费用。运营成本包括企业日常运营所需的费用，如租金、设备维护费用等。财务成本包括利息、手续费等与财务活动相关的费用。人力成本包括雇佣员工所需支付的薪水和福利费用。

在成本结构中，固定成本是指不随产量变动而变动的成本，如租金、工资等。可变成本是指随着产量变动而变动的成本，如原材料成本、运输成本等。

搞清楚商业模式画布中的 9 个要素，就能基本了解一个商业模式。一旦明确了商业模式，高层管理者就能知道目前最重要的工作是什么，随后会将一些关键业务安排给中层管理者，如保证产品或服务的供给、实现持续稳定的流量增长、品牌营销等。

### 2. 常见的商业模式

虽然每家企业的商业模式都会有一些不同，但基本上都是常见的商业模式。因此，面对不同的企业，我们不需要按照 9 个要素逐一梳理，那样会耗费较长时间且没有必要。我们只需要掌握一些常见的商业模式，然后使用这些常见的商业模式对企业进行大致判断即可。

以互联网企业为例，其大体上有以下几种商业模式。

- **流量广告模式**：例如抖音，其对 C 端客户是免费的，通过良好的产品体验吸引客户使用，形成客户流量。然后抖音将这些客户流量以广告的形式卖给 B 端客户，用 B 端的收入抵消 C 端的成本。
- **平台抽佣模式**：例如美团外卖，作为一个外卖平台，其中有商家、客户、外卖员等多种角色，其通过撮合交易、抽取佣金的模式赚取利润。
- **产供销模式**：这是一种很传统的商业模式，企业自己生产并销售产品，从中赚取产品的利润。例如在线教育企业，自己生成课程，在自己的平台上售卖，获得课程收入。自营电商也属于产供销模式。
- **免费增值模式**：现在大部分游戏采用的都是这种商业模式。客户可以免费体验游戏内容，但要想获得更好的游戏体验，就需要购买增值服务。

一家企业的商业模式可能是几种商业模式的组合。例如，美团既有平台抽佣模式，又有共享单车的产供销模式和流量广告模式。

## 3.1.4 商业思维的应用场景

商业思维的应用场景具体来说就是商业模式画布的应用场景。在日常工作中，商业思维可以应用于以下场景。

### 1. 指标体系建设

指标体系建设是数据分析师的基础工作。

如果数据分析师不了解商业模式画布，那么其在建设指标体系时就很容易有遗漏。比如，对广告业务来说，我们选择收入作为主指标，并且根据 1.3 节提供的方法拆解了子指标和过程指标。这些指标看似比较完整了，但这些指标都是收入模块的指标。在了解了商业模式画布之后，我们知道还有一个成本模块。如果站在成本模块的视角，那么我们在分析业务的时候还要分析核心资源的储备和趋势、关键业务的运作效率和质量、重要伙伴的集中度和差异、成本结构的变化等。因为在商业模式画布的 9 个要素中，并非每一个要素都可以用指标来衡量，所以未必每一个要素都有对应的指标。但我们只要按照商业思维考虑指标体系的建设，就会让指标体系更加全面。

一般来说，在建设指标体系的时候，可以先梳理一下企业的商业模式是什么样的，然后针对其中的要素建立指标体系。

- 渠道通路：与渠道相关的指标，如渠道客户规模、渠道转化效率等。
- 核心资源：与原材料相关的指标，如原材料储备量、原材料消耗量、原材料预计可消耗天数等。
- 重要伙伴：与供应商相关的指标，如供应商数量、供应商供货满足率、供应商价格指数等。
- 关键业务：这个部分可以监控的指标很多，具体有哪些指标需要监控就要看情况而定了。比如，关键业务有平台运营，那么要监控平台商家数、平台客户数、撮合成交数、付费商家数等指标。

因为企业高层管理者也是通过商业模式画布这个工具来思考商业模式的，所以我们通过这种思路整理的指标体系就会比较全面，容易得到高层管理者的认可。

## 2．汇报能力提升

如果我们知道领导关心的是什么，那么我们在向他汇报的时候就能做到胸有成竹。

我们平时的汇报很容易变成单纯地汇报数据：GMV 为 1000 万元，环比增长了 10%。对于这样的汇报内容，高层管理者无法从中获取到信息。

如果学习了商业模式画布，我们就能和高层管理者一样从商业模式的视角俯瞰整个业务。

如果企业的经营业绩变差，则高层管理者会担心目前的商业模式是否有问题。而我们可以简化和梳理复杂的业务流程和商业模式，通过排查商业模式画布中的各个要素，提前做好分析，并列出其中有问题的要素，给高层管理者一个满意的答复。例如，我们发现以下 4 个要素有问题。

- 客户细分：根据客户分层发现，新价格策略导致低购买力客户流失。
- 关键业务：商品的供给能力连续下滑，现有供给保障无法满足需求。
- 重要伙伴：供应商由于各种原因，在短期内无法恢复稳定供货。
- 渠道通路：新渠道试点进展缓慢，建议缩小运营规模。

通过对商业模式画布中的要素进行分析，我们能发现一些商业模式上的问题。高层管理者在听到这样的汇报后，就非常清楚目前的问题是什么，以及需要做什么。因为高层管理者的工作就是不断优化商业模式，所以这样的表述很容易让高层管理者理解。

## 3．职业机会选择

商业模式是一家企业能否长期生存的决定性因素。即使企业在产品、服务和营销方面做得再好，如果其商业模式过时了，那么企业也难以长期生存。

柯达、诺基亚等曾经的行业巨头，因为其价值主张不再有吸引力而最终衰落。希尔斯百货因为未能及时调整商业模式，应对线上购物的冲击而破产。诺基亚的CEO曾说："我们没有做错什么，但是我们输了。"这句话很能说明商业模式的作用，在过时的商业模式下，提供再好的产品或服务也不会改变企业的命运。

商业模式对我们的职业选择有很大的参考意义。我们可以选择具有更好商业模式的行业和企业，让职业生涯更加稳健。

例如，2015 年左右 P2P（Peer to Peer lending，点对点网络借贷）行业非常火热，有一些通过互联网进行金融放贷的创业公司给出的工资也很高，公司的业绩也在快速增长。但是，这些公司都缺乏核心资源，采取的是通过买流量赚取利差的商业模式。这种商业模式没有什么核心竞争力，不可能持续太久。因此，很多 P2P 公司后来都消失了，只有一些手握大流量的公司和一些原本就以金融业务为主的公司幸存下来。

近年来，AI 技术非常火爆，未来会出现一堆 AI 创业公司。然而，我们可以预测，以技术为价值主张的创业公司可能存在风险，而以垂直领域体验为价值主张的创业公司可能会有增长的机会。

因为以技术为价值主张的创业公司必然需要人才资源，除了一些明星创业公司，其他初创公司很难招募到优秀的人才。所以即使创业公司的某项技术在业界领先，也很快会被大公司利用人才优势追平和反超。

相反，以垂直领域体验为价值主张的创业公司需要对垂直细分领域做智能优化，一般大公司看不上这类市场，或者没有人力攻坚那么多垂直领域，因此这样的创业公司反而有机会。

### 4．个人价值发展

商业模式画布不仅适用于企业，还可以被应用到我们自己身上。当我们向企业出售我们的劳动力时，我们可以把自己看作一家企业。通过应用商业模式画布，我们可以分析自己的优势、劣势、机会和威胁等要素，从而制定更有效的职业发展策略。

在商业模式画布的"价值主张"中，我们可以思考自己的专业技能和经验，并考虑如何将这些特点与市场需求结合起来，以获得更好的职业机会和发展空间。

我在几年前准备转行做数据分析时，还不知道商业模式画布是什么，但我当时的决策，基本上都是用类似商业模式画布的分析方法做出的。我当时整理了自己拥有的主要技能（核心资源）、可能为我提供帮助的朋友（重要伙伴），以及需求较大的目标岗位（客户细分），最终确定了转型数据分析的方向。现在回头看，这算是一次比较成功的尝试。

此外，我们也可以应用商业模式画布来梳理现有的工作。我们可以找出自己服务的目标客户是谁，他们需要自己提供什么样的产品或服务，以及自己为了提供这些产品或服务，需要哪些资源和要做哪些事情等。通过这种方法，我们可以更好地了解自己在组织中所扮演的角色和具有的价值，从而更好地开展工作，并加快在职场中的成长。

### 3.1.5　商业思维小结

业务这个概念一直都没有明确的定义，很多面试官却喜欢问数据分析师是否懂业务，导致很多人对这个问题感到困惑。

一旦了解了业务的含义（即通过输入特定资源而产生具有商业价值的确定性输出的经营单元），再被问到是否懂业务时，你就可以轻松地回答这个问题了。

你可以回答："这里所说的懂业务是指了解商业模式、业务模型还是了解具体的执行策略？"这样的回答会给你加分。

商业模式这个词听起来有一点儿"高大上"，似乎是只有企业高层管理者才需要关心的事情。然而，实际上它与每个人都有关系。它可以加深我们对商业的理解，使我们的视角与高层管理者一样，这对我们分析业务和关注高层管理者关心的问题都有帮助。

## 3.2　业务思维：掌握业务运作流程，指导企业经营

### 3.2.1　思考：为什么你的分析没人看

3.1 节讲述的是高层管理者看待业务的视角，接着我们应该从商业模式的视角分析企业的商业模型。

商业思维让我们知道企业是如何赚钱的，有哪些重要的资源、合作伙伴、渠道和业务等。商业思维可以用来理解和诊断企业的商业模式，让商业模式保持良性发展。

商业模式是商业运作的战略，战略是不能经常变化的。一项业务的商业模式可能几年都不会有大的变化。比如，打车软件在这几年的商业模式基本上没有大的变化，和前几年的基本一致。

**数据分析师日常的工作主要是分析商业运作的战术和执行。**商业运作的战术就是商业模式战略的具体落地，可以被理解为做好商业模式中"关键业务"的方法。

企业的关键业务通常有很多方面，以销售为例，有一项关键业务是持续提升进店访客数。然而，在对这样的关键业务进行分析时，我们经常会遇到以下情况：

进店客户数下降，于是你的建议是提升进店客户数。

这个建议在逻辑上完全正确，但是毫无用处。每个人都知道要提升进店客户数，问题在于如何做到？

因此，当面对这样的分析结果时，领导可能会说："这个分析结果有什么用？你的分析结果需要落地！"落地意味着业务人员**在阅读完你的分析结果后必须清楚自己应该做些什么**，而不仅仅了解现状。

由于你目前只了解战略而不了解战术，因此只能得出什么降低了就提升什么的结论。然而，业务人员也知道这些结论，因此你的分析没有人会关注。

那么应该怎么办呢？

你必须具有业务思维，并与业务人员保持一致的视角，用业务思维来思考如何解决问题。

### 3.2.2　什么是业务思维

为了让我们的分析结论落地，我们需要了解业务人员思考问题的方式。如果我们知道业务人员关心的问题是什么，那么提前对这些问题进行分析，就能帮助业务人员实现目标。

我们可以把工作想象成攀岩这项运动。攀岩的最终目标是登上山顶，但是人是不会飞的，只能一点点从岩壁上爬上去。岩壁的结构非常复杂，要想向上攀爬，就需要规划一条合适的攀爬路线；在沿着路线攀爬的过程中，还需要辨别路线上的岩石，找到最适合抓握的岩石，然后顺着这些岩石一点点向上攀爬。

业务人员思考业务问题和攀岩很相似，也需要先思考解决业务问题有哪些步骤，然后在每一步找到最有利于发力的核心要点，只要做好这些核心要点，就能完成最终目标。

总体来看，业务人员的思考可以分为纵向和横向两个方面。其纵向考虑的是从现状到目标，一共需要多少个步骤，以及每一步要做什么；横向考虑的是在每个步骤内，适合抓握的"岩石"是哪些，以及怎么做才能更好地完成这个步骤。我将它们总结为纵向的流程化思维和横向的精细化思维，如图 3-2-1 所示。

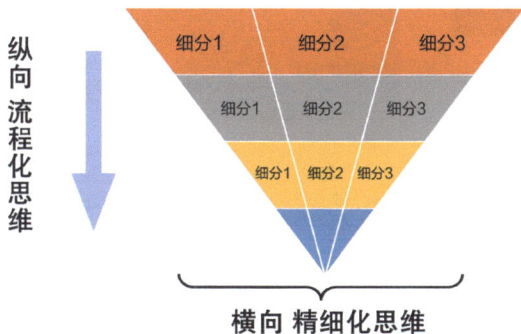

图 3-2-1　业务思维的纵向与横向

## 1. 纵向：流程化思维

要实现业务目标，就要想好具体该怎么做。

（1）什么是流程化思维。

在业务总监/经理的眼中，要实现业务目标，就要设计一套自己的业务模型。通过这套业务模型，可以将特定的输入转化成具有商业价值的输出，最终达成目标。

比如，提升销售额的一个办法是输入潜在购买用户，通过业务模型的运转，输出支付用户。最常见的业务模型是漏斗转化模型。

漏斗转化模型是一种常用的市场营销分析模型，用来描述用户在购买过程中不同阶段的转化过程。常见的电商业务的漏斗转化模型如下。

- 触达：进入营销推广页面的用户数。
- 访问：通过营销推广页面访问商品详情页的用户数。
- 下单：创建订单的用户数。
- 支付：支付成功的用户数。

这个漏斗转化模型代表的含义是将潜在用户放进这个漏斗转化模型进行运

营，最终输出支付用户（见图 3-2-2）。

图 3-2-2　电商业务的漏斗转化模型的含义

有了漏斗转化模型，也就清楚了业务模型是什么。整个业务就是输入营销触达的潜在用户，输出支付用户。

这种把业务过程拆解成不同步骤的做法就是流程化思维。流程化思维在本质上算是结构化思维的具体应用。

（2）流程化思维的作用。

**① 明确执行过程。**

现状和业务目标之间需要**有明确的路径**，否则让人不知道从何实现业务目标。

比如，学生时代的你想要提升自己的成绩，你会怎么办？

如何提升成绩是一件比较复杂的事情，你可能会做很多无用功，到底该如何做才能提升成绩呢？

你可以把学习的过程用流程化思维拆解成不同的步骤。一个人的学习过程可以被拆解成以下几个步骤。

- 学习：投入时间学习书本中的知识点。
- 测验：对知识点进行测试，考查掌握情况。
- 复盘：分析测试题中的错误，有针对性地提升薄弱的环节。

这样一套流程分为 3 个具体的动作，你持续不断地投入时间（输入），能够稳定地掌握更多的知识点（输出）。这几个步骤清晰、明确，让你知道具体该做什么事情，而不是持续焦虑。

我观察过学生时代身边那些学习刻苦但成绩一般的人,他们一般都努力学习,但缺少复盘的步骤。这使得他们虽然学习刻苦,但是没有总结过自己的知识短板,成绩始终提不上去。

在工作中,要想实现业务目标,也是同样的道理。要想提升销售额,可以做的事情很多。我们可以先把销售额产生的过程拆解成不同阶段,再将其放入漏斗转化模型,它能够清楚地告诉我们要做哪些事情。

② 提升确定性。

流程化思维的第二个作用是**提升确定性**。严格按照流程执行可以确保获得确定的结果。

以在线教育公司生产知识付费课程为例,如果没有一套标准的生产流程,那么将很难预估课程的生产进度和控制课程的交付质量。因此,专业的课程生产都有一套标准的流程,大致如下。

- 明确课程目标和范围。
- 制定教学大纲和教学计划。
- 编写教材和课件。
- 录制课程视频。
- 制作课程配套材料。
- 进行内部审核和修改。
- 进行试教和修改。
- 上线发布和推广。
- 进行售后服务和维护。
- 进行课程评估和改进。

课程的制作是一项相对具有创造性的工作,但仍需要有严格的流程管理。即使在电影这样具有创意性的行业中,好莱坞在制作电影时也会严格按照流水线的制作方式来确保电影质量。

确定性不仅表现在输出端,还表现在输入端。如果流程之间的转化率相对稳定,那么就可以预估需要多少投入才能达到一定的产出。

以电商营销转化漏斗为例,我们可以监控漏斗中各个步骤的转化率,一般来说这个转化率是相对稳定的。如果从通过营销推广触达的用户数到最终支付的用户数之间的转化率是 1%，那么要达到最终有 1 万个支付用户这个目标，营销推广页面需要触达的用户数就是 100 万人。这样就能估计出需要投入多少人力和资金等。

③ **容易发现问题。**

流程化思维让问题变得**可追溯**，也**更容易得到解决**。如果数据分析师发现最终的销售额不及预期，那么仅仅提出"提升销售额"这样的建议是没有意义的。将问题细化到流程中的每个步骤，可以定位到具体原因。如果是营销推广页面导致商品详情页的转化率很低，那么问题可能是营销推广页面的引导效果不佳。因此，后续的优化方向应该是重点优化营销推广文案，或者思考如何增加刺激点，这对业务人员来说才是有用的建议。

流程化思维将业务拆分为多个不同的步骤，让我们可以观察到各个步骤之间的转化率差异。这些差异实际上反映了可能存在的业务问题。通过优化各个步骤之间的转化率，可以提高业务模型的转化率。

## 2. 横向：精细化思维

在思考了完成目标所需的步骤后，下一步需要思考如何更好地优化每个步骤，这就是精细化思维的应用。

因为流程是纵向的，精细化思维是应用在纵向的某个具体步骤内的，所以其可以被看作在单个步骤内进行的横向优化，如图 3-2-3 所示。

根据流程化思维拆解的每个步骤都有自己的目标。例如，营销推广页面的目标是提升用户进入商品详情页的转化率，而商品详情页的目标是提升用户下单支付的转化率。

无论目标是什么，这些目标在本质上都是让用户做出某些特定的行为，例如：

- 进入商品详情页的转化率：有多少用户点击了跳转按钮。
- 日活用户数：有多少用户访问了 App。
- 销售额：用户带来了多少收入。
- 留存率：有多少用户再次访问 App。

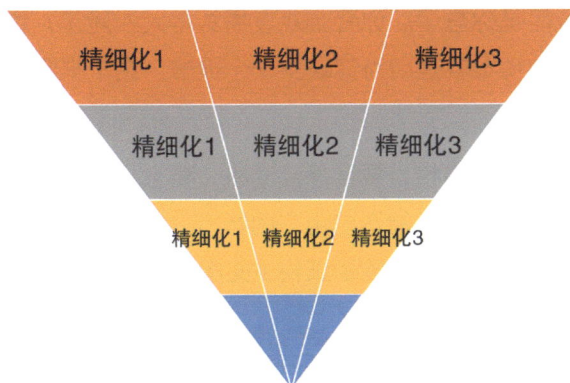

图 3-2-3 横向的精细化思维

因此，**优化每个步骤的效率**，本质上就是让用户做出某些特定的行为。而要改变用户的行为，则需要使用福格模型（Fogg 模型）。

（1）什么是福格模型。

福格模型来源于福格和美国说服技术实验室的研究，它是一种有效探寻人们行为原因的模型。

福格模型本身非常简单，只包含 3 个基本元素。

- 动机（Motivation）。
- 能力（Ability）。
- 触发条件（Trigger）。

换句话说，人们的任何一个行为的发生都需要同时满足以上 3 个要素——人们需要产生行为的动机、要有能够实施行为的能力，以及一个合适的触发条件。

比如，今天下班后你原本计划花一小时阅读本书，但没完成这个目标，为什么？

- 可能是你今天**不想**学习了。你觉得最近学习的内容已经很多了，足够应付目前的工作需要，短期内没必要学习了，出现这种情况就是因为你缺少了**动机**。

- 也有可能是你今天**不能**学习了。因为你今天白天工作很繁忙，晚上的时候已经很累了，只能早早地休息，出现这种情况就是因为你缺少了执行的**能力**。

- 还有一种可能是你**忘了**。你看游戏直播看得太入迷了，错过了时间还不知道，出现这种情况就是因为你缺少一个提醒，这个提醒在福格模型中叫作**触发条件**。

所以，用户不做某件事情，要么是没动机，要么是没能力，要么是没有触发条件。改变了这3个要素，就能影响用户的行为。以福格模型为基础的精细化思维就是对动机、能力和触发条件的精细化（见图3-2-4）。

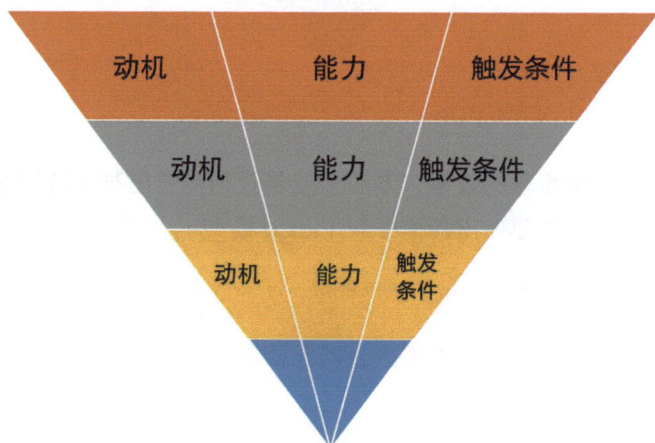

图 3-2-4　以福格模型为基础的精细化思维

动机是指人们做出特定行为的理由。动机可以是内在的，如获得成就感；也可以是外在的，如得到物质奖励。

激励人们的因素有很多，大致可以分为以下三种。

- 快乐和痛苦：人们受到体验快乐或避免痛苦的驱动。
- 希望和恐惧：人们受到增加希望或减少恐惧的驱动。
- 社会接纳和排斥：人们受到争取被社会接纳或避免被社会排斥的驱动。

能力是指人们做出行为需要**具备的条件**。能力不仅包括人们的技能水平，还包括其他因素。

- 时间成本：完成特定行为所需要的时间。
- 金钱成本：完成特定行为所需要的金钱。
- 体力成本：完成特定行为所需要付出的体力。
- 脑力成本：完成特定行为所需要的思考。

触发条件是指提醒人们去做某件事情的条件。比如，App 的消息推送、功能引导、App 图标上出现小红点等，都是提醒人们要去做某件事情的条件。像我这样的强迫症患者，看到微信图标上有小红点，就会忍不住点开看看是谁发来消息，这就是一个很好的触发条件。

（2）福格模型的作用。

在理解了优化每个步骤的效率的本质是让用户做出某些特定的行为后，你就能与业务人员保持"同频"了。例如，业务人员并不关心某个功能的点击率是高还是低，他们关心的是这个点击率的高低反映了动机、能力、触发条件中的哪些问题，以及可以采取什么样的行动来改善这些问题。

这就是精细化思维，通过设计更合理的方案来提高每个步骤的转化率。

以营销推广页面为例。要想提高转化率，则需要分析用户在这个页面上遇到了什么问题，以及如何进行优化。

- 可能是动机的问题：营销推广页面上的卖点是否足够吸引人？价格是否足够优惠？
- 可能是能力的问题：推广文案的理解成本是否太高？是否使用了太多新颖的词汇？
- 可能是触发条件的问题：是否选择了合适的推送时间？是否推送了营销信息？

你可能会说，自己公司里的业务人员好像不是这样考虑问题的。比如，在电商行业，业务人员好像用的是"人货场"模型。

没错，不同类型的公司会有特定的业务模型。我为了保证行业通用性，所以只讲底层的业务原理。其实"人货场"模型和福格模型并不冲突，人、货、场是影响业务的 3 个方面，最后还是要结合福格模型优化业务动作。

"人货场"模型与福格模型的结合如表 3-2-1 所示。

表 3-2-1　"人货场"模型与福格模型的结合

|  | 人 | 货 | 场 |
|---|---|---|---|
| 动机 | 哪些用户的购买意愿更强 | 哪些产品更能激发用户的购买意愿 | 在什么样的场景中用户更容易购买 |
| 能力 | 用户遇到了什么问题 | 是否能让用户看懂产品的特性 | 场景的理解成本是否太高 |
| 触发条件 | 对哪些人进行推送 | 推送什么样的产品 | 在什么场景下推送 |

所以，虽然他们用的不是福格模型，但是最终的落地结果还是符合福格模型的思考逻辑的。这就好像你在说汉语的时候，并不会刻意去考虑语法结构，但是你说出来的话自然就符合语法结构。

业务人员思考问题也是一样的，他们未必一定严格按照福格模型来思考，但是他们的思考内容肯定是符合福格模型的，所以在你按照这个模型和业务人员沟通时，业务人员一定能很快理解你所讲的内容。

与各个不同业务类型的分析模型相比，福格模型更偏底层一些。你只要掌握了福格模型，了解了业务是如何赚钱的、平常用的运营策略是什么，就可以马上融入业务，更好地分析问题。

### 3.2.3 业务思维的应用场景

接下来，我们聊一聊如何把业务思维应用在数据分析中。

#### 1. 用流程化思维定位问题

业务思维的第一个应用是可以让我们用流程化思维定位问题。

要想解决问题，首先需要确定问题所在。

为了定位问题，建议采用流程化思维进行分析。因为在一般情况下，业务是先纵向然后再横向展开的，所以先找到纵向上的流程问题，更有助于我们理解业务。

这一点从组织架构上也可以看出来，在通常情况下，人员的分工是按照纵向来进行的。例如，一家公司的 App 会员付费转化漏斗包括以下 3 个步骤。

- 渠道获客：通过在渠道投放广告来获取新用户。
- 新用户引导：引导新用户熟悉产品，提高新用户的留存率。
- 老用户转化：引导老用户开通会员，产生会员收入。

针对这家公司的人员分工，可以提出两种解决方案。一种是按照上述 3 个步骤将工作划分为 3 个不同的岗位，这 3 个岗位分别负责渠道获客、新用户引导和老用户转化。另一种方案是根据渠道的不同进行拆分，每个人负责一个渠道的所有环节。比如，渠道 A 的运营人员负责渠道 A 的获客、新用户引导和老用户转化，渠道 B 的运营人员负责渠道 B 的获客、新用户引导和老用户转化。

在现实中，公司一般采用的是第一种方案。

因此，我们应该按照纵向的流程化思维来分析问题，定位到某个有问题的步骤，这样业务方容易找到相应的负责人，只有有人负责的问题才能得到解决。

### 2. 用精细化思维读懂数据

业务思维的第二个应用是可以让我们读懂数据的业务含义。

新入职的数据分析师在做分析时有一个特点，就是展示很多的数据，而得出的结论很少。举一个简单的例子，某家在线教育机构推出了一门数据分析课程的营销落地页，该页面中包含 Python、SQL、分析方法、分析思维等多个模块的内容。刚入职的数据分析师在分析营销落地页的效果时，通常会先将自己能想到的数据都提取出来，然后放到 PPT 中做成类似图 3-2-5 所示的图表，至于需要说明什么内容，其可能根本就没有考虑过，也不知道应该如何考虑。

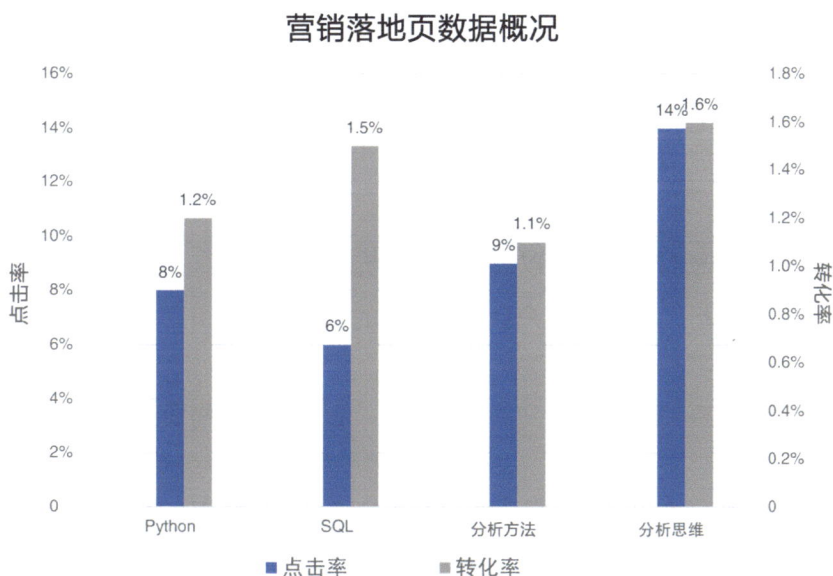

图 3-2-5　某在线教育机构的营销落地页数据概况

这样的图表可以告诉我们各个模块的点击率和转化率，但这些数据有什么用呢？我们根据这些数据能得出什么结论呢？在展示这样的 PPT 时，通常只有数据分析师一个人在讲解，其他人都在看手机，等到总结部分出现时他们才会抬起头来看一眼。

我们可以运用精细化思维来分析这个图表具体的业务含义是什么。

在图 3-2-5 中，"分析思维"模块的点击率最高，而且其转化率也最高，这说明了什么呢？

用福格模型将上面这段话翻译成业务人员能听懂的语言就是，用户对"分析思维"模块的购买动机最强。如果数据分析师提到这个关键点，业务人员就会对此感兴趣。他们会开始讨论下一步该怎么做，如将"分析思维"模块作为主要的文案内容等。这个结论比简单地放一个营销落地页的数据概况更有意义。

### 3. 提出能落地的建议

业务思维的第三个应用是可以让我们提出能落地的建议。数据分析的目的不仅是帮助业务人员找到问题，更重要的是给出建议。这一点困扰着很多刚入职的数据分析师，他们常常要么不敢给出建议，要么胡乱给出建议。

例如，分析的结果是在限时折扣活动中，"90 后"用户的转化率偏低。

如何给出建议呢？有些数据分析师不知道如何给出建议，半天都说不出一句话，索性就不说。但在汇报的时候，业务人员会问："然后呢？我们该怎么做？"还有些数据分析师会直接说："要提升'90 后'用户的转化率。"这种说法完全正确，却是废话。

了解了福格模型，我们可以进行如下分析。

- 动机：分析"90 后"用户会被什么样的广告文案吸引，找出其与其他群体不同的需求。
- 能力：分析"90 后"用户的使用时段，看一看是否需要调整限时折扣的活动时间。
- 触发条件：确定哪个渠道的转化效果最好，以及在什么情况下"90 后"用户的转化率更高。

根据这些分析结论，我们可以轻松地提出可行的建议。

在某些情况下，由于数据不足或产品设计不合理等，因此我们可能无法从用户的行为数据中获取用户的动机、能力和触发条件等信息。

这种情况在产品初期非常常见，因为产品的体验很糟糕，数据也不完整，所以我们只能了解到一些片面的信息。为了找到后续优化产品的方向，我们不一定非得局限于用户的行为数据，也可以收集其他数据，如内部调研和竞品分析的数据。

例如，我们可以调查周围同事的意见，收集他们对这个问题的反馈，然后根据 3 个要素使用归纳法整理出几条建议。

在做报告时，我们可以说："我调查了 10 位同事，共收集到以下 23 条建议，经过合并归类后，我整理出了 13 条建议，其中包括提升动机的建议 5 条、降低门槛的建议 4 条、优化触发条件的建议 4 条。"

我们还可以通过调研竞品的做法来获得提建议的灵感，在报告的最后可以说："我调研了 5 款竞品在该环节的设置，共收集到 5 个差异点，其中动力、能力和触发条件分别是……"

这种总结归纳好的解决方案，比一堆零散的想法显得更专业，而且能让业务人员听懂。通过数据分析来解决业务问题，不仅可以让我们的分析更能被业务人员认可，还可以体现我们的价值。

### 3.2.4　业务思维小结

有一些读者会想，我们是数据分析师，我们要做的工作就是数据分析，至于分析结论怎么落地，应该是业务人员去想的问题。业务人员想不出方案，才会说我们分析的内容没用。

然而，我们可以设想一下，如果我们只是简单地找出了一些基础数据，描述了问题的现状，那么当业绩真的有了提升时，我们如何解释业绩提升与我们的分析之间的关系呢？在领导眼中，任何一个数据分析师都可以取代我们。

如果我们通过分析能够得出具体的结论，提供落地的方向，甚至具体方案，那么我们就能清楚地展示自己在业绩提升中的价值。这样，在领导眼中，我们就是不可替代的。

因此，不必纠结于分析结论的"落地"是否应该由数据分析师来完成，如果我们能够做到让分析结论真正落地，就能脱颖而出。

掌握业务思维就是掌握纵向的流程化思维和横向的精细化思维，这两种思维方式能让我们与业务人员拥有相同的思考角度，更好地定位业务问题，并提出业务建议。

## 3.3 用户思维：了解并深入洞察你的用户

### 3.3.1 思考：分析结论落不了地？用户思维来帮你

在 3.2 节中，我们学习了业务思维，到这里你应该能够从纵向流程和横向策略两个角度思考业务战术了。现在你已理解商业的战略层面，即商业模式，以及战术层面，即业务流程和策略。对数据分析师来说，走到这一步可以说已经非常了解业务了，再深入一点，就是战术层面的具体执行，即选择何种做法。

一般来说，具体的战术执行不需要数据分析师参与。数据分析师的主要任务是评估不同执行策略的优劣，总结其特点，复制好的方案，改善不好的方案。

虽然战术执行不需要数据分析师介入，但是如果数据分析师能提出良好的建议，那当然是更好的。

在战术层面的分析中，你可能会遇到这样的问题：你通过纵向流程分析发现用户在商品详情页的跳失率较高。因此，你需要优化这一步骤。然后，你通过横向策略考虑商品详情页上的用户动机、能力和触发条件有哪些提升方式。

虽然你可以通过分析用户属性找出用户的特征，也可以通过分析用户行为猜测用户可能对哪类卖点感兴趣，但是根据这些分析结果还不能给出具体建议。例如，用户主要是 20~25 岁的年轻人，要激发他们的动机，你应该用什么文案？文案应该突出什么特点？

此时你的分析已经非常聚焦，定位到了具体环节，找出了用户属性，只需要针对这类特定用户设计文案、功能界面等。但是，对于究竟先做什么或该怎么做，你还是有些模糊，你能否再进一步，给出更具体的建议？

在 3.3 节中将讨论如何用用户思维来思考业务，使分析更精细化。

### 3.3.2 什么是用户思维

什么是用户思维？

用户思维是指从用户的角度思考问题，这就涉及了解用户的需求，并使产品能更好地满足这些需求。

我将用户思维分为两部分：一部分是理解用户在想什么，另一部分是如何影响用户。

关于用户思维的文章很多，其中提到了很多用户心理学现象，如从众效应、厌恶损失、信赖权威、互惠互利等。虽然你觉得这些知识点很有道理，但在实际中将其应用起来比较困难。这是因为在实际应用时，你可能会陷入一种固定思维，无法将它们灵活运用。

这些知识点往往是零散的，难以串联在一起。毕竟，你不能仅仅依靠用户的从众效应就让用户购买产品。即使是电视购物这样直接的营销方式，也不可能总是用从众效应来告诉你有多少人已经下单。电视购物依然会介绍产品特性，表达优惠的时间等，这些都能影响用户的决策。因此，必须综合应用这些方法。

那么究竟在什么时候该应用哪种方法呢？

如果你不理解烹饪的原理，只知道一些方法和技巧，就无法灵活地运用这些方法和技巧。你只有理解了烹饪的原理，才能游刃有余地做出好吃的饭菜。

要想知道在什么情况下应用什么方法，你需要知道用户当前正在思考什么问题，然后从这些方法中找出最适合的来应用。因此，你必须有一条思考的主线：先了解用户在想什么，然后用这些方法影响用户。这样你的思路就会更加清晰。

### 1. 用户在想什么

当用户决定做一件事时，他们究竟在想什么呢？

回顾一下你最近的购物经历，为什么你最后选择购买那件商品？

这里有一个常见的购物经历。

在某个周末的晚上，你打开了购物 App。在首页推荐位，你发现一款正在促销的耳机，其价格非常吸引人，这款耳机正是你一直想买的。于是，你立即查看商品价格是否真实。

进入商品页面后，你发现这是一个促销活动，要享受此折扣，必须分享该页面并带来 10 个新用户。

你开始思考自己的朋友圈里是否有 10 个未注册过这款 App 的新用户。经过一番盘算，你认为自己有可能达到了这个目标。为了得到这款耳机，打扰几个朋友应该是值得的。

　　**最后，你点击了分享按钮，在朋友的帮助下，你获得了优惠，并最终购买了这款耳机。**

　　你的购物经历可能与上述购物经历有所不同，你可能通过朋友的介绍、直播推荐，或者因为有特定的购物需求等购买某件商品。尽管实际的购物过程各不相同，但由于人的大脑结构是一样的，因此决策过程都是相同的。无论是决定是否做某件事情，还是决定是否购买某件商品，都包括以下几个阶段。

- 产生兴趣。
- 收集信息。
- 评估价值。
- 做出决策。

　　以上 4 个阶段是做决策时必须经历的 4 个步骤。在购买耳机的例子中，可以找出这 4 个步骤。

- 当你看到购物 App 首页展示的促销价格时，你产生了兴趣。
- 当你进入商品页面时，你仔细阅读了活动规则，这是你在收集信息。
- 在了解活动规则后，你权衡了自己是否能满足活动的参与条件，这是你在评估价值。
- 当你决定购买时，你做出了决策。

　　你可能会说，你在平时买东西的时候并不总是按照这个流程进行的。比如，你想买一款耳机，只需要打开购物 App，直接搜索，然后购买就好了，似乎并不符合上述这 4 个步骤。

　　的确，在直接打开购物 App 之后搜索并购买商品看似并不符合上述 4 个步骤。如果从用户决策过程的角度来看，你不是在打开购物 App 后才开始考虑要不要买东西的，而是在打开购物 App 之前，你已经通过其他渠道了解到了这款耳机的信息。你可能在某个购物 App 的开屏广告上看到过这款耳机，觉得这款耳机的造型很好看，价格也合适，只是囊中羞涩，暂时没有买。等到发工资的那一天，你突然想起这款耳机，于是就在购物 App 上搜索，发现这款耳机的价格有优惠，于是马上购买了这款耳机。

所以，你在打开购物 App 之前就已经完成了产生兴趣、收集信息、评估价值这 3 个步骤。你很早就已经评估过这款耳机的价值，打开购物 App 只是为了完成最后的购买，所以整个过程仍然符合用户购买决策流程。

### 2. 如何影响用户

了解了上述流程，再回头看那些零碎的知识点，你就能明白影响用户的方法是如何发挥作用的。以从众效应为例，使用从众效应是为了吸引用户，并让其对商品产生兴趣，或者在评估价值时激发用户做出购买决定。购买决策流程是战略，从众效应是战术。购买决策流程从战略视角全局地看待营销，从众效应是在这个战略视角下的一种战术选择。在了解了这个概念后，开发新的运营方式就容易得多了，流程设计也更加科学。

影响用户决策的方法有很多，下面介绍一些比较常用的方法。

（1）从众效应。

从众效应描述的是在群体中，个体会模仿或遵循大多数人的行为或观点。

在日常生活中，应用从众效应的例子无处不在。例如，在选择餐厅的时候，你会选择人多的餐厅，因为你认为越多人去的餐厅，其饭菜的味道越好。当你在社交媒体上看到一个帖子有很多人点赞的时候，你也会更相信帖子内容的真实性。

在商业领域中，从众效应也被广泛应用。商家会通过展示商品的销售量、咨询量等方式让你觉得这款商品更值得购买。在使用购物 App 时，我就很喜欢用按销售量排序的方法筛选商品，因为筛选商品的成本太高，我相信大多数人的判断能让我节省很多时间。

（2）锚定效应。

锚定效应指的是人们在做决定时，会受到首先接触到的信息（"锚"）的影响。即使后来有了更多的信息，这个"锚"依然会对人们做出决策产生影响。

在营销中，锚定效应被广泛应用。比如，在大城市中租房时，中介一般都用这样的套路：先带你看一套各方面条件都很一般、租金又比较高的房子，如果你不满意，再带你看其他的房子。因为房租是很难被准确评估的东西，第一套房子把你对房租的认知水平拉到一个高位，在看第二套房子后你就会觉得其租金很划算。

在商店里，你可能会看到一些商品的标签上写着"原价"和"现价"。"原价"就是一个"锚"，让消费者觉得"现价"比"原价"更便宜，因此更愿意购买，这也是锚定效应的一种应用。

（3）诱饵效应。

诱饵效应是指故意用一个低价位的产品吸引人们选择一个更高价位的产品。丹·艾瑞里曾做过一次著名的演讲："是我们在控制自己的决定吗"，其中有一个关于《经济学人》杂志订阅的广告案例。这本杂志有 3 种不同的订阅价格。

- 电子版订阅：59 美元。
- 纸质版订阅：125 美元。
- 电子版和纸质版订阅：125 美元。

最后一种订阅形式同时包括电子版和纸质版，但是价格和订阅纸质版的价格完全一样。既然如此，还会有人去订阅纯纸质版吗？

后来丹·艾瑞里决定亲自做实验，找出答案。他给 100 名麻省理工学院的学生提供了上述价格表，询问他们的选择。当 3 个选项都有时，学生选择最后一种形式的比例比较高；当去掉中间选项，也就是去掉 125 美元的纸质版订阅选项时，大部分学生选择了最便宜的选项。

这意味着中间那个选项虽然没人会选，但是其存在不是无效的，它给学生提供了一个参照。他们通过对比会发现混合订阅非常划算，从而花更多的钱订阅杂志。

（4）稀缺原则。

稀缺原则是指人们对数量有限、难以获得的商品或服务有更强的需求。因为人们普遍认为稀缺的商品或服务往往价值更高，所以更愿意为其付费。

稀缺原则在商业上的应用很多。比如，商家告诉用户某种商品数量有限，不能保证一直有货。另外，"时间"也是一种资源，通过采取"限时抢购""秒杀"等销售手段，同样能激发用户的购买欲望。

不单单在商业上，在生活中稀缺原则同样让我们更珍惜稀缺的东西。

2011 年，哈佛大学的丹尼尔·韦格纳给志愿者看了一份包含 40 句话的清单，其中包括一些短句，如"鸵鸟的眼睛比脑子大"。按照指示，每个志愿者要把这 40 句话输入计算机中，然后根据输入内容的正确率进行评分，即正确率越高，得分越高。有一半的志愿者被要求记住这些句子，另一半志愿者没有被这样要求。此外，有一半的志愿者了解自己输入的内容将被存储在计算机中，而另一半的志愿者则被告知在任务完成后输入的内容会被即刻清除。

随后他发现，被要求记住信息的志愿者的得分并不比另一半志愿者的得分更高，那些认为自己输入的内容很快就会被清除的志愿者的得分就比另一半志愿者的得分高得多。

这是因为人类的大脑对于容易获取的信息认为没必要存储起来，但对于不太容易获得的信息会记得更牢。

这个现象被称为谷歌效应，意思是互联网改变了人们的学习和记忆。当人们能够在网上方便地找到想要的信息时，人们的大脑会自动遗忘这些容易被找到的信息。

（5）心理账户。

心理账户是一种消费者行为理论,该理论认为人们会将资金划分为不同的"账户",并根据账户的性质和目标来决定消费。比如，一些人可能会将支出划分到"日常生活支出""旅行支出""紧急支出"等不同的心理账户中。

在生活中，心理账户的应用案例无处不在。比如，在购买汽车的时候，你已经决定在某家汽车销售公司购买，但另一家汽车销售公司的销售员告诉你今天购买他们的车可以赠送 100 元加油卡。你想了想，觉得 100 元太少了，不值得重新跑到另一家店购买。

但是如果你去买手机，听说另一家店可以便宜 100 元，那么你很有可能就会为了这 100 元去另一家店购买。

同样是 100 元，价值是一样的，为什么在买汽车时你就觉得没吸引力，在买手机时就有吸引力呢？因为买汽车和买手机的支出在你心中属于不同的心理账户。买汽车的支出至少有十几万元，买手机的支出只有几千元，同样的 100 元，在买汽车的支出中占比太低，所以你会忽略这 100 元的优惠。

再举一个例子：同样一件标价为 2000 元的衣服，如果是给自己买，你可能觉得贵，舍不得买，但如果是给心爱的人买，你可能会毫不犹豫地买了。这是因为你把这两类支出归到了不同的心理账户中：给自己买衣服属于"日常衣物支出"，给心爱的人买衣服属于"人情或情感维系支出"，显然你会更舍得为后者花钱。

以上列出了一些营销心理学中常见的现象。这些现象反映了用户在购物过程中的思维和行为模式。研究这些现象并将其应用于营销策略中，可以帮助你更好地理解用户，从而改善销售效果并优化用户的购物体验。然而，由于篇幅关系，这里无法逐一详细介绍。如果你想进行更深入的研究和了解，则可阅读相关图书和研究资料。

### 3.3.3 用户思维的应用场景

讲了这么多，你会感觉用户思维看起来似乎非常偏业务，是业务人员要考虑的事情，但其实用户思维对数据分析师来说也很重要。因为现在几乎所有公司都在追求精细化运营（运营动作的精准和高效）。用好用户思维，可以更好地实现精细化运营。

将数据分析与用户思维结合有非常多的应用，下面举几个例子。

#### 1. 节省测试时间

因为用户思维涉及太多的心理学知识，不同用户又有不同的认知，所以对于在营销上究竟采取什么样的方案更合适，我们只能知道一个大概的方向，对细节的优化往往需要通过 A/B 测试才能知道。但是，有很多的 A/B 测试实际上是完全没有必要的，因为它们并不符合基础的用户思维。虽然通过测试得出的结论更好，但其实是在"重复造轮子"。只要你懂一些基础的用户思维，就完全没必要做这些实验。下面举一个例子说明。

某线上商城曾经做过这样一组实验：通过调整各个模块的位置，找出更有效的方式以提高商品展示页面的转化率。这组实验调整的模块分别是售价栏、详情栏、促销信息栏。为了方便对比不同版本，我将不同模块标注成不同颜色。图 3-3-1 所示为各个版本的排版情况。

图 3-3-1　各个版本的排版情况

你觉得哪个版本的转化率更高？为什么？

下面揭晓答案，测试版本 C 的转化率略低于原始版本的转化率，测试版本 A 和测试版本 B 的转化率比原始版本的转化率均有提升，其中测试版本 A 的转化率最高，和原始版本相比，测试版本 A 的转化率提升了 65.8%。

单纯调整页面中模块的位置，竟然能使转化率有如此大的提升，这是为什么呢？

我们站在用户的角度稍做分析就能知道其中的原因，页面上的模块包括商品图片、详情栏、促销信息栏、售价栏。其中，商品图片、详情栏这两个模块是解决用户"收集信息"的需求的。促销信息栏和售价栏这两个模块是解决用户"评估价值"的需求的。

因为用户决策过程是先收集信息，再评估价值，最终决定是否购买。用户在浏览网页时一般都遵循从左到右、从上到下的顺序。所以，原始版本和测试版本 C 的顺序都不符合用户先收集信息再评估价值的决策过程，而测试版本 A 和测试版本 B 的顺序更合理，所以后两者的转化率更高。

在我看来，如果在测试前数据分析师懂一定的用户思维，就不会对原始版本和测试版本 C 进行测试，因为这两者根本没有测试的必要。我一直反对滥用 A/B 测试，因为很多 A/B 测试得出的结论只不过是在"重复造轮子"，价值很低。

### 2. 更高效的数据驱动

现在的业务优化，都讲究快速迭代，大多采用 A/B 测试。也就是对同一个页面，开发多个不同的版本，然后根据测试出的数据结果，选择效果最好的版本。

但是在学习了用户思维之后，我们要思考一下这种做法能不能再优化一下。

一般对于一个常规的测试迭代流程都是在其上线之后才对其进行数据分析的。此时，测试页面已经上线，能采集到的数据已经确定了，数据分析师只能在现有数据的基础上做分析。如果数据采集得不合理，拿到的数据的质量很差，那么在这种情况下做分析就好像"戴着镣铐跳舞"。

之所以出现这种情况，是因为大家觉得在做 A/B 测试时，选择一个更好的方案就行了，没有什么可以深入分析的空间，只要采集一些重要节点的转化率数据就行了。

真的是这样吗？在学习了用户思维之后，我们会发现这种情况未必正确。

我们知道，用户决定要不要做一件事情是一个连续的过程，要经历好几个阶段才能最终做出决定。但是 A/B 测试往往只考虑最终的结果，而忽视了中间的过程，这会导致实验效率很低。

举一个例子，一款产品的整个转化链路如图 3-3-2 所示。

点击付费产品的入口 ➡ 进入产品介绍页面 ➡ 点击支付进入支付页面 ➡ 购买成功

图 3-3-2 一款产品的整个转化链路

其中，产品介绍页面的结构如图 3-3-3 所示。

这个页面主要解决的问题如下。

- 主体部分介绍产品卖点，方便用户收集信息。

- 底部是价格信息、优惠信息等，方便用户评估价值。

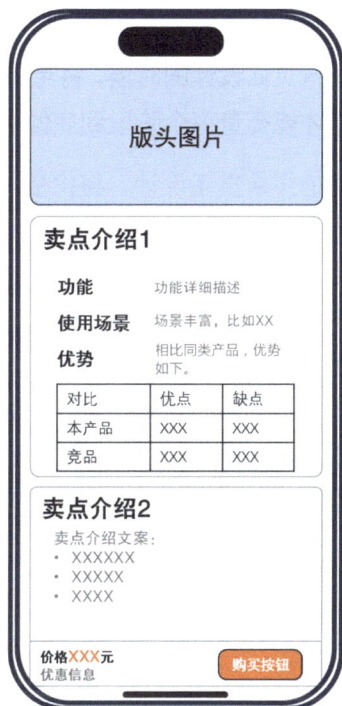

图 3-3-3　产品介绍页面的结构

假设我们现在要对主体部分的"卖点介绍"进行优化，对新版本和旧版本进行了一次 A/B 测试，发现在新版本和旧版本中，最终用户进入支付页面的转化率差异不大，于是决定保留旧版本。大部分的 A/B 测试就是这么做的，根据最终的转化率来评判不同版本的好坏。

**事实上新版本和旧版本的效果是一样的吗？**

不一定。有可能是这种情况：用户在评估产品价值的时候，觉得价格太高了或者优惠的策略太复杂，所以离开了这个页面。购买产品的用户都是有强需求的用户，就算你将卖点介绍写得很简单，他也会买。新版本的卖点介绍比旧版本的卖点介绍实际上更好，它可以让更多的用户了解产品的特点，但是最后大部分用户未购买都是因为价格太高了。

如果是这种情况，那么无论我们对产品介绍页面的主体部分怎样修改，最终得到的结果都是转化率没有明显差异。这其中可能有一些效果还不错的版本，但是因为我们的实验设计不合理而被埋没了，最终导致我们也做了很多的无用功。

怎么办呢？

**最简单的办法就是在进行页面设计的时候，将用户的"收集信息"阶段和"评估价值"阶段区分开，这样才能衡量每个阶段到底做得好不好。**

比如，我们可以将之前的页面重新设计，将价格信息和优惠信息放到落地页的第二屏。这样，如果卖点介绍做得好，用户就会下拉页面查看更多信息，我们就可以用下拉页面这个动作的占比数据来衡量卖点介绍到底做得好不好。如果下拉页面的人很多，而购买的人少，那么说明卖点介绍做得不错，是价格有问题。如果下拉页面的人很少，那么说明卖点介绍没做好，可以继续优化卖点介绍部分（见图 3-3-4）。

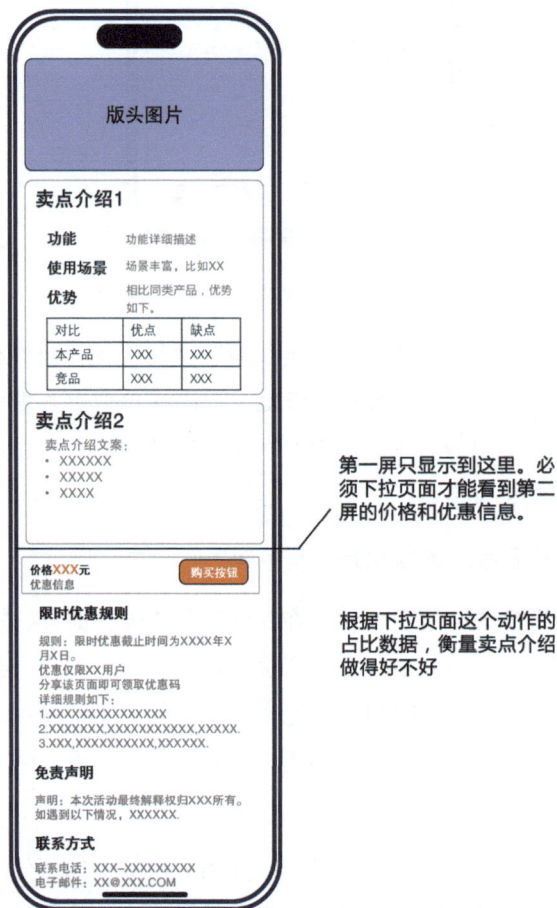

图 3-3-4　页面结构调整：仅在第二屏展示价格信息和优惠信息

我们甚至可以把价格信息和优惠信息放到下一个跳转页面上，在落地页上只保留"购买按钮"，用户在进入支付页面后才能看到价格信息和优惠信息（见图 3-3-5）。这样我们可以用跳转到支付页面的用户比例来衡量卖点介绍的效果。

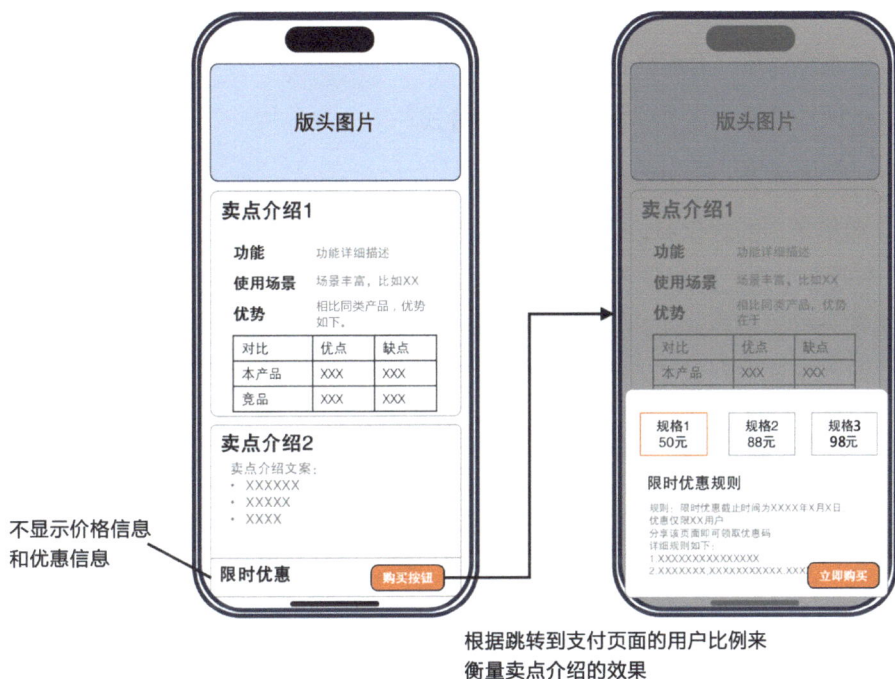

图 3-3-5　页面结构调整：将价格信息和优惠信息放在支付页面

你可能会说这样会使用户体验变差，对用户来说，查看这个页面不太方便，要看价格还要滑动页面或者跳转页面，不如直接显示页面方便。没错，**但是凡有选择，必有代价**。选择这种方法做实验，优势在于可以极大地提升测试的效率，让我们快速地找出更好的内容方案。我们可以在实验结束以后，保留效果较好的"内容"，恢复原来直接显示价格的"交互形式"。这种测试方法虽然在短期内会对用户体验有一些影响，但是其带来的收益一定大于原本经过几个月的实验都未必能找出优化方案的测试方法所带来的收益。此外，我们也可以通过灰度发布，只对一小部分用户进行测试，缩小影响范围。

如果我们懂得用户思维，就可以将数据驱动业务的效率提升好几倍，在很短的时间内找出好的方案。

这种方法不单单适用于这类转化率分析，还适用于其他的业务分析。比如，你的产品是社区型产品，你希望新用户在首次登录后就能关注几个"大V"，这样可以提升新用户的留存率。要让新用户关注"大V"，按照用户决策过程，分为以下几步。

- 产生兴趣：关注别人有什么好处？
- 收集信息：有哪些优质的"大V"？
- 评估价值：这个"大V"适不适合我？
- 做出决策：点击关注。

如果用户的转化率较低，到底是因为用户没有关注"大V"，还是因为推荐的"大V"不适合用户？要是搞不清楚这个问题，做优化改版就会很低效。优化的方法和之前一样，适当让用户进行一些不那么方便的操作，获取各个阶段的转化率数据，从而快速找到最佳方案。

### 3. 更精准的漏斗分析

我们也可以将上面介绍的这个思路应用到平时的用户转化分析上。如果页面设计合理，能够区分用户所处的决策阶段，那么就能做出一个加强版的漏斗分析，我把它称为用户决策过程的漏斗分析模型（见图3-3-6）。

传统的业务转化过程的漏斗分析模型是将业务过程的几个关键动作作为漏斗分析模型的几个阶段，如广告曝光、进入落地页、进入购买页、点击支付（见图3-3-6）。如果通过分析发现某个阶段出现了问题，就优化这个阶段。

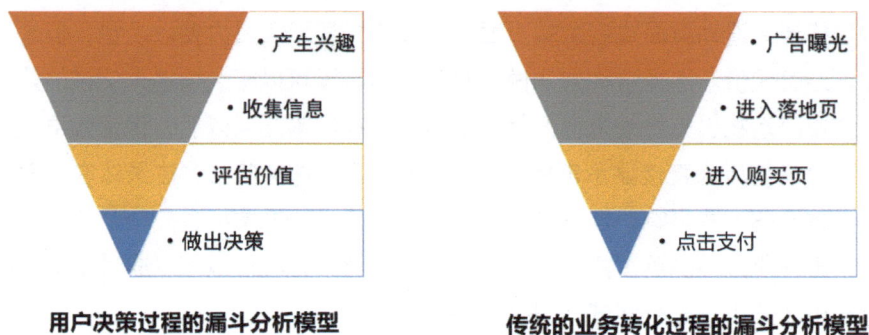

图3-3-6　用户决策过程的漏斗分析模型与传统的业务转化过程的漏斗分析模型

漏斗分析模型实在太经典了，几乎所有的数据分析师都在用，但是传统的业务转化过程的漏斗分析模型有两个问题。

（1）传统的业务转化过程的漏斗分析模型不考虑转化过程本身是否有问题。

如果转化过程本身不合理，那么我们在这个错误过程上做的漏斗分析，就无法解决根本性的问题。比如，用户在落地页点击购买按钮之后，进入的是卖点介绍页面，这很明显不符合用户的决策过程，这个时候用户已经做出了购买决定，其要做的是赶紧付钱成交。如果我们使用的是传统的业务转化过程的漏斗分析模型，就会在卖点介绍页面上挖空心思想着如何优化，但效果会非常差。

（2）传统的业务转化过程的漏斗分析模型站在业务的视角看待问题，未必能给出有效的建议。

比如，我们通过传统的业务转化过程的漏斗分析模型发现落地页的转化率不高，然后通过分析历史数据发现，搞限时优惠可以提高落地页的转化率。于是我们就建议搞限时优惠。但是这个结论是基于归纳法的思路得出的，并不是落地页转化率低的根本原因。搞限时优惠可能会给转化率带来一定的提升，但是由于不是转化率低的根本原因，因此优化效果并不会太好。

如果我们通过用户决策过程的漏斗分析模型发现，用户在收集信息阶段遇到了问题，使得落地页的转化率不高，那么我们就找到了落地页转化率低的根本原因，在优化的时候就更有针对性。

所以，用户决策过程的漏斗分析模型可以帮助我们精准地找出具体问题，并指导我们后续的优化。这个用户决策过程的漏斗分析模型是我原创的分析方法，其在实际使用过程中的效果非常好。

### 3.3.4　用户思维小结

**大多数的数据分析方法仅仅是对数据进行解读，没有深入思考数据背后的含义**。而要真正实现用数据驱动业务，应该反向思考：先考虑业务和用户，然后考虑需要哪些数据。

如果我们对用户了解不足，可能就无法想到这些分析方法。就算我们碰巧找到了这些分析方法，也无法清楚地解释为什么会这样，更无法将其应用到其他业务中。因此，与普通数据分析师相比，优秀的数据分析师带来的价值，不仅仅是将转化率提升了几个百分点，还有可能是提升数倍甚至数十倍。

现在，各个企业都在追求精细化运营，如果我们不了解用户，怎么能进行精细化运营呢？要实现精细化运营，实际上就需要将数据分析与用户思维相结合。只有具备了用户思维，我们才有可能分析出许多其他人可能忽视的细节，挖掘出令人惊叹的深层洞察。

# 第 2 部分
## [ 流程篇 ]

学习的过程一般包括 3 个阶段，如图 4-0-1 所示。

- 学习知识：通过阅读、听讲等方式理解和吸收新知识。
- 掌握技能：通过运用知识解决实际问题，通过训练使技能熟练。
- 形成能力：通过多次的重复，将所学内化为自身能力，包括思维、解决问题和创新等能力。

学习知识 ➡ 掌握技能 ➡ 形成能力

图 4-0-1　学习的过程

举一个生活中的例子，我们学习英语也要经过这 3 个阶段。

- 学习知识：在课堂上，我们学习英语的基础概念，了解单词、语法等基础知识。
- 掌握技能：我们通过大量的听、说、读、写练习，逐渐掌握英语的表达技巧，能进行简单的口语交流。
- 形成能力：随着不断地练习，我们逐渐将英语技能内化为自身的能力，能够自如地运用英语进行思考和交流。

思维篇的内容是数据分析师必须具备的知识。要想让知识变为技能，还需要通过解决实际问题或者练习。所以在本书的第 2 部分"流程篇"中，会讲解分析一个问题的详细步骤，帮助你在脑海中将之前学习到的知识模拟实践一番。虽然这样的模拟实践的效果肯定比不上你在实际工作场景中解决一个具体问题的效果，但是可以让你在之后遇到问题的时候知道该如何组织分析思路。

本篇内容是与"分析流程"有关的内容，设置如下。

- 第 4 章：通过一个简单的案例讲解分析的全流程。
- 第 5 章：学会定义问题和分析问题产生原因的具体方法。
- 第 6 章：学会提出有价值的建议。
- 第 7 章：学会将分析结论组织成报告的方法。
- 第 8 章：了解其他一些常见的分析方法在分析过程中的作用。

本篇内容可以让你知道如何组织分析思路，而且这种分析思路并没有被局限在某些特定案例中，是一种以 2W1H 模型为核心的较为通用的分析问题的思路。我相信通过对"流程篇"内容的学习，你之后在面对数据分析问题的时候，能更快、更好地组织分析思路。

# 第4章

# 分析流程

在"流程篇"中会重点讲解如何具体分析问题。在本章中，我希望通过讲解一个完整的案例，让你理解一个完整的分析流程是什么样的。这样的安排能够让你在后续章节中不仅关注具体步骤，而且能够像下围棋一样，走一步算三步，明白每一步对下一步的意义。因此，在本节中会简要介绍一下整个案例的分析过程，对于具体的分析方法和技巧，将在后面的章节中详细介绍。

现在先来看这个案例：假设你是一家在线教育机构的数据分析师，该机构提供各种类型的职场教育课程，包括互联网行业的产品开发、产品运营、数据分析和技术开发等多个领域的课程。其中，有一门与数据分析相关的课程（我们称之为 A 课程），已经在线上销售了一段时间，销量处于中等水平。有一天，你的领导找到你，希望你分析 A 课程的销售情况，并提出提升该课程销量的建议。

面对这个问题，你该如何进行分析呢？

你可能会有一些想法。一方面，你可以找出 A 课程做得不好的地方，然后改进这些地方以提升转化率。你可以通过漏斗分析找出目前销量较低的步骤。

另一方面，你可以找出 A 课程做得好的地方，然后研究为什么这些地方会成功。你可以找出哪种类型的用户具有更高的转化率。

我相信这些方法都可以帮助你提升 A 课程的销量。然而，让我们暂时将这种灵光一现的分析方法放在一边，下面尝试使用一种通用的分析方法来解决这个问题。

在"思维篇"的引言中提到了分析问题的通用模型——2W1H 模型。这个模型通过 3 个步骤（是什么、为什么、怎么办）来逐步深入问题，并最终解决问题。

为什么这个模型适用于所有问题呢？因为只有明确了问题是什么，你才能分析为什么存在这个问题；只有了解了这个问题为什么存在，你才能知道该采取什么行动。因此，你可以运用这个模型来分析上述问题。

需要注意的是，这个模型的优点是具有通用性，但其缺点也在于它的通用性——它过于通用了。通用型模型适用于大多数情况，所以可能缺乏细节。如果你想将这个模型应用到业务数据分析领域，就需要对其进行一些改造，使其成为专门适用于数据分析常规流程的模型。

下面就顺着"是什么、为什么、怎么办"的思路，分析一下如何提升 A 课程销量的问题。

# 4.1  定义问题：问题是什么

首先要找到"问题是什么"，也就是定义问题。在第 1 章中，我提到定义问题有 3 种思维，分别是目标思维、问题思维和量化思维，接下来看一下这 3 种思维在定义问题时如何发挥作用。

## 4.1.1  找到问题三要素

领导交给你的任务是分析一下如何提升 A 课程的销量。这个问题其实还不是特别清楚，**根据问题思维，问题三要素分别是目标、现状和疑问。**接下来你需要把领导提出的问题的三要素找到，让问题更加完整。

在这个问题中，疑问比较明确，即如何提升 A 课程的销量。要回答"如何提升 A 课程的销量"，最后的分析结果应该包括具体的方案和措施，或者至少要给出目前销量增长受阻的原因。举一个例子，你可能建议在某个渠道增加 30% 的投放资金，预计可以带来 10 万元的额外销售额。这样的回答就很好地回应了"如何提升"，因为它已经具体到如何执行，很容易落地。如果你只是说增加渠道的资金投放，但没有明确具体是哪个渠道、投放多少资金，这样的答案就没有完整地回答"如何提升"。

然而，领导对于提出的问题并没有明确的目标。他只是希望提升销量，没有具体说明提升多少。此外，你还不清楚现状是怎样的。因此，你需要先梳理清楚现状，了解当前销量的实际情况。

你需要运用量化思维来明确问题中的销量。销量有多种计算方式，对在线教育机构来说，可以按照销售人数、销售课程数、销售额等多种方式计算。问题中使用的词汇必须具有明确的定义，以避免产生歧义。假设在这个案例中，销量是按销售额计算的，那么问题就变成了"如何提升 A 课程的销售额"。

这样一来，问题的现状和疑问就变得更加清晰了。目标可能比较难确定，因为目前你还不清楚销售额的潜在增长空间。所以，对于提升的具体目标，你可以先设定一个预期。例如，销售额至少提升 10%。这样你就有了心理准备。如果你发现一些问题，并进行了改进，但改进后销售额的增长只有 5% 左右，那么这些改进在数据上的表现可能并不会特别明显。而且很难说清楚这是由你的分析带来的改进，还是由其他因素带来的改进。只有销售额的增长达到 10% 以上，展示改进后的价值才能够更有说服力。因此，你可以先暂定一个目标，即销售额至少提升 10%。

通过对问题进行梳理，问题变得更加清晰明了了。现在，问题是这样的：如何提升 A 课程的销售额，并且目标是销售额至少提升 10%。

- 现状：A 课程的销售额是每月 XX 万元。
- 目标：A 课程的销售额至少提升 10%。
- 疑问：如何提升。

### 4.1.2　为什么要分析这个问题

在明确了问题之后，定义问题的阶段依然没有结束，你还需要知道问题背后的目标究竟是什么。因此，你需要思考**为什么领导要分析这个问题，他希望通过分析达到什么目的**。

也许有一些人会问："之前不是已经明确了问题的目的吗？就是要提升 A 课程的销售额。"这是问题的目的，但只是表面上的目的，还有更深层次的目的需要我们挖掘。

领导的目的是希望在短期内冲一下业绩，还是希望优化销售链路以获得持续性的增长？如果是短期冲业绩，而你却以优化链路的心态分析问题，并提出一些可能效果较好但见效慢的建议，那么分析结果可能不会获得认可。如果领导的目的是优化销售链路，而你提出一些短期见效但潜在风险较大的建议，那么分析结果也不会获得认可。虽然这两种建议都解决了如何提升 A 课程的销售额这个表面问题，但没有解决根本问题，所以你的分析结果不会被认可。

因为提出短期见效的建议相对较容易，如通过降价促销、活动运营等，业务人员凭经验就能完成。所以在这个案例中，你可以假设领导希望进行销售链路优化，提升产品的转化能力。

另外，**搞清楚分析的目的可以评估分析的价值，从而调整分析需求的优先级**。你精力有限，而且手头上还有许多工作要处理。如果你要进行 A 课程的销售分析，就没有时间进行 B 课程的销售分析、用户留存分析或路径分析等。因此，你必须清楚要分析的问题的目的是什么，并决定是优先处理还是等有空闲时再处理。

此外，只有搞清楚问题的目的，才能找到更合适的分析方法。并不是运用更复杂的分析方法得出的结论就比运用简单的分析方法得出的结论更好，而是选择的分析方法要符合问题的目的。假设公司目前面临现金流紧张的问题，急需资金变现。这时候有两位数据分析师，一位数据分析师得出初步结论——A 课程在变现过程中具有潜力。另一位数据分析师进行了深入分析，并提供了多种改进措施，以提升流失用户的回流率。尽管前者只提供了一个大致的方向，但其得出的结论的业务价值更高。

如果你明白问题的目的，即使不懂太深入的分析方法，只采用最基本的方法分析问题，则得出的分析结论的价值也要远胜于虽然分析较深入但不符合问题的目的而得出的分析结论的价值。

### 4.1.3　定义问题小结

至此，定义问题的步骤结束了。你搞清楚了领导交代的问题的三要素，也搞清楚了问题的背景，做好这些工作可以让后续的分析有更加明确的方向。

"问题是什么"虽然看似简单，但非常重要。要牢记，认清问题是成功的一半。只有正确理解问题，才能进行准确的分析和提出有针对性的解决方案。

另外，在定义问题的过程中，发挥主要作用的是**目标思维、问题思维和量化思维**。当然，也会需要**其他思维方式**。例如，在定义问题时，你需要考虑目标、现状和疑问这 3 个要素，逐一找出每个要素的答案，这就需要运用结构化思维。

当通过量化思维确定问题中的销量指标时，也会运用业务思维，即你需要了解在业务中最受关注的销量指标是什么。因此，需要综合运用不同的思维方式。然而，最重要的是明确要解决的问题是什么，各种思维方式只是解决问题的手段而已。

## 4.2　分析问题：为什么会发生

接下来要分析"**问题为什么会发生**"。这就有点儿复杂了，我把这个阶段拆分成以下两个问题。

- 问题的表面原因是什么？
- 问题的根本原因是什么？

什么是表面原因？什么是根本原因？

当你感到肚子疼的时候，你会去医院，让医生给你做一个检查。医生在检查之后发现疼的部位是胃，你感到的肚子疼实际上是胃疼。

然后医生给你开了一些止疼药，让你的肚子不再疼痛。你可能会感到不满，为什么呢？因为虽然止疼药可以暂时缓解疼痛，但如果胃部存在疾病，在药效过后，肚子又会开始疼痛。

那么，正确的做法是什么呢？医生会对你进行一系列检查，根据检查的结果确定导致你胃疼的根本原因，并给你开合适的药物进行治疗。

在这个案例中，胃疼就是肚子疼的表面原因，导致胃疼的病因是根本原因。**找到表面原因可以缩小问题的范围，找到根本原因可以有针对性地解决问题。**

下面通过案例逐一来介绍。

### 4.2.1　找出表面原因

**分析问题的表面原因，主要是通过结构化思维将问题拆分得更细，找到问题集中的地方。**就像医生在诊断你肚子疼时，先把范围缩小到胃疼一样，医生也是先结构化地摸你肚子的各个部位，然后确定疼痛范围的。

那么，对于业务上的问题细分，如何搭建结构化思维的框架呢？在前面讲到业务思维时，我把业务思维拆解成了纵向的流程化思维和横向的精细化思维两个方向，所以**在拆解问题的时候，你也可以采用纵向和横向的拆解逻辑。**

在横向上，你可以把问题按照不同的维度进行细分，然后通过对比找出问题最大的细分项，这种方法叫作维度拆解，也是结构化思维的一种具体运用。比如，对于 A 课程的销售额，你可以按照课程的订单渠道、用户类型、时段等不同的维度进行拆分。如果你按照课程的订单渠道拆分，那么不同渠道的销售额之和就是总销售额。

在纵向上，A 课程的用户购买过程一般来说是这样的：

- 用户看到投放的广告；
- 用户进入广告推广落地页；
- 用户在落地页点击购买；
- 用户付费成功。

当然，销售额的来源肯定不只这一种，比如，用户可以直接在网站上购买课程，用户也可以通过老用户介绍购买课程。这类自然流量带来的订单一般比较稳定，而且很难干预，所以你一般需要分析可干预的运营流量的转化情况。

你可以按照用户的购买过程，把 A 课程的成交转化链路拆分成广告曝光、点击广告、进入落地页、点击购买、支付成功这几个步骤。这种做法就是漏斗分析，在漏斗的最后一步实现的就是成交。

一般纵向和横向的拆解是一同进行的，你可以直接根据不同的维度分析转化率的差异。因为不同维度之间存在差异，如沿海地区和内陆地区的人口密度不同，所以没办法直接对比销售额的大小，但可以横向对比转化率数据。

通过采用这种将横向拆解和纵向拆解结合的细分方法，你可以找出目前销售额有问题的订单渠道是什么，以及这个订单渠道在哪个转化环节有问题，这样你就找到了表面原因。

假设你发现订单渠道 A 的转化率较低，此时，你要避免盲目地给出建议。很多新入职的数据分析师喜欢提建议，如"提高订单渠道 A 的转化率"。然而，这样的建议往往会被领导认为"分析不够深入"，因为你的分析无法解决问题，只是缩小了问题的范围。

确定了表面原因，后续的优化方案需要由业务部门自行判断。有时候，你一告诉他们问题所在，他们就能立即找到问题产生的原因。就好像医生告诉你肚子疼是肠胃问题，你马上就能想到可能是昨天吃的不新鲜的小龙虾引起的。

然而，如果业务部门也不清楚原因，你就需要进一步挖掘，找到导致这种现象出现的根本原因。

## 4.2.2　找出根本原因

当业务出现问题时，最根本的原因是用户没有表现出我们预期的行为。因此，**分析业务问题产生的根本原因，实际上就是分析用户出现了什么问题。**

这涉及用户思维中关于用户决策过程模型的一些知识。在用户做出购买决策之前，他们有一系列需要满足的需求，包括产生兴趣、收集信息、评估价值和做出决策。

在前面的步骤中，你梳理了用户在购买过程中需要经历的 4 个环节，即用户看到投放的广告、用户进入广告推广落地页、用户在落地页单击购买和用户付费成功。然而，这些环节只是为了满足用户在购买决策过程中的一系列需求，访问这些页面并不是需求本身。就好像我想去上海，到达上海是我的目标，但开车去并不是我的目标。如果乘坐高铁更方便，我会选择乘坐高铁。因为我只关心我能不能到达上海，而不必非要开车去上海。用户在购买时，并没有一个"进入广告推广落地页"的需求，用户进入广告推广落地页只是为了满足他们"收集信息"和"评估价值"的需求。

在分析表面原因的过程中，你发现用户在广告推广落地页的转化率较低，那么用户在这一环节想要获得什么呢？我认为，用户进入广告推广落地页是为了获取更多的课程信息。

那么，用户在获取课程信息时，可能因为哪些问题而放弃购买呢？你可以假设以下情况。

- 可能是因为广告推广落地页中的信息与广告中的描述不一致。例如，广告中宣传的是"数据分析培训课程"，而用户在进入广告推广落地页后却发现是"财务数据分析课程"，因此很快就离开了。

- 可能是因为广告推广落地页中的信息排版混乱，难以找到有用的信息。

- 可能是因为用户觉得课程质量还不错，但价格过高，从而放弃购买。

这些都是关于用户需求问题的假设，你可以通过用户行为数据来验证这些假设，并定位大致的问题方向。表 4-2-1 所示为用户行为及其对应的数据指标表现和结论。

表 4-2-1　用户行为及其对应的数据指标表现和结论

| 用 户 行 为 | 数据指标表现 | 相对应的结论 |
| --- | --- | --- |
| 用户进入页面，然后快速离开 | 停留时长很短 | 很可能是因为广告和落地页中的信息不符，用户觉得被骗了，就快速离开了 |
| 用户在滑动价格页面时，大量流失 | 滑动价格信息后 $n$ 秒的流失比例 | 基本可以确定是价格的问题，页面提供的课程信息让用户觉得不划算 |
| 用户进入页面，仔细地阅读了内容，然后流失 | 页面点击率较高；页面停留时长较长；页面浏览屏数较多 | 用户对课程主题感兴趣，但是课程介绍没有打动用户。可能是因为用户在阅读完课程介绍后，觉得课程不适合自己；也可能是因为课程介绍不够全面 |
| 用户进入页面，快速滑动到底部，然后流失 | 页面停留时长较短页面浏览屏数较多 | 用户没什么耐心，可能是因为页面设计太混乱，用户快速翻阅整个页面没找到重点 |

假设在这个背景下，你通过用户行为数据发现了转化率低的根本原因：用户对课程主题感兴趣，但课程介绍不适合他们。这时，后续的改版方向也就呼之欲出了。

至于如何提出这样的假设，你可以站在用户的角度体验一次购买过程，这样就能提出很多假设。你也可以与同事一起讨论可能的情况。如果大家都没有什么想法，还有一个笨办法，就是将用户在落地页上的行为日志全部提取出来，然后逐个进行分析。通过分析几十个甚至上百个用户的行为日志，基本上可以总结出一些用户所具有的共同特点。然后，你可以用所有用户的行为数据来验证这些假设是否普遍存在。

通过数据分析找到根本原因对数据采集的要求很高。例如，要采集用户是否滑动到价格页面等数据，如果没有提前设计好的数据采集机制，则很难实现。因此，你需要思考如何完善数据采集机制，而不是只依靠现有数据去思考如何深入挖掘。巧妇难为无米之炊，如果没有用户行为数据，则很难找到根本原因。

# 4.3　解决问题：怎么办

最后一步是"怎么办"，对数据分析师来说，**这一步就是为业务人员提供具体的落地方案。**

回顾一下案例背景和目前的发现：你是一家在线教育机构的数据分析师，领导要求你分析如何提升 A 课程的销售额。通过数据分析，你发现目前销售额不高主要是因为落地页的转化率较低，而转化率低的原因很可能是用户对课程主题感兴趣，但在落地页上没有看到符合他们兴趣的课程内容。

到这一步，你已经找到了问题的根本原因，接下来就是考虑如何解决了。

要找出解决方案，你可以先思考一下问题在得到解决后会有怎样的状态。

例如，用户在落地页的转化率低的根本原因是用户对课程主题感兴趣，但无法被课程介绍打动。那么问题解决后的状态应该是用户能看到他们感兴趣的内容。

你可以将优化后的状态按照"主谓宾"的方式拆分一下。

- 主语是"用户"。
- 谓语是"看到"。
- 宾语是"感兴趣的内容"。

**这样就有 3 个建议方向了。**

首先关注主语"用户"：之前的结论是课程介绍无法打动用户，那么是不是因为你把课程推向了错误的用户群体？你销售的是数据分析思维课程，那么你是否将其投放给了希望学习数据分析技术的人群？

其次关注谓语"看到"：用户花时间阅读落地页的内容，最终却离开了，是不是因为页面设计过于复杂，用户无法找到关键信息？因此，你可以使核心卖点更加醒目，让用户更容易看到关键信息。

最后关注宾语"感兴趣的内容"：用户对课程主题有兴趣，但课程内容介绍似乎无法满足其需求。对这方面的优化可以分为两类：

- 第一类是在原有课程中挖掘更多的卖点；
- 第二类是在课程主题下开发新的课程。

至于用户到底想学习哪个方面的细分知识，可以通过 A/B 测试或用户访谈来搜集用户的真实反馈。

最后按照"谁、在什么时间、做什么事"的结构制定解决方案，示例如表 4-3-1 所示。

表 4-3-1　解决方案示例

| 落 实 人 | 应 对 措 施 | 时　间 | 预计效果（优化目标） |
| --- | --- | --- | --- |
| 渠道运营人员 | 提高渠道和产品的匹配度，进行新渠道的投放 | 1 周内 | 10% |
| UI 设计人员 | 优化落地页信息展现，突出卖点 | 1 周内 | 无 |
| 运营人员 | 挖掘更多的课程卖点。<br>在落地页进行 A/B 测试，找出效果最好的卖点文案 | 2 周内 | 20% |
| 用户调研人员 | 进行用户调研，了解用户期望学习的知识点 | 1 周内 | 无 |

如果你给出这样有理有据、条理清晰、能马上落地的建议，领导还会说你"分析不够深入"吗？

## 4.4　分析流程小结

回顾第 4 章的内容，你会发现分析一个问题有固定的套路，那就是分析**是什么、为什么、怎么办**这 3 个大问题。如果把这 3 个大问题再拆分一下，又可以细分出 5 个小问题，它们分别是：

- 要解决的问题是什么？

- 为什么要解决这个问题？

- 问题的表面原因是什么？

- 问题的根本原因是什么？

- 要解决问题该怎么办？

在解决这 5 个小问题的过程中，我们会用到"思维篇"中介绍的各种思维方式。这些思维方式在解决是什么、为什么和怎么办这 3 个大问题时各有侧重点，同时也与其他思维方式相互关联，如图 4-4-1 所示。通过对这个示例的讲解，希望你能够理解数据分析不是简单地套用方法，而是先清晰地设计要解决的大问题，然后逐步将其拆解成各种小问题，各种分析方法只是解决问题的工具。

图 4-4-1　各种思维方式的关系

　　本章对整个分析流程进行了总体讲解，第 5 章会详细讲解各个步骤所使用的方法和技巧。这将使你更加深入地了解每个步骤的具体操作和实用技巧。

# 第 5 章
# 定义和分析问题

## 5.1 定义问题的方法和技巧

在第 4 章中，我介绍了一个完整的分析流程包含哪些内容，并对每个步骤进行了简要介绍。从本章开始，我会对每个步骤所使用的方法和技巧做更深入的讲解，介绍定义问题和分析问题的方法和技巧。

要想解决问题，第一步要确定问题是什么，也就是要确定一个好的问题。关于这一点，我在"思维篇"的 1.2 节中已经介绍了问题的 3 个要素：目标、现状和疑问。不过在 1.2 节中，我主要讲了这 3 个要素的重要性，接下来会说明要想找出这 3 个要素，分别都有哪些方法和技巧。

### 5.1.1 描述目标：SMART 原则

假设公司的目标是"提高销售业绩"，这个目标并没有具体说明要提高多少销售额，也没有给出时间限定和实现的方法。由于目标缺乏明确性，团队成员可能会有不同的理解，无法统一行动。此外，无法衡量的目标也无法提供反馈和评估结果，使得我们难以判断行动是否取得了进展。最终，这个目标可能会变得模糊且难以实现。

要制定一个好的目标，必须遵循 SMART 原则。SMART 原则是一种用于设定目标的有效工具。如图 5-1-1 所示，SMART 原则中的 S、M、A、R、T 代表着明确性（Specific）、可衡量性（Measurable）、可达成性（Attainable）、相关性（Relevant）和时效性（Time-bound）。SMART 原则可帮助我们确立明确、具体且可操作的目标，使我们更有动力去实现这些目标。

图 5-1-1　SMART 原则

下面用一个例子来说明 SMART 原则的应用。假设我们的目标是提高公司的销售额，用 SMART 原则可以将这个目标修改得更加具体。

- S：明确性，将目标具化为一个明确的数字或标准，如"将销售额提高 10%"或"每天增加 5 个销售电话"。

- M：可衡量性，确保目标可以量化或至少有一种明确的方式来衡量进度。例如，设定一个具体的销售额目标，以及一个衡量电话数量的标准。

- A：可达成性，确保目标是实际可行的，考虑到现有的资源和限制。例如，公司的销售团队只有 10 个人，那么设定一个过高的目标可能不切实际。

- R：相关性，确保设定的目标与公司的整体目标相关。例如，公司的整体目标是扩大市场份额，那么销售额的提升应该与这一目标保持一致。

- T：时效性，为目标的实现设定一个明确的时间期限。例如，设定一个季度或半年的销售目标，然后在期限结束后进行评估。

根据以上原则，我们可以将"提升公司的销售额"优化为"在接下来的 3 个月内，通过每天增加 5 个销售电话，将销售额提高 10%"。这样的目标更具体、可衡量、可达成、与公司的整体目标相关，并且有一个明确的时间限制。

一个符合 SMART 原则的目标应该是一个完整的陈述。然而，在制定数据分析需求的目标时，通常会缺少一些要素。毕竟，如果目标非常清晰，有时候就不需要找数据分析师来解决这个问题了。

一般来说，目标的明确性、可衡量性和相关性是相对容易实现的。因为这 3 点和"指标"相关，主要用来判断选取的"指标"是否合理。

对明确性来说，业务人员对于要实现的目标通常是比较清晰的，明确要提升哪些指标。

对可衡量性来说，由于指标已经是定量后的结果，因此具备可衡量性。

对相关性来说，我们在了解了公司的商业模式和业务模式后，也能够搞清楚这个目标与公司整体目标的关系。

剩下的可达成性和时效性不太容易实现，因为这两个原则和"数值"相关，需要考虑的是这个数值是不是一个合理的目标值。我们很容易判断提升销售额是不是我们的目标，但是对于应该将销售额定在 1000 万元还是 1200 万元就不那么确定了。有时候，业务人员并不清楚当前业务规模和市场规模的上限是多少，因此需要数据分析师对市场和竞争对手进行评估，了解业务的增长潜力有多大。有时候，由于缺乏对业绩增长趋势的判断，我们不知道未来可能会遇到哪些问题。这时，数据分析师需要根据历史数据和未来预测来提供相应的结果。

尽管数据分析师给出的目标通常是不完整的，但仍应尽量满足 SMART 原则。通过使目标最大限度地具有明确性、可衡量性、相关性、可达成性和时效性，我们能够更好地指导数据分析工作，提供更有价值的结果。

### 5.1.2　现状和疑问：5W2H 分析法

在描述现状的时候，如果只是笼统地说"目前销售额比较低"，那么这个表述是不完整的。

比较低是多低？销售额是从什么时候开始低的？哪款产品的销售额比较低？有没有销售额高的产品？

我们对以上这些问题都不清楚。

**要想完整地表述现状，就要用到 5W2H 分析法。**5W2H 分析法是一种用于全面分析和解决问题的方法。如图 5-1-2 所示，5W2H 分析法中的"5W"和"2H"分别代表着谁（Who）、什么（What）、何时（When）、为何（Why）、何地（Where）和如何（How）、多少（How much/many）。通过回答这些问题，我们能够系统地了解问题的各个方面，制定更全面的解决方案。

图 5-1-2　5W2H 分析法

让我们使用 5W2H 分析法来丰富一下"销售额比较低"这种表述，以更全面地了解这个问题的现状。

- **谁（Who）**：确定受影响的是哪个销售团队、销售人员或者产品线。
- **什么（What）**：明确哪款产品的销售额比较低。
- **何时（When）**：确定低销售额的时间范围，以及是否存在季节性或周期性的变化。
- **为何（Why）**：分析低销售额出现的原因，可能是市场竞争加剧、产品质量问题或者销售策略不当等。
- **何地（Where）**：确定低销售额出现在哪个市场或地区，以便更精确地针对问题制定解决方案。
- **如何（How）**：思考如何提高销售额，可能采取的措施包括改进销售策略、加强市场推广、提升客户服务质量等。
- **多少（How much/many）**：确定具体的销售额数值，以便评估变化的幅度和目标的设定。

通过使用 5W2H 分析法，我们能够全面了解销售额比较低的现状。通过回答谁、什么、何时、为何、何地、如何和多少这些问题，我们可以更准确地了解问题，然后制定出更具有针对性和有效性的解决方案。这样的分析能够帮助我们明确问题的范围和影响，找到问题产生的根本原因，并提供具体可行的解决方案。

在现实中，我们很难收集到 5W2H 分析法中所有要素的完整信息。有时候我们不知道如何改善现状，也不清楚现状的具体数据和导致这种现状的原因是什么。有时候我们也无法确定哪款具体的产品对总体销售额产生了影响。

在问题三要素中，除了目标和现状，第三个要素不知道。当我们整理现状的"5W2H"时，那些我们不知道的要素通常就是需要解决的疑问。这些疑问就是我们后续分析的方向。当销售额不及预期时，我们可以提出以下这些疑问。

- 谁（Who）：哪个销售团队、销售人员或者产品线的销售额不及预期？
- 什么（What）：哪个销量指标不及预期？
- 何时（When）：销量指标从什么时候开始不及预期？这是不是周期现象？
- 为何（Why）：为什么销售额不及预期？
- 何地（Where）：哪个地区/渠道的销售额不及预期？
- 如何（How）：如何提高销售额？
- 多少（How much/many）：销售额具体是多少？

通过应用 SMART 原则和 5W2H 分析法，我们就能将一个问题定义清楚。

### 5.1.3　数据校验：避免问题本身错误

如果发现数据与预期存在显著差异，或者通过对比不同指标的数据表现发现有明显的错误，就要怀疑数据本身是否存在问题。尽管数据错误这种情况并不常见，但我们必须有这种意识，否则可能会在进行了几天的分析后才意识到问题出在数据的准确性上。

数据的生成通常有一个相对固定的流程，我们可以顺着数据生成流程来排查错误的数据。比如，一般数据生成流程是从客户端采集数据，然后传输到服务端，在服务端对数据进行清洗，再保存到本地数据库中，最后在本地数据库中对数据再次清洗，存入数据仓库中。在这个数据生成流程中，可能出现以下问题。

- 客户端问题：检查客户端的版本和机型，查看是否存在版本问题或机型适配问题。
- 服务端问题：检查不同服务端的日志数量，观察是不是某个服务器出现了问题。
- 数据仓库问题：对比服务端的日志和数据仓库的日志，确认它们是否对应。

通过进行这样的排查，基本就能确定数据本身是否存在问题。如果数据没有问题，我们就可以继续进行下一步的分析了。

## 5.2　分析问题第一步：找出表面原因

在确定了问题的定义后，我们就可以分析问题了。

**分析问题的第一步是根据疑问来确定分析方向。**

在 5W2H 分析法中，较难回答的是"为什么"和"怎么办"。其中，"为什么"是"怎么办"的前置条件，只有了解"为什么"，我们才能知道如何解决问题。因此，下面将重点讲解如何分析"为什么"，即找出问题产生的原因。

找问题的表面原因，核心思路就是通过拆解问题找出问题最为集中的部分。举个例子，当我们感到身体不舒服时，可以按照身体器官对问题进行拆分，最终定位到问题是胃疼，这样治疗起来就更加精准。

很多数据分析课程会讲解一种叫作"多维度分析"的方法，课程老师会给出一个分析案例，然后看似随意地选择几个维度拆解问题，之后就得出一个分析结果。你看完案例后会惊叹：数据分析真的太有用了！但当你遇到业务问题需要拆解时，你使用多种维度分析方法进行拆解，却无法得到想要的结果。

为什么会这样？因为老师只告诉你那样拆解可以得出分析结果，却没有告诉你为什么要那样拆解，以及为什么选择那几个维度。

首先，很多人不清楚拆解问题应该拆解到什么程度，所以在拆解时缺乏章法。他们先选择几个维度拆解一下，看一看有没有什么特点，然后根据这些特点思考是否有新的假设，再根据新的假设提出新的维度。

他们一会儿拆解业务指标，一会儿拆解用户类型，一会儿拆解行为特点。这看起来很有条理，但整个过程没有规划，走一步算一步，完全依赖运气。

这是一个普遍存在的问题，也不能怪数据分析师，因为确实很少有课程会讲解这方面的知识。这些人只知道在拿到分析需求后要拆解问题，所以就直接开始拆解了。然而，他们并不了解拆解问题究竟要拆解什么，以及要拆解到什么程度。

其实，拆解问题没有想象的那么复杂，在拆解时也不需要分析的灵感，而是需要指标体系。

分析问题产生的表面原因，实际上是通过拆解指标体系得出原因。回顾一下在 1.3 节中介绍量化思维时提到的指标体系，它包括主指标、子指标、过程指标和分类维度。由于这个指标体系是基于业务现状设计的，因此，在分析问题产生的表面原因时，我们无须设想新的维度，只需要根据当前指标体系进行拆解即可。因为指标体系从业务角度出发，通常对应不同的负责人，所以拆解会更容易执行。

举一个例子：当销售额下降时，我们可以根据指标体系进行如下拆解。

- 根据分类维度拆解：可以根据渠道、产品等维度进行拆解。例如，结合渠道和产品两个维度，发现 A 渠道的 B 产品的销售额下降了，这样拆解的范围更小、更加精准。

- 根据子指标拆解：将销售额拆解成"用户数 x 转化率 x 客单价"，从中发现 A 渠道的用户数下降了。因为用户数是销售额的子指标，仍处于指标体系的范围内。

- 根据过程指标拆解：发现 A 渠道的"拉新落地页"的转化率降低了。

只要拆解是在指标体系内进行的，我们找出的这些原因就可以被称为表面原因。下面逐一来看，对于找到的表面原因，具体应该怎么做。

## 5.2.1  子指标拆解：定位问题指标

在确保数据正确的情况下，我们进入第一步——子指标拆解。

如果出现问题的指标是一个主指标，我们可以将它拆解为子指标，以便找到真正的问题出在哪里。对常见的销售额指标来说，我们要分析销售额下降的原因，可以将销售额指标拆解成各个子指标，如销售额 = 用户数 × 转化率 × 客单价，分别对比这 3 个子指标的变化情况，就能发现是哪一个子指标出现了问题。

在拆分子指标时，要尽量让拆分出的子指标具有明确的业务意义，不要刻意追求拆分得是否够细。比如，一般来说，销售额 = 用户数 × 转化率 × 客单价，但是转化率和客单价有时候是互相影响的，客单价高的商品的转化率比较低，客单价低的商品的转化率比较高。所以按照这个公式拆分，经常会出现在转化率上升的同时客单价下降，或者在转化率下降的同时客单价上涨的情况。此时就不容易搞清楚这种情况究竟是好还是不好。所以这个公式可以简化成：销售额 = 用户数 × 单用户价值。这里的单用户价值就是转化率和客单价的乘积，代表的是每一个来访的用户平均会带来多少销售额。这样的拆分能更方便地展示用户数和转化率之间的关系。

比如，公司今年的策略是推广新产品，业务目标之一就是新产品销售额占比达到 10%。新产品销售额占比这个指标可以被拆分为：新产品销售额占比 = 新产品销售额 / 总体销售额。从数学上来说，这样拆分是没问题的，但是这样拆分很难说清楚问题。比如，新产品销售额上涨了，但是总体销售额的涨幅更大，也就是分母比分子的涨幅更大，于是新产品销售额占比反而更低了。

因为目标考查的是占比，所以不用考虑绝对量的变化，而是要考虑新产品销售额对总体销售额的相对变化。应该这样拆分这个指标：新产品销售额占比 = 新产品的流量占比 × 新产品的单用户价值占比。其中，新产品的流量占比 = 新产品的用户数 / 总体的用户数，新产品的单用户价值占比 = 新用户的单用户价值 / 总体的单用户价值。

这样拆分出的子指标，能够很清楚地解释新产品销售额占比的变化是由用户数的变化引起的，还是由单用户价值的变化引起的。

## 5.2.2　多维度分析：缩小问题范围

多维度分析不是说维度一定要多，这是新入职的数据分析师容易犯错的地方。对新入职的数据分析师来说，由于对业务还不太熟悉，他们会在数据层面努力寻找答案。他们可能会想："通过拆分维度寻找原因很简单，虽然我对业务不太懂，但只要拆分更多的维度，就能发现数据上的差异，最后将差异较大的维度组合起来，就能找到问题产生的原因了。"

因此，他们喜欢堆砌大量维度，并从数据库中找出版本、系统、地域、停留时长等各种类型的维度进行分析。然而，维度越多，他们越可能无法考虑全面。为了快速处理所有维度并进行排序，他们可能展现出不错的编程能力，但最终得到的结果毫无用处。为什么呢？

按照这种方法进行拆分，最终会发现许多维度都存在差异：地域有差异、手机型号有差异、新老用户也有差异。如果按照这些差异将各个维度组合起来（假设有 5 个维度，每个维度只有 2 个分类，那么组合起来就有 32 种分类，如果每个维度有 3 个分类，那么组合起来就有 243 种分类），则这种维度分析的复杂度非常高，得需要很多的业务人员才能处理这个问题。这样高的人力成本决定了无法实现如此精细化的运营。

正确的做法是什么呢？

**首先，需要选择拆解的维度**，这是这一步最关键的地方。在选择维度时，要符合业务管理模式。业务管理模式指的是企业目前运作该业务的方式。

举个例子，对某线下企业来说，该企业的业务管理模式是根据地域设置分公司，由分公司负责管理其所在地区的整体运作。在拆解销量问题时，可以根据地域（分公司）进行拆解，因为地域维度符合该企业的业务管理模式，在定位到某个分公司的问题后，可以直接找分公司人员了解更具体的原因。对互联网企业来说，用户的地域差异并不太大，互联网企业的业务管理模式是对用户进行分层，区分新用户、成长用户、忠实用户和流失用户。在这种情况下，地域只是用户的一个属性，而不是业务管理的维度，因此根据地域维度进行拆解就不太合适，得出的结论对业务也没有什么帮助。

许多数据分析师在拆解问题时最终得出了一堆无用的数据，主要是因为忽视了业务管理模式，拆解的维度与业务关联不大，难以实际应用。

**然后，可以结合子指标进行拆解**。完成了第一步的维度选择，接下来就要将这些维度组合起来，开始拆解问题。

有的数据分析师在这一步喜欢先单独按某个维度拆解问题，然后对拆解结果中存在较大问题的部分，再进一步按新的维度拆解。我不建议使用这种做法，因为有的问题很隐蔽，按这种做法拆解未必能找到原因。

举个例子，假设某个业务的用户来源有 A、B、C 3 个渠道。其中，A 渠道的用户数很少，但客单价非常高。如果某一天 A 渠道的用户数下降了 10%，就会导致总体销售额下降。

如果先按照销售额的子指标进行拆解，我们会发现如下问题。

- 用户数没有明显变化，因为 A 渠道的用户数本来就很少，即使减少 10% 从总体上看不明显。
- 转化率也没有明显变化，原因和上述相同。
- 客单价下降很多。

然后我们可能会认为客单价出现了问题，于是对客单价按照渠道的维度进行拆解，发现 3 个渠道的客单价基本上都是正常的，如图 5-2-1 所示。

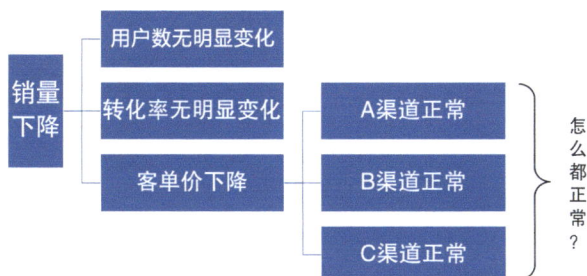

图 5-2-1　单独拆分维度可能难以发现问题产生的原因

采取这样的拆解方式有时候无法找到问题产生的原因。最好将这些维度放入一个表格中，这样就能更好地找出问题产生的原因，如表 5-2-1 所示。

表 5-2-1　组合拆分维度能更好地找到问题产生的原因

| 指　　标 | A 渠 道 | B 渠 道 | C 渠 道 |
| --- | --- | --- | --- |
| 用户数 | −10% | 无差异 | 无差异 |
| 转化率 | 无差异 | 无差异 | 无差异 |
| 客单价 | 无差异 | 无差异 | 无差异 |

缩小问题范围的正确做法就是这两个步骤：先找出拆解的维度，然后将这些维度组合起来拆解问题。

你可能会问："这样拆分只有两个维度，会不会不够用？"

实际上，在拆解问题时，我们不需要追求维度的数量"多"，而要追求维度的质量"精"。一般来说，维度并不需要太多，最好在 3 个以内。因为业务管理模式本身就有限，可供选择的类型也不多。观察一下我们在日常工作中常见的模型，其往往都不会超过 3 个维度，如二维的矩阵模型、九宫格模型，或三维的 RFM 模型等（见图 5-2-2）。这是因为 3 个维度以内的模型，其复杂度仍然可以被接受，并且容易操作。然而，一旦超过 3 个维度，模型的复杂度就会急剧增加，对于这样的模型，如果要求团队中的每个人都能理解和执行，就会变得非常困难，很容易导致策略失败。

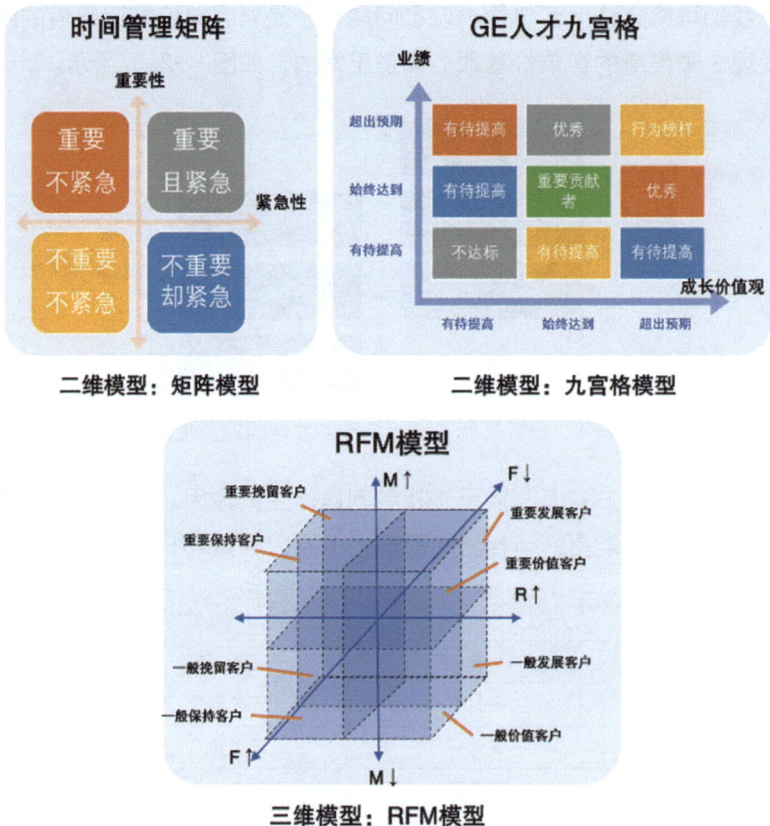

图 5-2-2　常见模型的维度都不超过 3 个

### 5.2.3　过程分析：找出有问题的环节

我们还可以进一步确定问题出现的具体环节，这个步骤主要通过拆分过程指标来实现。

这里要说的是，在拆解问题的时候，虽然这一步可以进一步缩小问题范围，但是这一步并不是必需的，为什么呢？

首先，某些问题可能没有过程指标，或者无法获取过程指标的数据。例如，在某些渠道投放广告时，可能只有投放金额和最终吸引来的用户数等数据，无法获取广告曝光量、广告点击数等数据，因此无法拆分出过程指标。

其次，某些问题的业务流程本身可能存在问题。如果业务流程本身就不合理，即使将问题定位到其中某个环节，最终的分析也可能会陷入"死胡同"。比如，某个落地页设计不合理，客户在点击购买后进入的不是购买页，而是另一个落地页，那么这个流程本身就有问题。在这种情况下，即使对第二个落地页进行优化，也不会取得好的结果。

因此，在找出有问题的环节这一步骤中，可以根据情况决定是否需要拆分。如果业务流程较为成熟，则可以进行过程指标的拆分。如果业务流程仍处在磨合阶段，则可能并不需要拆分到这一步骤。

通过上述方法，我们可以对指标体系进行排查，进而找出问题的表面原因。举个例子，为了提升拉新渠道的 ROI，我们可以分析出以下表面原因。

- 表面原因 1：通过对渠道维度的分析，发现 A 渠道和 C 渠道的 ROI 较高，而 B 渠道的 ROI 较低。
- 表面原因 2：通过对 ROI 的子指标（成本和收入）和渠道维度进行交叉组合，发现 B 渠道的人均收入较低，导致 B 渠道的 ROI 也较低，从而拉低了整体的 ROI。
- 表面原因 3：通过对 B 渠道的转化进行过程指标的分析，发现 B 渠道的用户支付转化率较低，这导致 B 渠道的用户购买金额较低。

在通常情况下，大部分数据分析师在找到这些表面原因后就不再进行拆分了，因为这些表面原因已经大大加深了业务人员对业务现状的了解，甚至可以直接被应用到实际操作中。例如，如果发现 A 渠道和 C 渠道的 ROI 较高，而 B 渠道的 ROI 较低，那么相应的业务行动可能是优化资源配置，将更多资源投入 A 渠道和 C 渠道中，减少对 B 渠道的投放。

这种做法通常是有效的，但是存在一个问题：如果 A 渠道和 C 渠道的规模有限，那么即使投入再多的资源，也无法带来更多的优质用户。

如果我们能够了解 A 渠道和 C 渠道的 ROI 比 B 渠道的 ROI 更高的原因，那么我们可以通过演绎法的方式寻找和 A 渠道、C 渠道类似的优质渠道，从而实现新的业务增长。

## 5.3　分析问题第二步：找出根本原因

问题的产生顺序是先有根本原因，接着根本原因产生表面原因，最后表面原因组合起来形成问题的总体表现。比如，用户被竞争对手的价格策略吸引走了，这是根本原因。这个根本原因引起了部分商品销售额的下降，这是表面原因。部分商品销售额的下降引起整体销售额的下降，这是问题的总体表现。

我们在分析问题的时候，顺序是反过来的（见图 5-3-1）。先从整体销售额的下降，找出表面原因，也就是找出哪些商品的销售额下降。之后，继续顺藤摸瓜，找出引起部分商品销售额下降的根本原因。

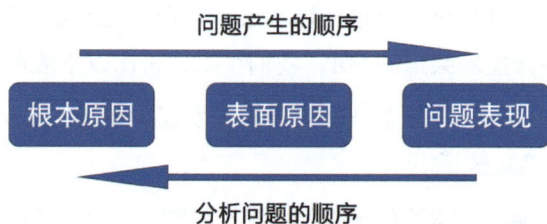

图 5-3-1　问题产生的顺序与分析问题的顺序是相反的

分析问题产生的表面原因可以通过指标体系逐步排查，但分析根本原因无法通过指标体系来完成。

比如，我们通过指标体系找出了"A 渠道的拉新落地页转化率降低"的表面原因，而"为什么 A 渠道的拉新落地页转化率会降低"这个问题的答案就是根本原因。

根本原因也许是 A 渠道的拉新落地页上的某个图片突然不显示了，导致页面转化率下降。这种原因是我们在设计指标体系的时候想不到的，没办法通过排查指标体系找出来。业务问题产生的根本原因是千奇百怪的，我们没办法为这些千奇百怪的原因设定指标，只能单独分析每个案例。所以找出根本原因，要比找出表面原因会更复杂一些，需要结合实际的业务情况提出假设。

### 5.3.1　如何找出根本原因：假设分析

问题产生的根本原因往往是多种多样的，其中许多原因很难被提前预料到，因为我们无法穷尽所有的可能性。因此，一般不适合采用结构化思维找到问题产生的根本原因，而是**应该采用假设分析的方法**。假设分析的方法是指先提出一个假设，然后通过数据来验证这个假设。如果数据验证成功，就认为假设成立；如果数据验证不成功，就认为假设不成立。

提出假设的过程和拆解问题的过程类似，看起来很简单，实际上却很困难。主要的困难之处在于确定应该提出哪种假设才更合理。

为了找出一个问题产生的根本原因，我们可以提出许多假设。比如，ROI 表现不好，我们可以假设渠道的文案效果不佳、投放时间与用户活跃时间不匹配、产品与用户属性不符等。然而，这些假设有点儿像灵光一闪的想法，没有什么规律可言。我们有没有好的方法可用，从而整理这些假设，找到真正有用的信息呢？

要想更有条理地提出假设，我们需要从用户身上寻找根本原因，因为用户的行为才是决定业务数据好坏的根源。用户不做出某项行为，要么是因为他们本身没有这个需求，要么是因为用户在需求链路中遇到了问题。

因此，我们提出假设的方向有两个：一是用户属性，二是用户的需求链路。通过重点关注这两个方向，我们能更有条理地提出假设，并找到问题产生的根本原因。

### 1. 用户属性

让我们先看一看如何从用户属性的角度找出根本原因。

举个例子，假设有 A、B、C 3 个渠道，其中 B 渠道的 ROI 最低，A、C 渠道的 ROI 较高。我们可以从用户属性的角度提出假设。如果能够发现 A、C 渠道用户之间的共性，那么就可以从这个共性出发，在市场上找到符合这个特点的渠道。

然而，用户属性有非常多的维度，如性别、年龄、地域等。如果进行维度交叉分析，则工作量将变得非常大。有可能在你经过几天的分析找到原因后，业务人员却说："这还需要分析吗？我们早就知道了。"因此，为了快速提出合理的假设，最简单的方法是直接与业务人员沟通，让业务人员提出假设。

由于业务人员对业务和用户更了解，他们在看到表面问题后，根据业务直觉很容易提出一些靠谱的假设。例如，A、C 渠道的 ROI 较高，为什么呢？原因可能是该电商 App 主要销售女装和日用品，而女性的购买意愿更强。B 渠道的用户主要是男性，因此其 ROI 不如其他渠道。这些假设中的信息，如主营产品为女装和日用品、女性的购买意愿更强，不需要通过数据验证，业务人员早就了解了。因此，他们很快就能提出可靠的假设。

如果业务人员没有明确的想法，那么我们可以对可获得的用户属性进行分析，并尽量将用户属性的维度控制在 3 个以内。然后，通过数据找出区别度最大的用户属性。

用户属性的类型很多，在拆解时要注意优先级。拆解的顺序如下。

- **用户基本属性**：包括性别、年龄、教育程度、婚姻状况、收入水平、地域、来源等。由于我们对用户的了解有限，这一步是进行一些探索性分析，以了解用户的真实情况。

- **用户画像属性**：在上一步找出一些用户的基本属性后，我们可以将这些基本属性组合起来，给不同的用户群体打上"标签"，使用户的形象更加立体化。例如，"小镇青年""一线城市白领""大学生"等，这些"标签"对应着具体的用户群体。如果用户群体与我们预想的不一样，那么这就是问题的根本原因。

- **用户行为属性**：我们可以通过用户的行为来分析用户的属性。例如，在电商平台，我们可以根据用户在购买产品时的行为将其归类为冲动型用户、犹豫型用户、理性比较型用户、目标明确型用户等。这类属性总结起来较为困难，因此放在最后。通过归纳出不同类型的用户行为，我们可以分析产品的风格是否符合用户的行为特点，这也可以让我们找出由用户属性导致的根本原因。

建议按照上述顺序对用户属性进行拆解，在弄清楚每一步后再进行下一步分析，不要跳级进行分析。如果跳过用户基本属性分析，直接进行用户画像属性分析，则很难进行全面的考虑。通过逐步分析，我们能够全面了解用户。

### 2. 用户的需求链路

接下来分析用户的需求链路。

分析用户的需求链路，和分析用户属性一样，寻求业务人员的帮助是优先采取的方法，这可以节省大量时间。如果业务人员没有提供有价值的假设，则该如何思考呢？这时可以运用在前面介绍"用户思维"时提到的用户决策过程的漏斗分析模型。如果你对这个业务场景下的用户需求链路非常清晰，那么可以直接通过这个工具提出假设。

例如，运营人员进行了某产品的促销活动，参与该活动的产品的价格会有一定的折扣优惠。当用户进入 App 时，在首页看到有一个 Banner 可以进入介绍该活动的页面，页面中提供了本次活动的优惠信息和推荐产品。

　　用户看到活动介绍页面中的活动介绍信息后，在正常情况下，如果用户感兴趣，就会想了解具体某个产品更详细的内容。然而，这个页面只告知用户在近期有这样的活动，并没有提供直接跳转到相应产品页面的入口。如果用户想要了解更多，则需要通过搜索或其他方式查找相应的产品详情页面，这非常不方便。因此，我们提出了一个假设：这个活动介绍页面的跳转不便导致了用户参与这次活动的比例较低，如图 5-3-2 所示。

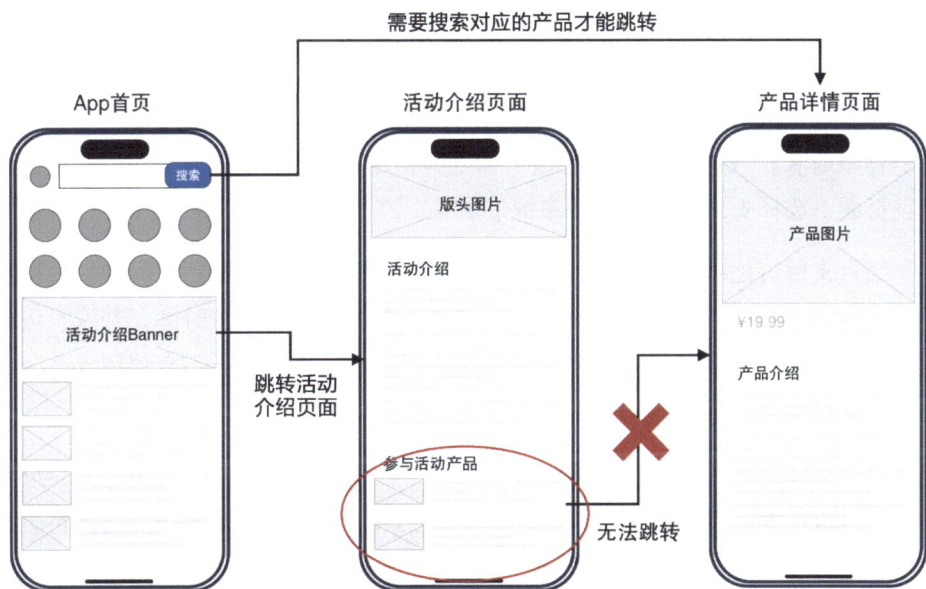

图 5-3-2　分析用户的需求链路的案例

　　如何用数据验证这个猜想呢？

　　用户在看到活动介绍信息后马上就想参与，然后通过搜索或其他方式找到了对应的产品详情页面。我们选择将以下数据作为评判依据：进入活动介绍页面后 1 分钟内进入产品详情页面的用户比例。当然，这个时间还可以设置为 30 秒、2 分钟、3 分钟等，设置的时间太长，则不能说明用户在看到活动介绍信息后就立即进入了产品详情页面，设置的时间太短，则用户还来不及进入产品详情页面。因此，这里选择将 1 分钟作为时间标准。

　　最后，根据这个数据，我们发现约有 30% 的用户在 1 分钟内进入了产品详情页面。这个比例已经很高，这表明如果在原来的活动介绍页面中增加跳转链接，至少会有 30% 的用户会点击。这验证了我们的猜想。这个数据说明活动介绍页面已经激发了用户参与的动机，但由于页面跳转不方便，用户只能通过其他方式参与活动。

通过以上分析，我们找到了活动参与率不佳的根本原因。然而，在某些情况下，用户的需求链路可能没有那么明确。这时，我们需要先使用数据还原用户的使用场景，然后根据数据反馈的问题提出假设。

例如，B 渠道的支付转化率较低，我们可以从需求链路的角度进行分析，了解用户在支付页面上遇到了什么问题。我们可以使用行为数据还原用户在该页面上的操作，以更好地理解用户当时遇到的问题，并提出假设。

在支付页面上，我们可以获取用户的行为数据，如点击率和停留时长。通过分析停留时长，我们发现用户在该页面上停留的平均时长远远超过 A、C 渠道，而且页面上选择支付渠道的点击率很低。

结合支付转化率低的事实，我们推测用户在支付页面上遇到了问题。根据用户的使用场景，用户进入支付页面后，在该页面上停留了很长时间，却没有进行任何操作，然后离开。长时间停留说明用户有支付意愿，否则不会停留那么久，不选择支付渠道则说明用户遇到了问题。

至于具体的问题是什么，我们可以将这个过程进一步拆分。用户在支付页面上的支付流程为：打开支付页面→理解页面逻辑→选择支付渠道→点击支付。然后，根据每个环节提出假设，来进一步分析用户遇到的问题。

- 打开支付页面：是不是根本就没打开页面？或者页面打开太慢了？比如，在这个渠道的用户中，使用某品牌手机的用户占比较大，而这个品牌手机的页面适配没做好。

- 理解页面逻辑：是不是页面结构或者文案太复杂，用户看不懂？比如，这个渠道的用户年纪比较大，页面上用了太多新潮的词语，用户看不懂。

- 选择支付渠道：是不是缺少了用户需要的支付渠道？因为找不到支付渠道，所以用户停留那么久。这个不太容易用数据验证，而且可能性也不大，如果前面两个环节的问题都被排除，那么可以通过用户调研排查问题。

有了这几个假设，我们再用数据验证。

最后发现 B 渠道的用户使用的手机的品牌，相对于其他渠道的用户使用的手机的品牌比较小众、低端。而这些小众和低端的手机品牌，容易出现页面适配差、页面卡顿等情况，其中品牌 1 和品牌 2 的问题表现最为严重。通过分析 B 渠道用户占比与整体用户占比，我们发现在 B 渠道用户中使用品牌 1 和品牌 2 的用户的占比要远远高于在整体用户中使用品牌 1 和品牌 2 的用户的占比，如图 5-3-3 所示。

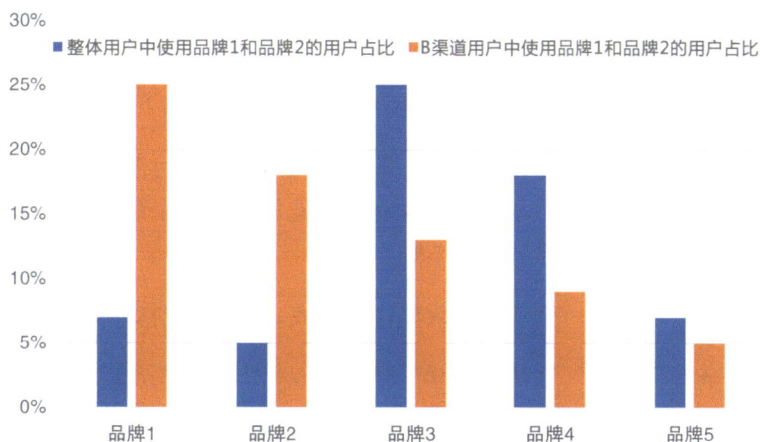

图 5-3-3　验证品牌差异的结果

回顾一下这个过程：我们先根据用户的行为数据还原用户的使用场景，发现存在的问题，然后对用户的支付流程进行拆解，针对这个流程的每一个环节提出假设，再用数据验证每个假设。

下面总结一下找出根本原因的整个流程，如图 5-3-4 所示。

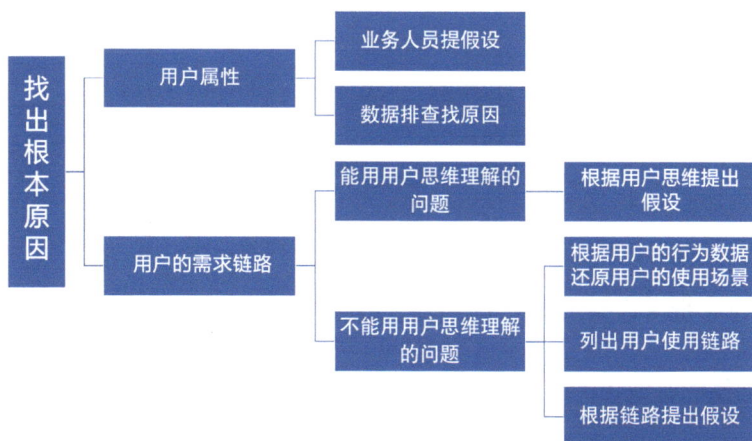

图 5-3-4　找出根本原因的整个流程

### 5.3.2  假设分析的要点：不要预设立场

假设分析的要点是不能预设立场，一切以事实为依据，不加入主观判断。

在现实世界中很容易出现"屁股决定脑袋"的现象。如果出现了业务问题，关联的业务人员往往会预设一个立场：这件事情没有看起来那么糟糕，或者这件事情和自己没关系。

比如，转化率下降了，业务人员的反应往往是这个数据下降肯定跟自己无关。

自己的运营活动明明做得很成功，转化率下降一定是行业环境、用户质量等等其他因素导致的。于是为了证明这个观点，他们顺着这个预设的前提，找到一些相关的证据来解释转化率为什么下降。

实际上，想要证明一个观点，只要你肯去找，就能找到支持你的理由。

不仅"辛普森悖论"这种统计学的把戏可以得出完全相反的结论，而且就连最简单的"真话不全说"的方法，也能达到这种目的。

下面举两个比较荒诞的例子。

#### 1.  把正例说成反例

我想证明某种物质是有害的，列举了以下论点。

- 它是酸雨的主要成分。
- 它对泥土流失有促进作用。
- 过多地摄取该物质可能导致身体不适。
- 皮肤与其固体形态长时间接触，会出现严重的组织损伤。
- 吸入该物质容易引发窒息。
- 当该物质处于气体状态时，它能引起严重灼伤。
- 在不可救治的癌症病人的肿瘤中发现了该物质。

你是不是觉得这是一种非常危险的物质？实际上这种物质就是"水"。

#### 2.  把反例说成正例

把反例说成正例也没问题。比如，把中国男子足球队描述成世界强队，行不行？当然可以。

- 哥斯达黎加男子足球队是世界杯史上为数不多的能够战胜中国男子足球队的球队。
- 即使是巴西男子足球队这样的世界强队，也仅在世界杯比赛中战胜过中国男子足球队一次。
- 自 2002 年韩日世界杯后，中国男子足球队在世界杯正赛上不败纪录已经延续 22 年。
- 纵观漫长的世界杯史，中国男子足球队仅输过 3 次。
- 中国男子足球队从未在世界杯点球大战中失利过。
- 中国男子足球队在领先的情况下从未丢过球。

你看，只要你想证明一件事，就能找出一些证据。

所以，**预设立场后再去找证据是一件相当不靠谱的事情。**

数据分析部门一般独立于业务部门之外，这样可以确保数据分析师没有业绩压力，在分析数据时具有独立性。

因为数据分析师具有独立性，所以无论最终问题是出在产品上、运营上，还是出在市场上，数据分析师都不会有明显的偏向，只认客观数据。

同样是转化率下降了，数据分析师的职责就是找出转化率下降的真实原因。他们要梳理出和转化相关联的各个环节，获取数据，根据数据推演出合理的结论。

资深的数据分析师有一定的业务敏感度，他们会提出一些可能性很大的假设。比如，他们猜测可能是运营出现了问题，那么就需要找到一些数据来验证这个假设。

**假设分析和预设立场是不同的。**

预设立场是指要找到证据来证明观点，一个证据不行，那就换另一个证据，直到能证明这个观点为止。假设分析是指先想好验证这个假设需要的数据或证据，然后通过收集证据验证假设，如果数据不符合最初的假设，那么就抛弃这个假设，如图 5-3-5 所示。

好的数据分析师，能够根据客观数据，随时抛弃旧的假设，并建立新的假设。**一定要保证数据分析客观严谨的定位，这是数据分析师这个岗位存在的价值。**如果数据分析师为了帮业务部门粉饰太平而失去了客观严谨，其在短期内可能会获得业务部门的支持，但从长期来看，数据分析师这个岗位本身就失去了存在的价值。

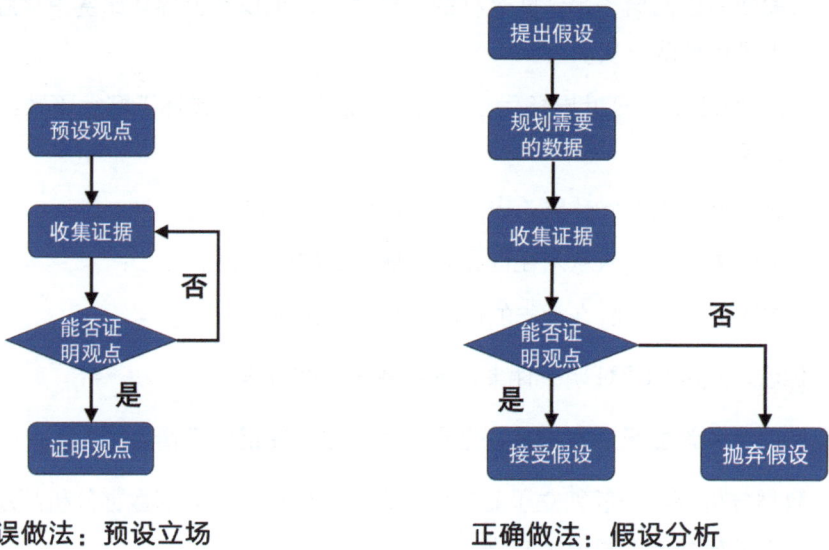

图 5-3-5　预设立场与假设分析的差别

## 5.4　定义和分析问题小结

站在业务角度看问题，找到的原因都是某个业务指标存在问题，这样的原因是表面原因。站在用户角度看问题，找到的原因都是用户遇到了什么样的问题，这样的原因是根本原因。这两种原因分别对应了业务思维和用户思维，一种是找业务上的问题的思维方式，一种是找用户遇到的问题的思维方式。所以分析方法是其次，理解业务才是核心。

在大部分情况下，业务人员知道表面原因就足够了。用户的行为变化比较缓慢，业务人员只需要在现有的业务模式下做优化，就能解决问题。在创新型业务中，业务人员需要了解根本原因，因为创新型业务的业务流程还没有定型，业务人员需要更多地了解用户，从而改造业务流程，不断创新，带来新的业务增量。

本章详细讲解了如何定义问题和分析问题，第 6 章将会讲解如何提出建议，帮助业务人员解决问题。

# 第 6 章

# 提出建议

## 6.1　思考：为什么业务人员不采纳你提的建议

如今，越来越多的大学开设了与数据分析相关的课程，一些学生在校园中就开始接触数据分析。这类课程通常包含一些简单的内容，如计算相关系数，以及一些较复杂的内容，或如何找出数据背后的线索。然而，传统学校教育往往忽略了一个重要的方面，那就是如何将数据分析的结果转化为实际的建议和决策。

传统教育模式让学生掌握了分析技巧，但忽略了分析结果在实际应用中的关键作用。在学术环境中，找到原因或能够解释现象，可能已经足够，但在商业世界中，这只是开始。

当这些学生进入职场，开始处理具体的业务问题时，他们往往只停留在找出问题原因的层面。他们认为，自己只需找到问题产生的原因，后续的决策和行动应该由业务团队来负责。然而，这种思维方式在企业环境中很快就显露出其局限性。

企业和学校在目标和需求上存在根本性的不同。学校注重对理论和真理的探索，而企业更注重实际效果和解决方案。企业主要关注如何根据分析结果采取具体行动，以及如何将这些分析结果转化为实际的业务增长和改进。大多数业务人员并不会深入研究数据分析的过程，他们更加关心的是分析结果能为他们带来什么，最好是数据分析师能够直接提供后续应该采取的行动建议。因此，在数据分析师的最后汇报中，"结论和建议"部分显得格外重要。如果一名数据分析师不能提出实用的建议，那么他的工作很可能不会得到企业的认可。

在接下来的讨论中，我们将探讨如何提出有价值的建议。这将使数据分析变得更加实用和有意义。

## 6.2 好的建议是什么样的

一条好的建议应该是什么样的呢？

我们提出建议的最终目的，是希望这些建议能够被全盘采纳，并在实际操作中被成功地贯彻，从而对业务产生积极的影响。**因此，一条好的建议必须具备能够被付诸实践的潜力。** 而要将建议付诸实践，必须对问题有深入的洞察，根据分析深度的不同，可以得出不同层级的建议。

我们在分析问题时通常将问题产生的原因分为表面原因和根本原因。其中，在分析表面原因时，需要先将问题拆解为各种子指标或维度，再进一步拆解为过程指标。因此，根据问题分析深度的不同，我们所得到的建议能够成功付诸实践的程度也不同。根据将问题拆解到子指标、过程指标和根本原因这 3 个层次，我们可以将建议划分为 3 个类型，分别为**给方向**、**给策略**、**给方案**。

### 6.2.1 给方向

**第一种建议类型是"给方向"。**

"给方向"是最为基础的建议类型，是指分析到了问题的子指标或维度，最终建议优化某个子指标或某个具体维度下的指标。

比如，提升销售额这个业务目标的完成方式有很多种。我们拆解销售额，有用户量、转化率、客单价 3 个子指标。在没有分析之前，我们不知道究竟是该提升用户量，还是该提升转化率、客单价。我们通过分析发现，转化率较低是目前销售额不高的主要原因，然后建议业务人员优先提升用户的转化率。这样的建议帮助业务人员明确了努力的方向，使他们将注意力集中在提升转化率这个具体子指标上，这就是"给方向"的建议。

**为了提出"给方向"的建议，我们需要按照指标体系将问题拆解到子指标或维度。** 可以参考第 5 章介绍的分析问题表面原因的前两步，在完成拆解后，我们就能清楚地识别出问题对应的子指标或特定维度，并据此提出有针对性的建议。

"给方向"的建议比较宏观，很难落地。我们知道了要提升转化率，但是怎么提升呢？我们需要继续深挖，给出更容易落地的策略。

## 6.2.2　给策略

**第二种建议类型是"给策略"。**

"给策略"是在"给方向"的基础上提出更为具体的行动策略。例如，如果在"给方向"中我们建议提升转化率，那么"给策略"则进一步细化这个方向，通过分析过程指标，找出转化环节中的问题，将注意力集中在改进具体的环节上。例如，我们可能会建议对落地页进行优化，增加优质广告位的曝光，或者开展促销活动等。

**要提出"给策略"的建议，我们需要有"过程分析"的结论。**通过对过程进行细致分析，我们可以将问题细化到转化流程的某个特定环节。一旦确定了问题主要集中在转化链路的哪一个环节上，我们就能有针对性地提出具体的策略性建议。

## 6.2.3　给方案

**第三种建议类型是"给方案"。**

"给方案"在"给策略"的基础上更进一步，不仅分析问题的表层现象，而且深挖导致其出现的根本原因，找出用户面临的具体问题，从而给出更细致的方案。例如，在"给策略"阶段，我们可能建议通过"优化落地页"来提高转化率，这个建议没有说明如何优化、朝什么方向优化。通过分析根本原因，找出用户遇到的问题，就能给出"给方案"的建议，如将落地页的内容焦点放在吸引用户的A卖点上、减少文字描述并使用易于理解的图像来传递信息、添加在线咨询按钮以提高用户互动性等。

这些建议能直接被采用，真正地体现了数据分析的价值。

**要想提出"给方案"的建议，就要分析问题产生的根本原因。**具体的分析方法可以参考本书 5.3 节的内容。在找出用户的问题后，我们可以用演绎法推理出落地的方案，提出"给方案"的建议。

比如，我们通过分析发现，B 渠道的支付页面转化率低，是因为在 B 渠道用户所用手机中，小众品牌占比较高，这些小众品牌手机的页面适配做得不好。那么我们就可以给出对应的方案：优化某小众品牌手机的页面适配。

再如，我们发现 B 渠道的用户年龄比较大，目前的 App 风格和文案都偏向年轻群体，那么面对这种现象，我们可以用福格模型，从动机、能力、触发条件 3 个方面提出对应的建议。

以上是在找到了根本原因的情况下，用演绎法推理出落地方案。

有些时候因为数据不全，我们没办法找出问题产生的根本原因。这个时候如果还想给方案，怎么办呢？我们可以通过归纳法，根据同类型问题的历史数据给出方案。

比如，同样是面对支付页面的转化率不高这样一个问题，历史上做过几次优化。

- 增加付费的方式。

- 去除不必要的文字说明。

- 优化页面的适配，提高加载效率。

我们可以根据这些历史案例，结合当时的优化效果，提出落地方案。

这里也可以用福格模型做一个归类，方便业务人员快速理解。这种通过运用归纳法给出的方案没有之前通过根本原因推导出的方案那样精准，但也提供了一些参考，可以节约业务人员的试错成本。

另外，在提出"给方案"的建议的时候，要比其他的建议更详细一些，要按照主谓宾的结构，说清楚"谁、做、什么事"3 个要素，如表 6-2-1 所示。

表 6-2-1　具体建议的主谓宾结构

| 建议 | 谁 | 做 | 什么事 |
| --- | --- | --- | --- |
| 优化某小众机型的页面适配 | 客户端开发人员 | 优化 | 某小众机型的页面适配 |
| 提升 B 渠道用户的支付转化率 | 运营人员 | 提升 | B 渠道用户的支付转化率 |
| 加大 A 渠道的资源投放 | 渠道运营 | 加大 | A 渠道的资源投放 |

比如，"优化某小众机型的页面适配"这样一个建议，其实还不够完整，缺少主语。完整的建议应该是"建议客户端开发人员对某小众机型的页面适配进行优化"。这样的建议有具体的负责人或团队，更容易落地。要知道领导是很忙的，

他们一般不关心你的分析过程，喜欢直接看建议部分，所以我们要尽量把建议说得足够具体和完整。

### 6.2.4　建议类型小结

总结以上 3 种建议，我们可以发现提出建议在分析问题产生的原因的时候就已经开始了。如图 6-2-1 所示，你分析出什么样的原因，就能提出什么样的建议，再也不是在分析完问题之后，才开始思考问题，提建议与分析问题产生的原因是一脉相承的。因此，提建议与分析问题产生的原因是一个整体的过程，而不是割裂开的。

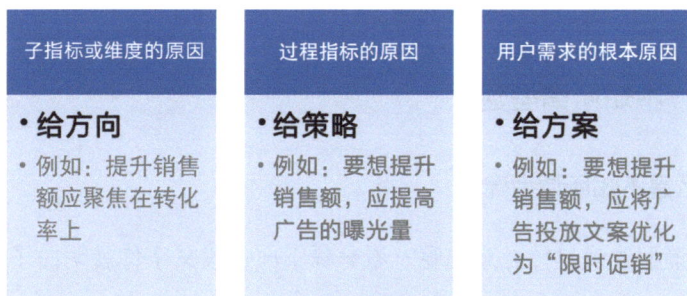

图 6-2-1　提建议与分析问题产生的原因是一脉相承的

那么，在这 3 种类型的建议中，哪一种更有价值呢？答案是并没有最好的建议，只有最合适的建议。我们必须明白，每种选择都会伴随着付出代价。

"给方案"类型的建议能够直接转化为实际行动，从而展现出分析的实际价值。然而，提出这类建议需要可靠的数据支撑和丰富的案例经验作为基础，并且可能会耗费大量时间和精力。因此，在面对不那么重要的需求、新业务模式或者数据采集不完善的情况时，给出一些策略或方向就已经足够了。我们需要根据需求的轻重缓急进行权衡，不必为每个问题都提出细致的方案。

## 6.3　常见的错误建议和应对方法

上面简单提到了如何提出对应的建议。为了加深你的理解，下面总结一些常见的错误类型，然后告诉你对应的解决方法。

数据分析的顺序是"发现问题、分析问题、解决问题"，这 3 个环节是连续的，你不能跳过分析问题，直接解决问题，换句话说，只有你分析出了问题产生的原因，才能解决问题（见图6-3-1）。

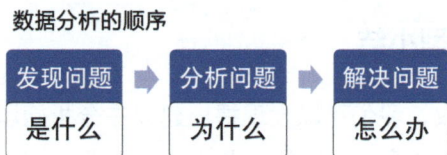

**数据分析的顺序**

| 发现问题 | ➡ | 分析问题 | ➡ | 解决问题 |
|---|---|---|---|---|
| 是什么 | | 为什么 | | 怎么办 |

图6-3-1 数据分析的顺序

提建议在其中的作用主要是"解决问题"，所以如果你不会提建议，那么问题就很可能出在这3个环节中的某一个环节。我总结出以下几种不靠谱的建议，你看一看自己是不是也有这样的问题。

## 6.3.1 不知所谓型建议

### 1. 什么是不知所谓型建议

不知所谓型建议是什么意思呢？看一看下面这段文字你就明白了。

> "建议"这个词相信大家都很熟悉，但是不会提建议是怎么回事呢？
>
> 不会提建议，其实就是不会提建议。为什么不会提建议呢？相信大家都很好奇这是怎么回事。大家可能会感到惊讶，怎么会有人不会提建议呢？但事实就是这样，小编也感到非常惊讶。
>
> 这就是关于不会提建议的现状了，大家有没有觉得很神奇呢？看了今天的内容，大家有什么想法呢？欢迎在评论区和小编一起讨论。

对于这段文字，你是不是很熟悉？没错，这就是著名的"小编体"，在各个内容平台上存在大量这样毫无意义的垃圾信息。这种"小编体"几乎是万能的，不管发生了什么事，都可以用这个框架硬套，内容就是"车轱辘话"来回地说，一点儿实际意义都没有。

不要觉得现实职场中就不会出现这种情况了，数据分析师中的不少人其实也经常这么干，比如下面这样的分析结论。

> 过去一周的交易转化率最大值是10%，最小值是3%，平均值是4.5%，中位数是4.3%……

数据分析师列举了一大堆的指标和数据，没有任何有用建议，纯粹在搬运数据。这类数据分析师连问题到底是什么都不知道，也就没法分析问题，更不用说解决问题了，所以我称其给出的建议为不知所谓型建议，如图 6-3-2 所示。

图 6-3-2　不知所谓型建议

## 2. 应对方法

提出不知所谓型建议的数据分析师一般掌握了数据分析的基础技能和工具，但缺乏将其应用于现实的能力。他们只会拿着统计学的锤子，到处找适合的钉子。

这类数据分析师首先需要学习的不是"提建议的各种方法"，而是如何发现问题。最简单的方法之一是了解业务的指标体系。

指标体系是对业务进行抽象后的表达，通过了解指标体系，我们可以初步了解业务的形态和关注点。即使对业务不是特别了解，只按照指标体系进行拆解，也可以初步定位问题。

举个例子，我们可以对交易转化率进行维度拆解，按照时间、渠道、广告类型等不同维度进行分析，这些维度可以告诉我们当前转化率在什么范围内，以及哪些方面表现良好、哪些方面存在问题。

获得了这些信息，我们就能够"发现问题"，并有可能继续深入探索。

## 6.3.2　正确废话型建议

### 1. 什么是正确废话型建议

过去一周的交易转化率是 4.5%，交易转化率较低，建议提升交易转化率。

这位数据分析师比提出不知所谓型建议的数据分析师有了巨大进步，总算提出了一个建议，实现了零的突破。

但是业务人员在听了这样的建议后，冷冷地说："这还要你说？要是能提高交易转化率我早就提高了，关键是怎么提高啊？"

### 2. 应对方法

正确废话型建议如图6-3-3所示。在分析的顺序上，数据分析师确实发现了问题，但是分析问题没有做到位。由于没找到问题产生的原因，因此只能提出一个正确但无用的建议。

图 6-3-3　正确废话型建议

要优化正确废话型建议，解决思路就在于分析得更加深入。

之前提到，分析问题要找到问题产生的表面原因和根本原因。只有知道了原因，才能有对应的解决方法。

如果按照分析表面原因的方法，通过指标体系进行拆解，可以找出转化率低集中在哪些人群、哪些渠道、哪些产品等。于是后续的解决方向就变成了找到更精准的人群、找到更精准的转化渠道、找到更精准的产品等。

如果找到了根本原因，知道用户流失发生在哪一步、需要用什么内容承接，那么建议就是优化转化路径、在页面增加引导信息等。

如果找到了原因，那么提建议就不再是说废话，而是有了抓手。

## 6.3.3　天马行空型建议

### 1. 什么是天马行空型建议

一个朋友对他的单身朋友说："你总是一个人，为什么不谈恋爱呢？不怕寂寞吗？"

单身朋友一脸问号："是我不想谈吗？"

那个朋友给他的单身朋友的这个建议确实是对的。找个人谈恋爱，可以有个伴，让生活更有幸福感。但是这个建议有用吗？

数据分析师也会犯这样的错误。

因为产品的交易转化率比较低，所以建议业务人员采取以下策略。

- 建立用户画像体系，进行精准营销。
- 产品售价降低 10%，和竞品保持一致。
- 在微信朋友圈投放广告，获取精准流量。

上述建议都能解决交易转化率低的问题，但是都没有可操作性。

- 用户画像体系建立周期长，人员成本高，数据需求大。
- 产品毛利率太低，再降价 10% 就没利润了。
- 微信朋友圈广告价格高，虽然能提升交易转化率，但是利润就没了。

所以，这种建议就是没有实操过业务的数据分析师对业务的想象，理想很美好，但是现实很残酷。

### 2. 应对方法

能够提出上述建议，表明数据分析师**已经分析出了一些原因**，如流量不精准、产品售价高等，这说明数据分析师还是理解业务模式的。但是数据分析师脱离一线执行，不知道在现有条件下有哪些可用的解决方案，于是提出了天马行空型建议（见图 6-3-4）。

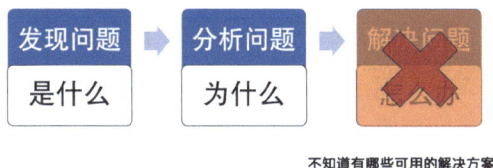

图 6-3-4　天马行空型建议

要解决这类问题，数据分析师需要对一线的实际情况有所了解。最简单的方法是在提建议之前与业务人员讨论一下，了解他们目前可以采取的措施，以及他们认为哪些措施更适合现状。后续的行动由这些业务人员来执行，他们肯定不会轻率地提出建议，否则最终他们自己要承担后果。因此，他们提出的建议相对可靠。

### 6.3.4　扬汤止沸型建议

#### 1. 什么是扬汤止沸型建议

扬汤止沸型建议也叫局部最优型建议。

有这么一个分析案例：某款产品的交易转化率不高，数据分析师在对广告样式进行分析后发现，在 3 个广告样式里，A 样式的转化效果最好，于是数据分析师建议全部采用 A 样式。

这个建议，比之前的各类建议深入了，逻辑上看起来也没有什么问题，算是一个不错的建议了。

但是这个建议仍然有问题，问题就是分析得不够全面。

有句话是："扬汤止沸，不如釜底抽薪。"这句话指出解决问题应该从根本着手。当水在锅里沸腾时，你可以用勺子舀起一些开水再倒回去，让沸腾暂时停止，但很快水又会再次沸腾。只有当你移除锅底的柴火时，水才会停止沸腾。这就是说，治标不如治本。

回到案例中，要想提升产品的交易转化率，有很多方法。除了优化广告配置，我们还可以优化渠道投放、调整投放时间、优化商品详情页等。为什么案例中只建议优化广告样式，而不是优化渠道投放呢？

最可能的原因是数据分析师只分析了广告样式，发现不同的广告样式有转化率上的差异，于是马上提出了对应的建议。至于广告投放的渠道、时间、商品详情页样式等，根本就没有分析。这个分析只是刚好找到了差异，至于这个差异是不是最严重的，是不是问题真正的核心，数据分析师并不清楚。所以上述案例中的建议就是一个扬汤止沸型建议。

#### 2. 应对方法

一般的数据分析师提出这类建议其实没什么问题。毕竟现实中受时间有限、数据采集困难、商业模式复杂等各种因素的影响，要完全分析清楚一个业务问题，确实存在一些困难。而企业追求的是最终的实际效果，所以就算这些建议的逻辑不那么完整，有时候也是可以接受的。

毕竟这个建议的问题只是逻辑不够完整，并不是完全没有逻辑。执行这个建议，在业务表现上还是会有一定效果的。有时候企业为了使业务变得更好，也会做一些完全没有逻辑的事情。

如果想要提出思考全面的建议，就要用结构化思维和系统性思维深入地分析问题。

扬汤止沸型建议主要的问题是分析不全面，只能解决一部分问题（见图 6-3-5）。所以问题不是出现在提建议的时候，而是出现在分析问题的时候。

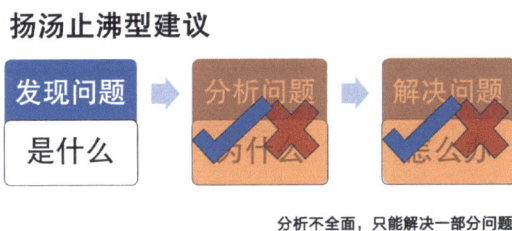

图 6-3-5　扬汤止沸型建议

在分析问题的时候，不要想到什么维度就拆解什么维度，这种做法有点儿像碰运气。你看到了一个维度有问题，就会钻到这个维度中，以为找到了问题的关键，但实际上这可能只是问题不那么重要的一部分。

在第 5 章中提到了分析问题的拆解方法，要根据现有的指标体系进行拆解。你要尽可能地对各种不同的维度进行观察，找出真正的症结所在。

对比这两种方法。第一种方法是采用线性思维，沿着一条线索持续往下走。第二种方法是采用结构化思维，先将问题拆解成一个金字塔模型，然后一层一层地推进。

除了更加深入地进行分析，还有一种方法是找到更好的问题。有的时候问题本身就有一定的局限性。例如，对于一款竞争力较弱的产品，提高转化率可能不是最好的方向，提升产品力才是当前更重要的任务。因此，在分析之前，我们应该先用系统性思维考虑整个业务面临的问题和潜在的改善点。

## 6.3.5  自说自话型建议

### 1. 什么是自说自话型建议

举一个生活中的例子：女孩对男友说自己感冒了，有点儿难受，男友回应女孩："多喝点儿热水。"

男友的这个建议有没有错？

虽然"多喝热水"被很多人调侃是敷衍的回应，但是这个建议其实是很正确的，至少有两篇参考文献能够证明多喝热水是有效果的。

第一篇参考文献是《饮用热水对中低收入国家腹泻和病原体特异性感染的影响：系统评价和 Meta 分析》。

该论文发现饮用煮沸后的水，对防止霍乱弧菌感染、原生动物感染、病毒感染，以及预防非特异性腹泻等有明显的作用。

第二篇参考文献是《饮用热水、凉水和鸡汤对鼻黏膜血流速度和鼻腔气流阻力的影响》。

该论文发现：在喝热水时，人会通过鼻子吸入水蒸气，瞬间加快鼻黏膜血流的速度。在喝热鸡汤时，人会通过鼻孔感觉到香气或通过与味觉相关的机制，加快鼻黏膜血流速度。因此，对上呼吸道感染的人来说，喝热饮优于喝冷饮。这说明感冒了多喝热水还是有好处的。

所以，多喝热水真的有用。

但是这么一个有科学依据的建议，女孩却表示不想听，只想一个人静静。

其实这个时候女孩需要的是男友的安慰，男友在安慰女孩之后再端来热水，女孩就会开心地喝了。所以不是建议不靠谱，而是表达方式有问题。

数据分析师是一个很典型的"纸上谈兵"的岗位。数据分析师不需要在一线做业务，只需要坐在办公室里看看数据、做做分析、提提建议就行了。这就很容易给数据分析师本人带来一种"运筹帷幄之中、决胜千里之外"的智力优越感。

但是你毕竟只是数据分析师，还不是老板，凭什么业务人员要听你的话啊？就算你提出的建议是对的，那又怎样？

所以，自说自话型建议出现的原因就是数据分析师已经知道怎么解决问题，但表达得不够好，没办法让业务人员坚定地执行（见图 6-3-6）。

图 6-3-6　自说自话型建议

### 2. 应对方法

要解决这类问题，考验的已经不再是数据分析师的技能水平、分析能力、业务理解这些专业能力了，而是沟通表达、人情世故等软实力。

在本书 3.2 节中，我提到要想让对方做某件事，可以结合福格模型进行思考。所以数据分析师在给业务方提出建议时，也可以结合福格模型做一些优化。下面就从创造动机、降低门槛、触发时机三个角度看一下如何优化建议。

第一种方法是创造业务方采纳建议的动机。我们可以看一下建议能不能和对方的 KPI 关联上，如果你的建议能帮助对方完成他的 KPI，那么我相信对方一定很乐意听从你的建议。比如，提升转化率可以从渠道、广告、产品等多个方向进行优化，其中渠道运营团队本月的 KPI 刚好有缺口，那么你就尽量从渠道方向做分析。如果结果有价值，都不需要你想办法沟通，渠道人员自己就会来找你。

第二种方法是降低业务方接受建议的门槛。很多时候我们向业务方提出建议，因为表达不够清楚，业务方根本听不懂你想说的意思。这部分内容涉及如何写报告，我会在第 7 章详细讲解，这里不再赘述。

第三种方法是找到触发时机。同样的一句话，在不同的场合说出来，效果会大不相同。即使你没有相关知识，当需要向领导汇报不好的消息时，你也会选择在领导心情好的时候去说，因为人天生就懂得把握时机。

同样，在汇报分析结论时，数据分析师也要选择合适的场合，找到能够激发业务方执行意愿的时机。你可以选择在业务方领导在场的时候分享你的结论，只要你的建议对业务有益，业务方领导就会感兴趣。即使他们不会严格按照你的建议执行，至少会研究你的建议。这样一来，你就省去了说服业务方采纳建议的麻烦。同时，如果你的建议确实有价值，业务方也希望让领导了解最新的业务洞察，这样可以让领导对业务的进展更加放心。

## 6.4 提出建议小结

新入职的数据分析师往往觉得提出建议很难，每次都要对着一堆数据结论思考很久。其实，提出建议并不是在分析结束后才要考虑的事情，正确的做法是在拆解问题、分析原因阶段，就开始为提出建议提供必要的支持。

所以在提不出好的建议时，你去学习各种"提建议的方法"是没用的，你的问题是不会分析问题。只要将分析问题的过程做到位，提出建议就是水到渠成的事了。一个数据分析师能提出好的建议，说明他懂业务，并且掌握了分析问题的整个流程。所以，能否提出好的建议是检验一个数据分析师能力的重要标准之一。

本章内容有这样几个关键点。

- 企业不追求真理，追求有效，做数据分析最重要的是找出究竟该怎么办。
- 建议分为"给方向""给策略""给方案"3 种类型，这 3 种建议是层层递进的。
- 提出不同建议的关键在于找原因找得有多深：
  - 缩小了问题范围，可以"给方向"；
  - 确定了问题环节，可以"给策略"；
  - 找出了根本原因，可以"给方案"。
- 建议要完整，至少要说清楚"谁、做、什么事"3 个要素。

# 第 7 章

# 结论汇报

## 7.1 思考：为什么在你汇报的时候，领导都在看手机

如果你写过论文，就会知道论文的写作有一套逐步深入的推导逻辑：阐明假设、分析过程、数据收集，以及得出结论。这种写作方法和实际做研究的顺序基本一致，很容易掌握，而且很容易将一件事情说透。

如果把写论文的这种经验应用到报告的撰写中，那么你的报告要按照数据分析的流程来写，其大纲如下。

- 问题是什么？
- 为什么要分析这个问题？
- 问题产生的表面原因是什么？
- 问题产生的根本原因是什么？
- 如何解决这个问题？

如果你真的按照这种方式写报告，事无巨细地把分析过程都写出来，甚至在分析过程中把已被证实的错误的假设也列出来，那么收到的效果反而不好。在你汇报了 10 分钟后，其他人还是不知道你到底要说什么，领导也开始频频看手机，最后耐心消耗殆尽，只得问你："然后呢？结论是什么？"

为什么你明明将报告写得很清楚，领导却不认可，一直看手机呢？

本书一直在强调：**学术界注重逻辑严谨，追求真理；企业界更关注行动和效果**。按照论文的写作手法写报告，虽然非常严谨，但可能会显得有些啰唆。所以企业界写报告和学术界写论文的根本目的不同。

那么，到底应该如何撰写报告呢？本章将为你详细讲解如何高效地撰写一份报告。

## 7.2 完成报告框架四步法

不同的公司对汇报形式的要求是不同的。绝大部分公司的汇报形式主要是PPT，但也有一些公司采用表格或文档形式。如果公司高层管理者具有财务背景，那么汇报形式更容易偏向于表格，因为这与财务专业人士查看财务报表的习惯相似。另外，一些公司的高层管理者认为 PPT 容易忽略一些重要信息，因此更倾向于使用文档形式进行汇报。

不论汇报形式如何，汇报的大体框架基本都相似。即使使用 Excel 表格进行汇报，表格内部也应该有一定的逻辑关系以清晰阐明观点，这一点和用 PPT 或 Word 文档进行汇报是一致的。这里先不讨论具体的汇报形式，而是介绍完成报告框架的一般步骤。

在完成整个分析过程后，我们不应该马上开始写报告，而是先进行以下 4 项准备工作，这 4 项准备工作也叫作"完成报告框架四步法"。

（1）**明确写报告的目的**。

明确写报告的目的，让业务人员知道能从该报告中了解什么。

（2）**明确支持建议的结论**。

为了实现上述目的，业务人员需要了解哪些结论？

（3）**明确支持结论的数据**。

哪些数据能够支持这些结论？

（4）**让业务人员重视建议**。

找出数据之间的关联性，引起业务人员的关注。

完成上述 4 项准备工作，将有助于快速撰写一份报告。

### 7.2.1 第一步：明确写报告的目的

我们要明确写报告的目的是什么。在做任何事情时，我们都需要明确目的。

无论是分析问题，还是撰写报告，第一步都必须明确你的目的。

我们写报告的目的不是炫耀自己发现问题产生的原因有多么厉害，而是让大家在看完你的报告后采取行动。如果大家在看完你的报告后，并未做出任何改变，那么这份报告就没有存在的意义。

写报告可以使我们之前在分析流程中所提出的建议得到实施。只要你完成了提出建议这一步，就确定了写报告的目的。

让业务人员发生改变，并不意味着一定要让业务人员采取行动，思想上的改变也是可以的。举例来说，业务人员最近在进行渠道获客的工作，他们的主要工作重心是寻找更多高质量的渠道，他们一直在犹豫是否需要投入更多精力来提高新用户的留存率。

如果我们的报告建议业务人员暂时不用关注新用户的留存率，而是继续全力开拓高质量渠道，那么在分享完报告之后，看起来业务人员仍在做着同样的事情，仿佛一切都没有改变，但实际上，业务人员已不再纠结新用户留存率这个问题了，而是将更多精力投入渠道获客上，这也算是一种改变。

如果业务人员本来就要全力开拓高质量渠道，那么我们再重复给出建议就完全没什么意义了。这样的报告没有改变任何事情，纯粹在浪费大家的时间。

## 7.2.2 第二步：明确支持建议的结论

为了让业务人员理解我们为什么给出这个建议，接下来我们要搞清楚支持建议的结论有哪些。否则我们随口提几个建议，没有对应的结论支持，也没法说服对方。

假设我们写报告的目的是希望调整业务方向，让业务人员将原来的流失用户召回策略改为预计流失用户挽回策略。我们需要哪些结论和数据来支持这个建议呢？

- 流失用户召回策略效果差。
- 预计流失用户问题愈发严重。
- 预计流失用户挽回的投入产出比更高。

这些理由其实并不难找，因为我们提出的建议是从之前的分析过程中逐步推导出来的。所以我们只需要回顾分析过程，把过程中与这条建议相关的结论列出来即可。如果按照归纳金字塔结构进行分析，那么就列出多条具有规律性的信息；如果按照演绎金字塔结构进行分析，那么就列出大前提和小前提。

但是我们不能把原来的分析过程复述一遍，因为在分析过程中会得出很多其他不相关的结论。比如，我们发现流失用户在被召回后的行为特点和普通用户没有明显差异，这个结论和最终要表达的建议没有太大的关系。如果把这样的无关结论全部写上去，报告内容的表达效率就会太低。我们需要把得出的所有结论提炼一下，只选择和最终建议相关的结论。

我见过一位数据分析师写报告，一份报告有四五十页，内容非常全面，把得出的结论全部拿出来说了一遍。类似于面对一个问题，提出了 A、B、C 3 个假设，然后验证假设 A 是错的，验证假设 B 也是错的，最后验证假设 C 成立。因为假设 C 成立，又提出了 E、F、G 3 个假设，再重复这个过程。反复几次之后，终于把整个分析过程说完。然而，没有人关心你在分析过程中发现的其他不重要的结论。实际上，可以将分析过程中被验证错误的假设剔除，只保留正确的假设，这样能节省 70% 的篇幅。如果其他人对这些假设非常感兴趣，可以将其放在报告的附录部分，在有需要时展示给他们。对大部分人来说，在报告主线上穿插太多无关内容会让他们走神。若大家没有认真阅读报告，后续的执行就更难谈及了。

### 7.2.3　第三步：明确支持结论的数据

确定了需要哪些结论支持最终的建议，接下来就要整理支持这些结论的数据了。

如果上一步的其中一个结论是预计流失用户的留存率在下降，那么这一步就要把下降的具体数据展现出来。

选择数据不要过于精细，最好选择简单易懂的数据。数据分析师在分析问题的时候，比较喜欢用明细数据，因为这样可以一次性找到多种不同类型的问题。比如，看一个落地页的停留时长是不是比其他落地页的停留时长更短，我们一般会按照日期提取每天的停留时长数据，做出这样一个图（见图 7-2-1）。

在图 7-2-1 中，因为有不同日期的信息，所以除可以看出 A 落地页的停留时长比其他落地页的停留时长更短之外，还可以看出 A 落地页与其他落地页在停留时长上的差距是稳定的。

落地页停留时长趋势对比图

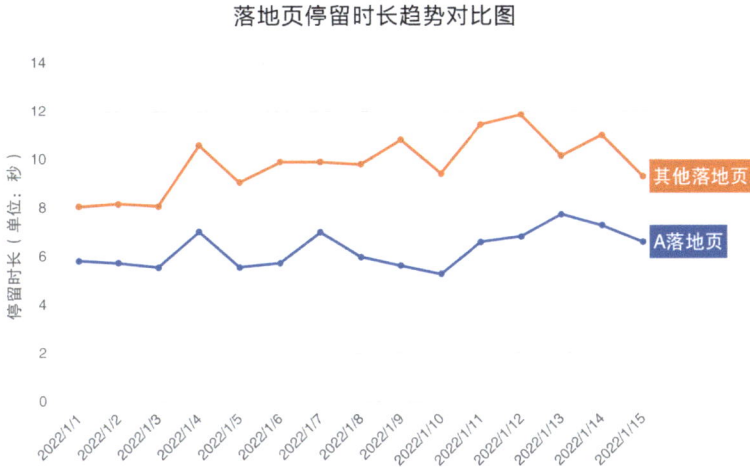

图 7-2-1　落地页停留时长趋势对比图

这种做法在分析的时候是很正常的。但是在汇报的时候，因为两类落地页在停留时长上的差距是稳定的，时间变化并没有什么意义，所以再用上面的图形就不合适了。如果依然采用这个图形，很容易让看报告的人陷入细节中，对比每一天的差异，并思考某天的停留时长为什么会长一点儿，另一天的停留时长又为什么会短一点儿。实际上我们想要说明的是 A 落地页的停留时长比其他落地页的停留时长更短，至于每天的波动，并不重要，可以做一个平均停留时长的对比（见图 7-2-2）。

落地页平均停留时长对比图

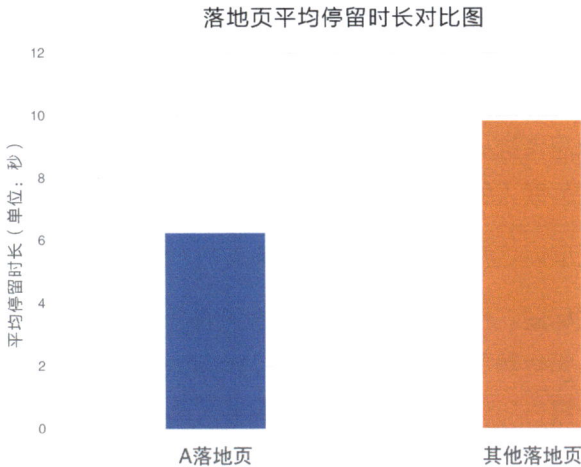

图 7-2-2　落地页平均停留时长对比图

213

在图 7-2-2 中，只展现了 A 落地页和其他落地页的平均停留时长，没有展现停留时长随时间趋势的变化，配上结论 "A 落地页的平均停留时长较短"，业务人员一下就能看懂，不会再纠结变化趋势中某几天的变化。

经过上述 3 个步骤，我们整理出了非常符合结构化思维的内容：建议、支撑建议的结论、支撑结论的数据。这 3 个步骤有点儿像将分析过程反过来重新组装一遍，把其中的冗余信息去掉，只保留核心的部分，如图 7-2-3 所示。

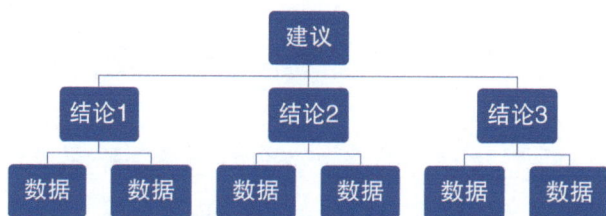

图 7-2-3 "完成报告框架四步法" 中前 3 步的结构

## 7.2.4 第四步：让业务人员重视建议

最后，我们要思考我们提出的建议为什么很重要。

我们写报告的最终目的是推动建议落地，那么有一个很重要的问题，就是大家要有足够的兴趣来关注这份报告，愿意了解这份报告的内容，这样才有可能让建议落地。否则我们的建议虽然正确，但是无关紧要，大家也没有动力去执行，这样我们前面的工作就白做了。

将这个问题放在最后一步，是因为只有前面的步骤都确定了，知道最后要提哪些建议，我们才能思考这些建议跟谁有关，可能会改变哪些指标，有哪些风险和机会，以及如何与关联人的绩效挂钩。

我们可以尝试采取以下几种方法来激发业务人员对报告的兴趣。

首先，优化报告标题。例如，如果写报告的目的是提高某产品的销售额，那么选择 "提高某产品销售额的三点建议" 作为标题会比选择 "关于如何提升某产品销售额的数据分析报告" 作为标题更能激发业务人员的兴趣。这样的标题与他们的业绩直接相关，简洁且容易理解，能够快速传达报告的核心内容。而且，这样的标题直接暗示了报告中含有实际可执行的建议，这会让业务人员更愿意关注。

其次，在报告的开头阐述业务目前面临的主要挑战及其严重性，以及如果不采取措施可能带来的后果。这种开场白更能吸引业务人员的注意力，使他们更专注于报告内容。前提是，报告内容要有价值，否则一旦业务人员发现内容空洞，数据分析师的职场信誉就可能会受损。

最后，在报告中提出建议之后，给业务人员一个预期的效果展望。比如，告诉业务人员如果采纳了这个建议，按照历史数据的推算，能给业务带来 100 万元收入的增量。这里建议尽量用绝对数据而不是用比例，提升 10% 和提升 100 万元收入这两种说法，给人带来的冲击是不一样的。一个具体而明确的绝对数据，会让人感觉更有冲击力。这样的冲击力能够让业务人员更愿意执行我们的建议。

## 7.3 报告的基本结构

了解了组织一份报告的思路，接下来我们要按照这个思路，组织一份报告。报告的基本结构包括 5 个部分。

### 7.3.1 分析背景

一般来说，报告的第一部分是分析背景。

在"完成报告框架四步法"中，最后一步是"如何让业务人员重视这些建议"，我们会思考为什么我们的报告很重要，请把那一步思考的结果放到 PPT 中来。

分析背景的内容一般有：

- 这次分析需要解决什么业务问题？
- 目前的业务现状是什么样的？与目标之间的差距有多大？
- 问题为什么很严重？为什么需要现在解决？
- 为什么大家必须重视这件事情？

如果汇报的形式是 PPT，那么就用一页 PPT 来展示常见的内容，如图 7-3-1 所示。如果汇报的形式是 Excel，那么就用一张表格说清楚现状与目标之间的差距或对未来的预期等。

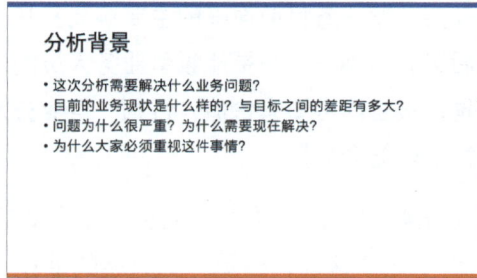

图 7-3-1　PPT 中的"分析背景"

## 7.3.2　结论和建议

报告的第二部分是结论和建议。

因为有些人没有太多时间深究报告中的细节，他们想快速知道我们表达的核心内容是什么，所以我们要把结论和建议放在前面。

在"完成报告框架四步法"中，第二步是明确支持建议的结论，我们可以把这一步得到的信息放在报告的前面。

可以将主要的结论和建议按照一定的结构清晰地展现出来，图 7-3-2 所示为几种不同风格的"结论和建议"的样式。

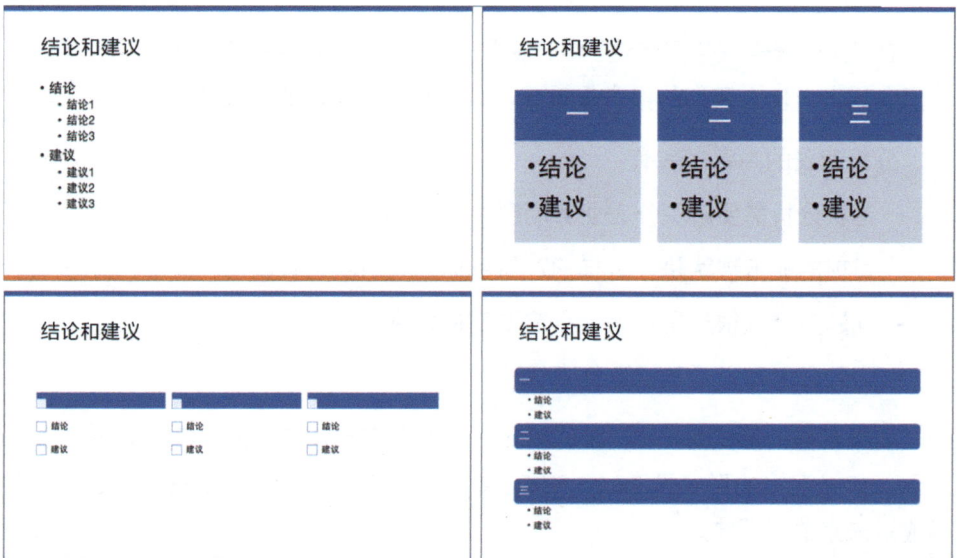

图 7-3-2　PPT 中"结论和建议"的样式

### 7.3.3　分析框架

报告的第三部分是分析框架。这个部分是对上述结论和建议的补充，说明结论和建议之间的逻辑关系。

因为有些问题的逻辑比较简单，所以分析框架并不是报告中必需的内容。有些问题比较复杂，拆解后会有多个子问题。对于这种包含多个子问题的复杂逻辑，就需要说明一下分析框架。这样听众就对后续内容有预期，容易跟上我们的思路。否则在讲解后续报告内容的时候，听众搞不清楚我们现在讲的是哪个子问题。

这个部分的内容可以用结构化的文字表达，也可以用图形表示。如图 7-3-3 所示，我们可以用金字塔结构或者逻辑树表示这次分析主要解决了 3 个子问题。这样在分别讲述这 3 个子问题时，别人就很容易跟上我们的思路。

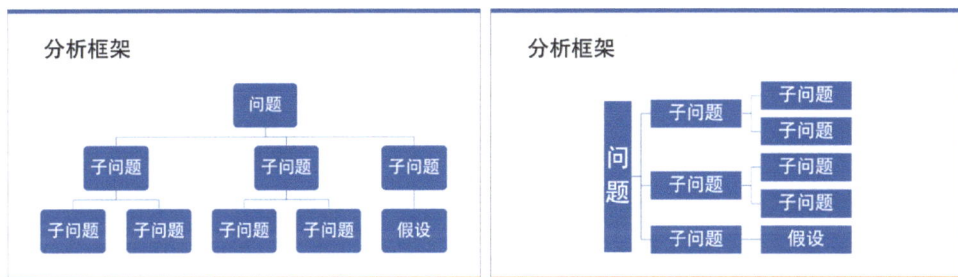

图 7-3-3　PPT 中"分析框架"的样式

### 7.3.4　支撑结论的具体数据

报告的第四部分是支撑结论的具体数据。

这个部分就是展现我们整理出的支撑结论的数据，一份报告里会有很多结论，所以这个部分的内容会比较多。其他部分一般都是一页，最多两页，这个部分一般都是多页。

用 PPT 展示支撑结论的具体数据如图 7-3-4 所示，大体的结构是标题处写上结论，然后写上通过什么数据得出上面的结论，最后在下方放上对应的数据图表。

制作这样的 PPT 有两个技巧。

每一页只讲一个结论。不要在一页 PPT 上放太多的内容，只保留一个结论，并且这一页 PPT 上的所有信息都应该是这一页的结论相关的。不要把几个结论放到一起说，否则看报告的人就不知道这一页到底要说什么。

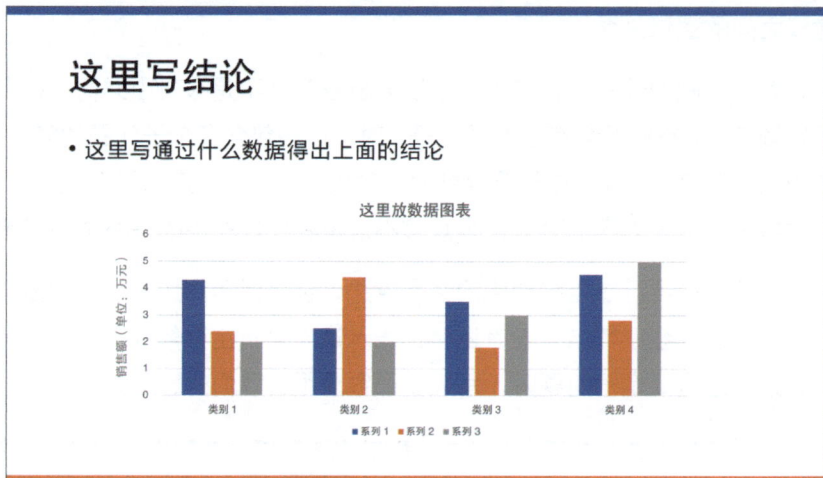

图 7-3-4  PPT 中"支撑结论的具体数据"的样式

标题要说明具体的结论。每一页的小标题不要用"课后思考提升效果分析"这样的标题，这不是结论，结论应该是"课后思考能明显提升用户的互动参与度"这种有明确意义的内容（见图 7-3-5）。如果看报告的人没时间仔细阅读，那么即使他把 PPT 每一页的小标题读一遍，也能理解所有内容。如果能做到这种程度，说明你提炼的结论和报告整体的逻辑结构非常清晰。

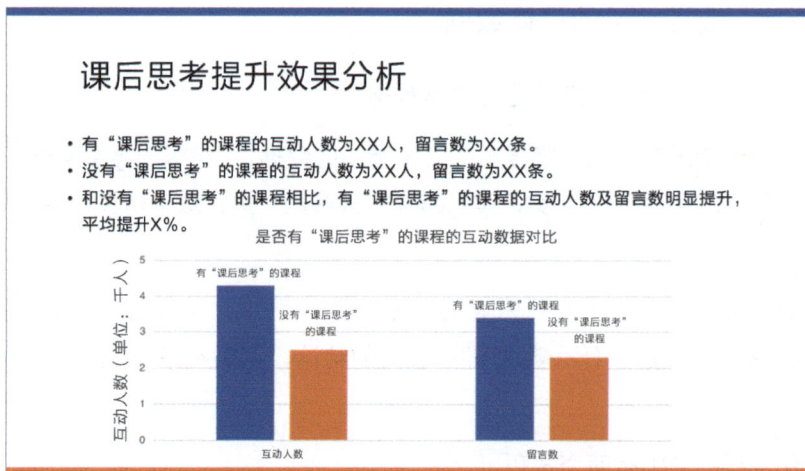

图 7-3-5  "支撑结论的具体数据"的样式对比

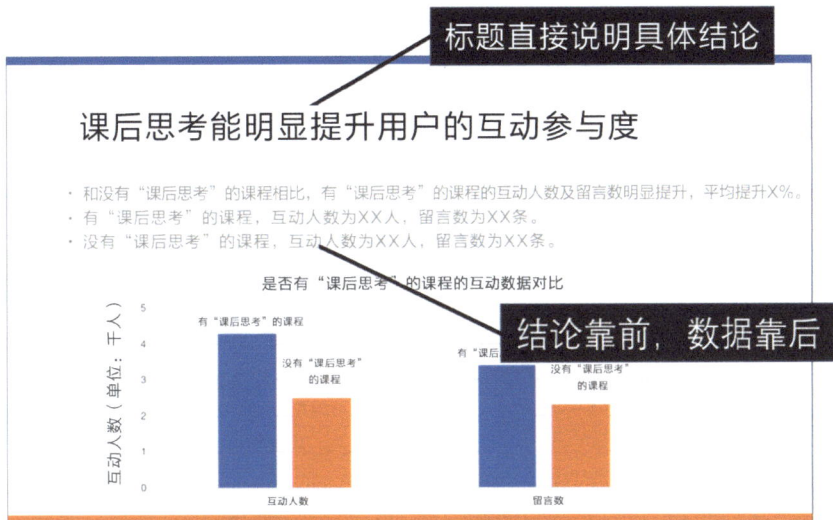

图 7-3-5 "支撑结论的具体数据"的样式对比(续)

### 7.3.5 重复结论和建议

报告的第五部分是重复结论和建议。

你可能会问,在报告最开始不是已经说过结论和建议了吗,为什么最后还要重复一遍?确实,我们在报告的一开始就提出了结论和建议,那个时候是为了让大家对报告的内容有一个了解。在经过十几页甚至几十页 PPT 的论证过程之后,大家早就忘了之前说的结论和建议到底是什么了,所以在报告主体部分结束之后,我们要重新强调一下这份报告的结论和建议。

## 7.4 报告中用到的图表技巧

说完报告的基本结构,一份报告的主要框架基本就搭建完毕了,接下来我们要继续优化报告。

PPT 技巧汇总中有一句"字不如表,表不如图"的口诀。在做 PPT 的时候,如果能够选择合适的图形,就能让读者快速地知道你要表达的意思。人们常说的"一图胜千言"就是这个道理。

不过不少人在做 PPT 的时候,一直纠结于究竟选什么图形,能把逻辑表达清楚，最后做 PPT 的时间比分析的时间还长。

其实只要弄清楚了分析逻辑，做 PPT 的速度就会非常快。

要用图表表达信息，就要搞清楚 PPT 里有几种图表。PPT 内和图表相关的有两个常用的功能，一个是 SmartArt，另一个是和 Excel 类似的统计图表。

SmartArt 当中预设了很多不同类型的图形，我们直接调用就可以了。SmartArt 中的图形擅长表示逻辑结构和相互关系。统计图表提供了我们需要的 Excel 样式的统计图表，包括柱形图、线形图、饼状图等常用的数据示意图。结合我们常见的示意内容，PPT 展示的图表一般可以分为 3 种类型。

- 逻辑示意图。
- 关系示意图。
- 统计图表。

其中，逻辑示意图和关系示意图表达的是定性的信息，统计图表表达的是定量的信息。

### 7.4.1 逻辑示意图

逻辑示意图主要用来表明建议和结论之间的逻辑关系。

在本书 2.2 节中，我提到金字塔结构的关系一般有 4 种，分别是按时间顺序、按结构顺序、按重要性顺序、按演绎逻辑。搞清楚金字塔结构的逻辑关系，选择图形就简单了。PPT 的 SmartArt 功能中有大量组合好的示意图，我们可以直接选择其中的图形。

#### 1. 按时间顺序

时间顺序是一种单向流动的顺序，有前后之分，所以适合用有指向性的示意图表示。我们可以选择 SmartArt 中的"流程"，用以下这些图形表示（见图 7-4-1）。

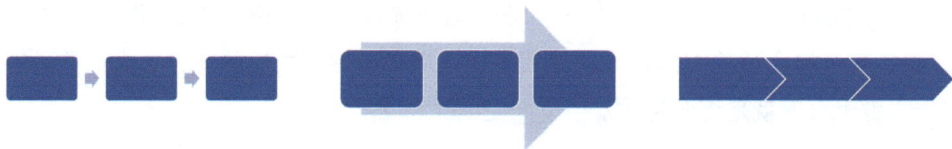

图 7-4-1　表示时间顺序的逻辑示意图

### 2. 按结构顺序

按结构顺序是指内容之间是并列关系。我们可以选择 SmartArt 中的"层次结构",用金字塔结构的图形表示(见图 7-4-2)。

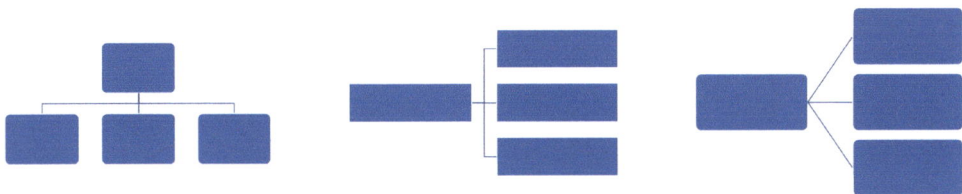

图 7-4-2　表示结构顺序的逻辑示意图(金字塔结构)

因为金字塔结构只有两层,所以也可以用表示并列关系的图形,将金字塔顶端的结论放在标题上,这样整个图形也是一个表示结构顺序的金字塔结构。你可以选择 SmartArt 中的"列表",选择有并列关系的图形(见图 7-4-3)。

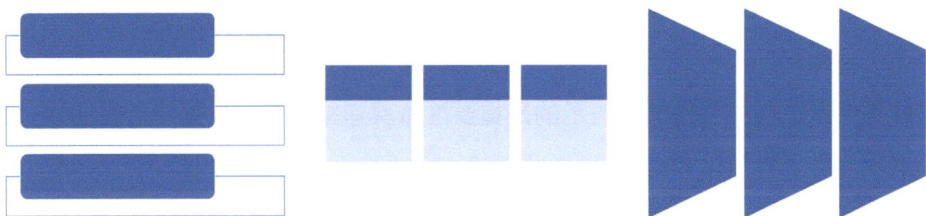

图 7-4-3　表示结构顺序的逻辑示意图(并列关系)

还有些结构顺序是用两种维度组合出来的,比如 SWOT 模型,这种结构顺序若用金字塔结构或者并列的图形表示,不能反映内容之间的组合关系,则可以用矩阵图形表示。你可以选择 SmartArt 中的"矩阵",选择矩阵图形(见图 7-4-4)。

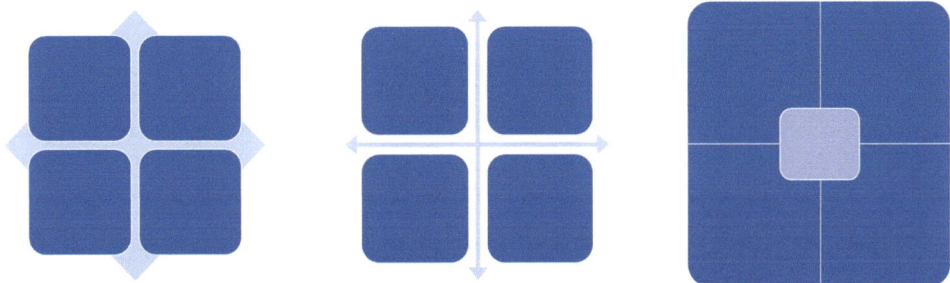

图 7-4-4　表示结构顺序的逻辑示意图(矩阵图形)

还有些特殊的结构顺序，内容之间的边界不是特别清晰，存在部分重叠。这种结构顺序没法用 SmartArt 中的预设图形直接表示，需要手动绘制图形。我们可以采用图形交叉的方式绘制欧拉图（见图 7-4-5）。

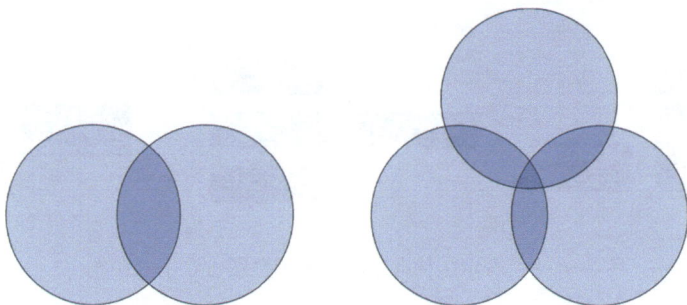

图 7-4-5　表示结构顺序的逻辑示意图（欧拉图）

### 3. 按重要性顺序

按重要性顺序是指按照观点的重要性，从高到低依次递减。在图形展示上，重要性顺序和结构顺序中的并列结构类似，只不过结构顺序中的并列结构表示的是并列关系，而重要性顺序表示的是重要性依次递减的关系。这一点需要通过文字或口头表达进行补充。

### 4. 按演绎逻辑

演绎逻辑包含三个部分：大前提、小前提和结论，一般用图 7-4-6 所示的图形来表示。

图 7-4-6　演绎逻辑

当然，我们也可以把金字塔结构顶端的结论放在该页 PPT 的标题处，将剩下的大前提、小前提按时间顺序或者并列关系表示演绎逻辑。

### 5. 组合逻辑

上述图形可以表现一种逻辑结构，但有时我们要说的内容很复杂，同时包含两种甚至更多种逻辑。比如，有一个项目的汇报，关于项目进展的汇报是按照时间顺序进行的，同时每个阶段有按结构顺序分布的各项工作内容。在这种情况下，我们可以把一维扩展为二维，做出图 7-4-7 所示的图形。

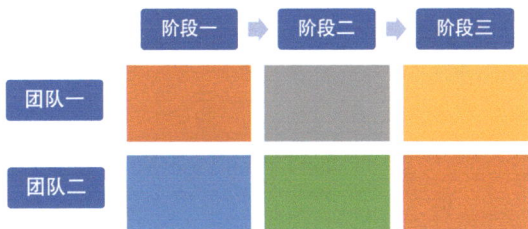

图 7-4-7　结合时间顺序和结构顺序的逻辑示意图

在图 7-4-7 中，横向内容是按时间顺序分布的，表示项目的进展情况。纵向分布的是不同团队的工作内容，不同团队之间是并列的关系，所以纵向上是并列图形。通过组合两种图形，能同时表达出两种信息。

选择图形和提建议一样，不是在动手制作 PPT 的时候才开始思考的，而是在分析的时候就已经确定了可以用什么图形。如果在分析的时候想清楚了用什么图形，那么在画图的时候就很顺利了。如果不知道用什么图形，那么一定是没有将之前的逻辑整理清楚。

## 7.4.2　关系示意图

PPT 除了需要展现分析的逻辑关系，有时候还需要说明**项目的背景、作用、后续规划**等。展现这种项目相关情况比较适合用**关系示意图**。

比如，对一个渠道进行分析，最终给出了 3 条建议。如果只能用一个图形展现这 3 条建议，那么可以像图 7-4-8 所示的这样做。

从图 7-4-8 中可以看出，所有建议都能够提升渠道的 ROI，一图胜千言，省去了很多需要说明的内容。

常见的关系有**对立、合力、平衡、分散**等。表示这些关系的图形都能在 SmartArt 中找到，图形样式如图 7-4-9 所示。

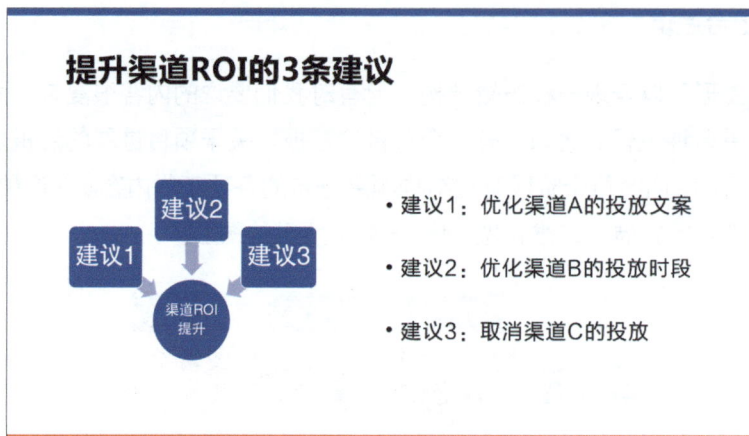

图 7-4-8  提升渠道 ROI 的 3 条建议

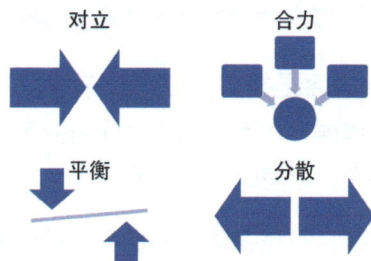

图 7-4-9  常见的关系示意图样式

**对立**表示两股力量互相对抗，可以用于表达项目背景中业务当前遇到的阻力。

**合力**表示多个力量共同作用于一个要素，可用于表达采取多条策略来共同改善业务指标。

**平衡**表示两股力量此消彼长，处于均势，可用于表达目前的业务状况，或者策略带来的平衡关系的变化。

**分散**表示两个力量向不同的方向发展，可用于表达问题背景中不同业务策略没有形成合力的状况。

### 7.4.3  统计图表

统计图表用来表现定量数据。

统计图表的类型有很多，常用的统计图表有柱形图、条形图、饼状图、散点图、雷达图等,不同图表擅长表达的信息不同。我们常见的数据关系有分布、比较、构成和联系 4 种类型。图 7-4-10 所示为这 4 种数据关系及其对应的统计图表,你可以从中选择合适的图表。

图 7-4-10　4 种数据关系及其对应的统计图表

这里顺便说一下,Office 软件自带的绘图工具有一类是 3D 图表。虽然看起来 3D 图表比 2D 图表更加酷炫,但是千万不要用。因为 3D 图表有一个很大的缺点,就是图形之间的比例关系没有 2D 图表那么清晰。比如,在图 7-4-11 中,上面是 2D 图表中的线形图,下面是 3D 图表中的线形图。因为 3D 图表中的线形图存在透视的效应,所以很难分辨各个图形的大小关系。相比之下,2D 图表中的线形图提供的信息更加准确。

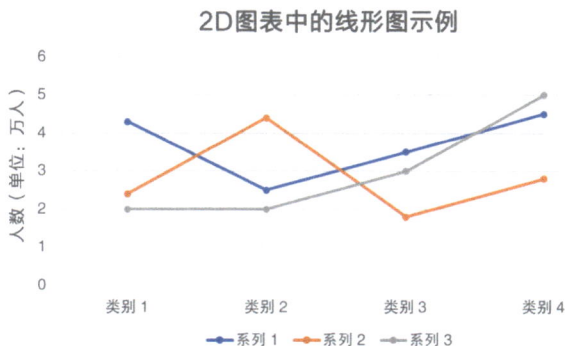

图 7-4-11　3D 图表中的线形图的缺点

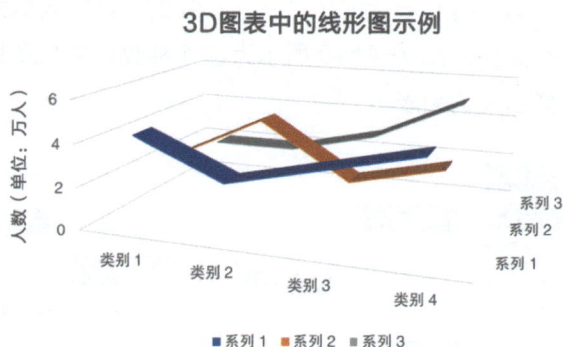

**3D图表中的线形图示例**

图 7-4-11　3D 图表中的线形图的缺点（续）

## 7.4.4　图表实战分析案例

我们通过一个例子来讲述如何制作一个完整的汇报 PPT。

假设现在要做一个渠道拉新的专题分析，目的是提升某 App 渠道拉新的 ROI。

通过分析发现：目前渠道拉新的 ROI 偏低，问题主要集中在 A、B、C 3 个渠道上。

- A 渠道的用户需求与投放内容不匹配。A 渠道的用户需求与其他渠道的用户需求不同，A 渠道的用户对功能 X 的需求更强；而渠道投放文案是以功能 Y 为主打卖点的，文案与渠道 A 的用户需求不匹配。

- B 渠道的用户活跃时间与投放时间不匹配。B 渠道的用户活跃时间主要集中在深夜，而我们广告的投放时间和营销活动的时间主要为白天。投放时间与 B 渠道的用户活跃时间不匹配。

- C 渠道的用户与目标人群不匹配。C 渠道的用户主要由中老年人组成，而我们的产品比较偏向年轻用户，C 渠道的用户与目标人群不匹配。

综合上述结论，最终建议对投放文案、投放时间、投放渠道进行优化。

- 对于 A 渠道，我们要优化投放文案，为匹配渠道 A 的用户需求，加强功能 X 的文案宣传。

- 对 B 渠道的投放时间进行优化，增加夜晚的投放量。

- 取消 C 渠道的投放。

用金字塔结构表示上述逻辑框架如图 7-4-12 所示。

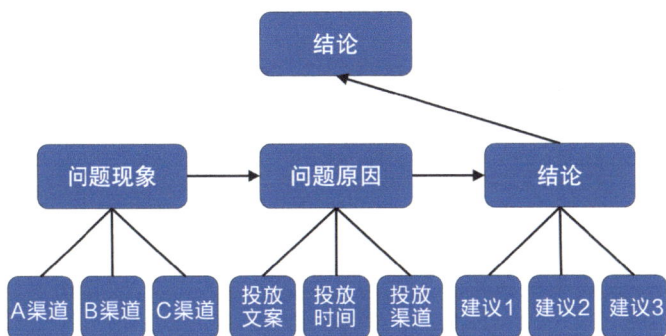

图 7-4-12　图表实战分析案例的金字塔结构

首先，主要逻辑是演绎金字塔结构常见的"问题、原因、对策"逻辑，其中在"问题"部分，通过归纳金字塔结构分析不同渠道的表现，发现问题集中在 A、B、C 这 3 个渠道上。在"原因"部分，也通过归纳金字塔结构分别找出 A、B、C 这 3 个渠道出现问题的原因，最终得出对策。

对于这样一个分析过程，我们实际操作一下，看如何快速选择合适的图表。

### 1.　关系示意图

首先，最终的结论是通过优化 3 个渠道，共同提升渠道 ROI，所以我们可以选用表示"合力"的关系示意图。

### 2.　逻辑示意图

其次，我们的分析逻辑是"问题、原因、对策"，这是演绎金字塔结构的逻辑，所以可以选用三段论式的逻辑示意图（见图 7-4-13）。

图 7-4-13　图表实战分析案例选用三段论式的逻辑示意图

### 3. 统计图表

最后是逻辑示意图中问题现象和问题原因的论据，这部分有定量数据，需要用统计图表。

问题现象是整体的 ROI 低集中体现在 A、B、C 3 个渠道上，所以我们可以选择柱形图或者条形图，把所有渠道的 ROI 都展现出来。通过图形的对比，A、B、C 3 个渠道 ROI 较低的情况就一目了然了。

3 个渠道的问题原因各不相同，我们一个一个来看。

A 渠道的问题原因是用户需求与投放内容不匹配，可以用页面的点击率数据与其他页面的点击率数据的差异来体现，这属于比较关系，可以用条形图或柱形图。

B 渠道的问题原因是用户的活跃时间与投放时间不匹配，需要展现 B 渠道用户的活跃时间和投放时间的差异，因为要体现时间分布，所以可以选择线形图。

C 渠道的问题原因是用户与目标人群不匹配，因为要体现不同用户之间的差异，所以可以考虑使用雷达图。

### 4. 最终结果

结合关系示意图、逻辑示意图和统计图表，可以快速列出 PPT 大纲，如图 7-4-14 所示。

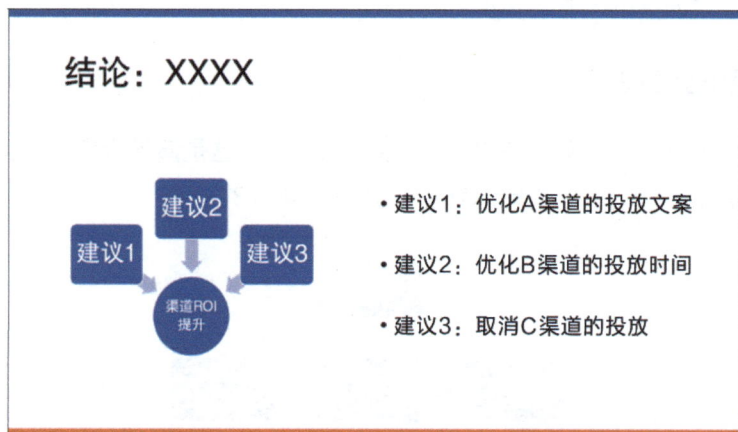

图 7-4-14　图表实战分析案例的 PPT 大纲

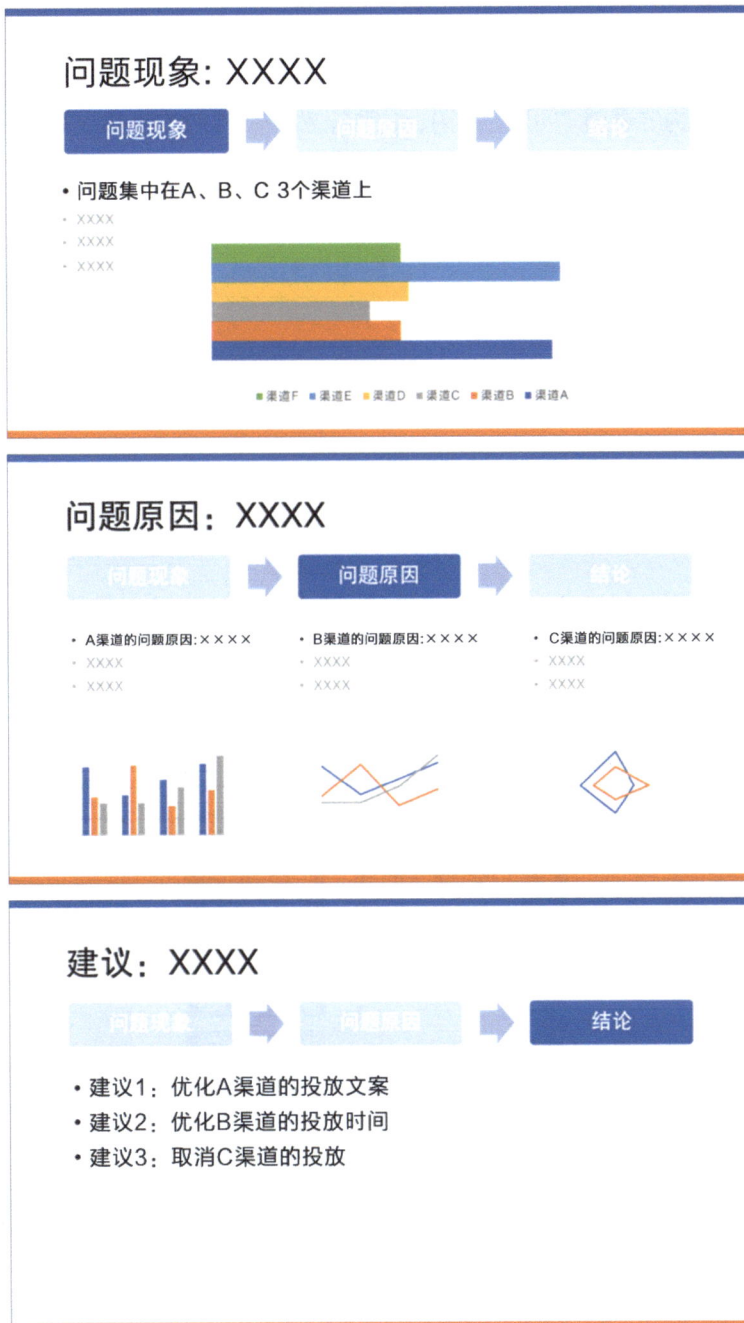

图 7-4-14　图表实战分析案例的 PPT 大纲（续）

第一页展现结论，放上表示"合力"的关系示意图。即使没有文字说明，也能让观众理解最终的建议的意思。

随后的三页分别展现问题现象、问题原因和建议，可以在每页 PPT 上方加入演绎金字塔结构的逻辑"问题、原因、对策"，然后将当前的步骤设置成高亮状态。这样观众一看就知道 PPT 的总体逻辑是什么，以及现在正在讲的是什么。在问题现象和问题原因部分，加入之前选择的图形，一份 PPT 大纲就完成了。制作这样一份 PPT 大纲，可能只需要三五分钟，后续再填充文字内容和进行美化，整个过程也不会超过 30 分钟。

# 7.5  结论汇报小结

经过对本章内容的学习，你会发现，写报告的顺序和分析问题的顺序是完全相反的。

分析问题从问题出发，一步一步推导，直到推导出结论，最终总结出建议。而写报告则先说建议，再筛选出需要的结论，最后才展现支持结论的数据和事实（见图 7-5-1 ）。

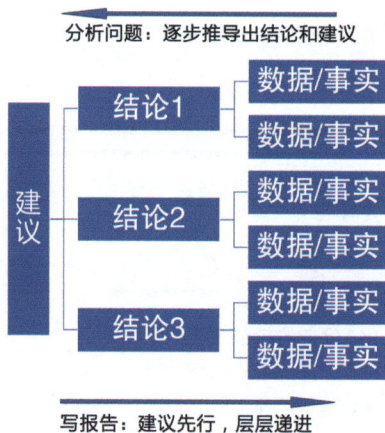

图 7-5-1  分析问题和写报告的区别

新入行的数据分析师觉得写报告很难，就是因为搞错了写报告的目的。写报告不是为了汇报分析过程，而是让对方获得有用的信息并做出改变。我们在做一件事前，一定要想清楚目的。确认写报告的目的，并根据这个目的组织整个报告的思路，能大大提升我们写报告的效率。

# 第 8 章

# 其他分析方法

## 8.1　思考：为什么说预测分析不算是一个完整的业务分析

"流程篇"前面几章的内容，主要讲解了一个业务问题的基本数据分析流程，是由以 2W1H 模型为主线的几个问题组成的。

### 1.　是什么（What）

• 要解决的问题是什么？
• 为什么要分析这个问题？

### 2.　为什么（Why）

• 问题产生的表面原因是什么？
• 问题产生的根本原因是什么？

### 3.　怎么办（How）

要解决问题该怎么办？

你可能会奇怪，为什么这种分析方法和想象中的分析方法不太一样？在平时工作中，业务人员经常会提出一些像"预测下个月的销量"这样的数据分析需求，解决这个需求要做的就是预测分析。但是做预测分析好像不需要找问题产生的表面原因、根本原因，这似乎不符合书中提到的通用分析方法的做法，是不是本书中提到的通用分析方法只适用于一小部分问题？

除了预测分析，数据分析教程中还有很多其他的分析方法，如相关分析、竞品分析、机器学习建模等，为什么本书没有介绍这些分析方法呢？

本书到目前为止提到的都是数据分析的思路，还没有涉及具体的分析方法。在我看来，分析方法是具体分析思路的实现方式，分析方法本身并不能解决业务问题。比如，我认为预测分析不是一个完整的业务分析。预测分析最终的结果是预测出一个具体的数值，那么你有没有思考过这个数值有什么用、解决了什么问题，以及自己应该干什么？

你可能会说，如果预测出来的数值和目标不一致，那就需要提前做出一些动作，这样就能确保达成目标。我们究竟要如何做出动作？做出多大的努力？这些问题的答案是预测分析没法告诉我们的，所以预测分析只是整个数据分析思路中的某个环节。

其他分析方法也一样，这些分析方法可以解决具体的问题，但站在更宏观的角度来看，这些分析方法只是整个数据分析思路中的一部分。我在本模块中从最完整的数据分析思路开始讲解，就是为了让读者对整个数据分析思路有一个整体的认识。在了解整体之后再来看这些具体的分析方法，你就能清楚这些分析方法究竟在什么时候才能发挥作用。就好像做菜的流程，刀工只是整个流程的一部分。刀工可以解决食材处理的问题，但是食材在被处理之后仍然不是一道马上可以食用的菜肴。

在本章中我会讲解分析方法和数据分析思维之间的关系。学完这一章的内容，我相信你对分析方法和数据分析思维之间的关系会有一个更深的认识。

## 8.2 思维是分析的主线，分析方法只是实现的工具

我们知道数据分析的作用是帮助企业做决策。这个决策可以是企业经营方向的大决策，也可以是选择哪个广告文案这样的小决策。我们也知道数据分析出现的时间并不长，在十年前很多公司根本没有设置数据分析岗位。那么，在数据分析流行之前，人们是如何做决策的呢？

在通过数据分析做决策之前，人们也会做决策。只不过在那个时候，数据的采集、存储和计算的技术和方法还不成熟，没办法提供具体的定量分析结果，人们只能依靠经验和一些定性的分析做决策。

虽然做决策的方法不同，但是做决策的步骤在本质上是一样的，都遵循"是

什么、为什么、怎么办"这个顺序。只不过在过去回答"是什么"的时候，只能大概判断今天的情况比平时的情况更好，而在有了数据分析之后，就知道具体销售了多少、平时的水平又是多少。

所以，"是什么、为什么、怎么办"是解决具体问题最基础的 3 个步骤，不管有没有数据分析，都是这样的分析步骤。

预测分析这样的分析方法属于 3 个步骤中的哪一个？答案是都不属于。因为这 3 个步骤是解决问题最基础的步骤，对所有问题都适用。如果你想要更精细化地解决问题，还可以有其他步骤。这就好像生活中做菜一样，调料中的盐、酱油和味精几乎是做所有菜肴都需要的，如果实在没有其他的调料，只用这三种调料，也能做出美味的菜肴，学会了这 3 种调料的用法，基本可以做出 80% 的菜肴。如果你今晚要露一手厨艺，挑战自己的厨艺天花板，就需要更精细的调料——蚝油和鸡精，这样你做出来的菜肴就会更加鲜美。

所以，在 2W1H 模型的"是什么、为什么、怎么办"这 3 个步骤的基础上，我们要找出更精细的"调料"。将这 3 个步骤适当延伸一下，使其成为 5 个步骤，我们把这 5 个步骤称为**解决问题的 5 个步骤**（见图 8-2-1）。

是多少 ➡ 是什么 ➡ 为什么 ➡ 会怎样 ➡ 怎么办

图 8-2-1　解决问题的 5 个步骤

相比于原来的 3 个步骤，我们在"是什么"之前增加了"是多少"，在"怎么办"之前增加了"会怎样"。接下来我们看一下为什么要增加这两个步骤。

## 8.2.1　只有知道是多少，才知道是什么

在回答"是什么"之前，我们要先解决"是多少"的问题。

假如你向人介绍你的朋友，为了告诉别人这位朋友是什么样的人，你可能会给出一些标签，如"宅男""90 后""数码爱好者"等。

这些标签是怎么来的呢？这些标签不是凭空而来的，是你日常和对方接触之

后总结出来的。比如，你知道这个人周末几乎不出门，所以你认为他是一个"宅男"。在你的记忆中，认识这个人这么久，他周末基本上只出去玩了几次。宅在家的次数表明了他宅在家里的程度，也就是"是多少"。

每个"是什么"之前都有"是多少"。在没有数据分析的时代，"是多少"这个问题比较难回答，比如，你很难说清楚你这个朋友到底在过去一年里，有多少个周末是宅在家里的。你只是感觉他在家的次数很多，而且比一般人多。数据分析的特点之一就是有大量的数据可查，让你知道这位朋友在一年里到底宅在家里几天，以及普通人宅在家里的平均数又是几天。

如果没有回答好"是多少"的问题，那么人们容易对"是什么"的问题产生歧义。比如，有人觉得你的这位朋友是一个"宅男"，还有一些人认为他一点儿也不宅。这是因为他们看到的都只是这位朋友生活中的一部分，所以他们就是"盲人摸象"，不能给出准确的回答。

如果有具体数据，数据是客观事实，没法反驳，那么他们至少可以在"这位朋友在过去一年内的周末出过几次门"这个问题上达成一致。

### 8.2.2  在解决问题之前，要知道"会怎样"

在回答"怎么办"这个问题之前，我们要知道"会怎样"。

一家在线旅游预订平台注意到前往某个目的地的机票预订量快速增长，在分析原因后发现今天会出现一场"日全食"的天文现象，而该目的地是非常好的观测地点。于是很多天文爱好者赶往该地，拉高了前往该地的机票预订量。

在一般情况下，这个时候确实要考虑"怎么办"。因为大部分的问题都是持续性的，你不去解决这个问题，这个问题就会一直存在。

但是在这个案例中，日全食是短期现象，今天一过去，日全食这个天文现象就没了，并且在未来这样的日全食在当地也不可复制。

所以，在知道了问题产生的原因后，我们还要知道这个问题之后"会怎样"。如果这个问题之后会自然消失，一切回归到正常状态，那么我们就不用考虑"怎么办"了。

有时候，因为问题的影响范围实在太小，所以没必要投入精力去解决。

比如，你通过分析发现产品对某个旧机型的适配做得不好，页面显示经常出现问题，该怎么办呢？

这个时候也要先回答"会怎样"，我们先评估一下旧机型适配问题对业务的影响到底有多大。如果这个机型对业务的影响极小，修复这个问题的投入产出比极低，那么就没必要思考"怎么办"了，或者说"怎么办"的答案就是顺其自然。

为什么要将"会怎样"放在"为什么"之后呢？如果将其放在 5 个问题中更靠前的位置，就可以更早地知道问题没有解决的必要，这样岂不是可以省掉更多的分析步骤？

我们要预测一个问题的发展趋势，有归纳法和演绎法两种方法可用。归纳法根据历史数据总结规律，比如你观察到过去 4 周每周的销售额都增长 10%，那么你预估下一周销售额也会增长 10%。演绎法则根据问题产生的原因做推理，比如你找出销售额增长的原因是新投放了几个渠道，到下周这些渠道的投放预算就花完了，所以你预估下一周销售额会回落到 4 周前的水平。

在本书 2.1 节中，我提到过归纳法和演绎法的差别。在预测准确性上，演绎法的表现更好。所以，如果我们想要预测一个事物未来"会怎样"，就要知道这个事物目前出现问题的原因是什么，只有知道了问题产生的原因，才能用演绎法推演未来的变化。这也是要把"会怎样"这个问题放在"为什么"之后的原因。

### 8.2.3 为什么说取数没价值

我们日常的工作其实就是完成"解决问题的 5 个步骤"中的某几个步骤。

比如，业务方向你提出一个取数需求，想知道最新的广告投放效果怎么样。

你写了一段 SQL 语句，将查询的结果"转化率为 0.5%"交给业务方，接着你就忙着处理其他的需求了。

业务方在拿到"转化率为 0.5%"这个数据后，开始了后续的分析。首先业务方根据经验判断转化率不高，处于历史偏低的水平。接着业务方思考为什么这次的广告转化率会偏低，在对比了文案、卖点、渠道等的差异点后，最终得出结论：

这次的广告卖点不够突出。然后业务方根据历史的流量判断，这个广告大概会带来百万元级的收入下降，于是决定紧急修改现有广告页面。

在上述这个案例里，你作为数据分析师，接到的是一个取数需求。你只提供了"转化率为 0.5%"这个结果，这个结果本身解决不了业务问题，它只能解决"是多少"的问题。要解决业务问题，业务方需要解决后续的 4 个问题。

业务的运转就是靠着持续不断地重复"5 个步骤"来实现的。公司更看重实际结果，所以在"5 个步骤"中更看重后续的几个步骤。在公司内，谁能解决更多的问题，同时解决的问题更靠后，谁的价值就更大。如果数据分析师只做取数这样的工作，那么其对整个决策的价值是很低的，这就是说取数没价值的原因。

### 8.2.4　分析方法是解决问题的工具

很多数据分析课程都忽视了对分析思路的讲解，只讲解了预测分析、相关分析、竞品分析、聚类分析等这些具体的分析方法。在讲解这些分析方法的时候，课程会给出一些实战案例和作业题。在现实世界里，一个问题用什么方法解决是不确定的，你要自己思考用什么方法解决问题。

解决一个业务问题的过程就好像修理手机的流程，修理手机的流程是"定位问题、找出原因、给出方案"，具体的修理方法是"换主板、换屏幕、换摄像头"等，"预测分析、相关分析、竞品分析"这些分析方法就是"换主板、换屏幕、换摄像头"这些具体的动作。

换主板的前提是我们已经通过问题排查确定了主板有问题，换主板是整个分析过程中的最后一步"怎么办"的一部分，所以换主板只是修理手机的流程的其中一环。

预测分析也一样，其最终的结果是预测出一个具体的数值。但是这个数值有什么用？解决了什么问题？我们应该干什么？这些问题预测分析并不能回答，所以预测分析并不能完整地解决业务问题，只能解决整个分析过程中的一部分问题。

工具掌握得好，分析起来效率就高、质量就好，但你不能因为掌握了一种工具，就什么问题都用这种工具来解决。你学会了换主板，你不可能在所有的手机坏了后都换主板。业务出现了问题，你也不可能每次都做预测分析。所以，这些分析方法更像是工具层面的东西。

所谓预测分析、相关分析、聚类分析、分类分析等分析方法，就是完成"解决问题的 5 个步骤"的分析工具。这些分析方法并不能完整地解决业务问题，只能解决整个分析流程中的部分问题。

所以本书前面的大部分内容讲解的都是如何整理出分析问题的思路。如果你有了分析思路，知道下一步应该做预测分析，那么你可以去网上搜索资料，很容易就能解决问题。如果你没有分析思路，那么即使知道再多的分析方法，也只是拿着锤子找钉子，不知道如何解决现实问题。

如果我太早地介绍分析方法而忽略了对分析思路的讲解，你可能会陷入分析方法的细节里面。经过"思维篇"对思维的讲解，以及"流程篇"对分析方法与分析思路的关系的讲解，你现在应该对如何用数据分析解决业务问题有了更深入的理解。接下来我要讲解这些分析方法的具体用法了。

## 8.3 具体分析方法讲解

### 8.3.1 描述性分析

描述性分析是数据分析的一种形式，主要用于总结和解释数据集的基本特征。它通常不涉及复杂的计算或推断统计，而是用于展示数据的模式、趋势和关系。

一个典型的描述性分析的例子是数据可视化，如使用条形图、线形图或饼状图来展示数据的分布、趋势和比例。现在很多企业喜欢做可视化大屏，大屏上的内容一般都是描述性分析数据。

描述性分析通常在需要快速理解数据集的基本信息时使用，如在初步的数据探索阶段，或当需要向非技术背景的观众报告数据时。它能帮助我们形成对数据的初步理解，是对数据进行更复杂分析的基础。所以描述性分析解决的是"是多少"或者"是什么"的问题。

描述性分析的方法包括数据汇总、数据分布分析、数据可视化及数据的基本分类和分组等。数据汇总包括计算数据集的均值、中位数和模式，可以帮助我们快速了解数据的中心趋势和一般分布。数据分布分析，如计算分布频率和标准差，有助于我们了解数据的离散程度和分布状况。数据可视化不仅能够使数据展示更加直观，而且能够帮助我们快速识别数据中的异常值和异常趋势。数据的基本分类和分组可以揭示不同类别或组别之间的关系。

要想运用这些方法，不需要进行太多的业务理解，只需要掌握一些统计学的基础知识及保持客观的态度即可。

### 8.3.2  预测分析

预测分析主要是指通过采用定性或定量的方法，预测之后的数据走势和数值的方法。这种分析方法在商业决策、金融市场预测、天气预测等多个领域中都发挥着重要的作用。

预测分析的方法有很多，从传统的统计模型到现代的机器学习预测模型，不一而足。例如，ARIMA（自回归积分滑动平均模型）是一种常用的时间序列预测方法，通过观察数据过去的趋势和模式来预测未来。另一种简单且有效的方法是移动平均法，它通过计算一定时期内数据点的平均值来平滑数据序列，从而预测未来趋势。

在更复杂的层面上，我们有机器学习预测模型，如神经网络和支持向量机（SVM）。这些高级模型能够捕捉到数据中更微妙的模式和关联，提供更准确的预测结果。但是，无论是简单的模型，还是复杂的算法，它们都基于一个共同的原则：利用已知数据来预测未知的未来。

预测分析方法大致可分为两类。

第一类是基于归纳法思维的方法。这类方法通过分析历史数据来预测未来的趋势。例如，回归分析就是一种典型的应用归纳法思维的方法，它通过拟合一个函数来模拟历史数据的走势，进而预测未来。像Excel这样的常见工具，都提供了添加趋势线的功能（见图8-3-1），用起来非常方便。

其他的预测分析方法包括移动平均法和ARIMA，它们可进行更复杂的计算，但核心原理依然是基于历史数据进行预测。这种预测分析方法最显著的问题是容易犯"以偏概全"的错误，即过度依赖历史数据，而忽视了未来可能出现的新趋势和变化。

## 广告投入与销售额的关系示意图

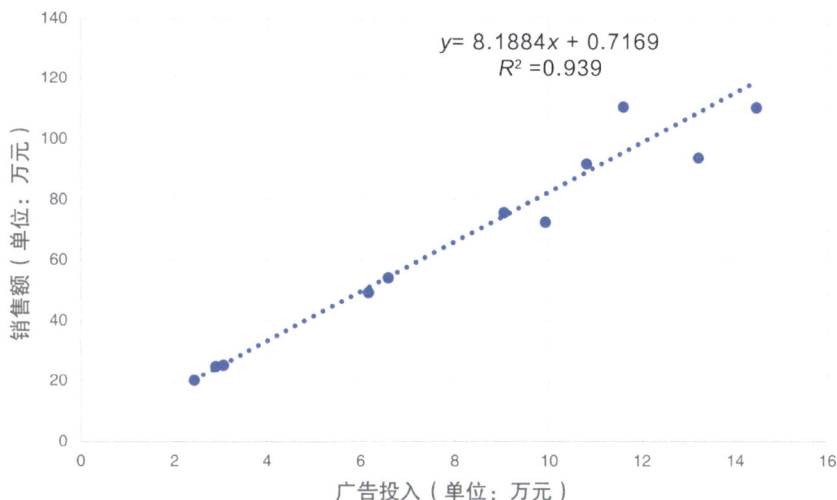

图 8-3-1 Excel 的趋势线

第二类是基于演绎法思维的方法。与基于归纳法思维的方法不同，基于演绎法思维的方法从一个更宏观的视角出发，寻找与目标指标相关的其他指标，然后基于这些关联指标进行预测。比如预测销量，与销量相关的指标就是用户数、转化率和客单价。这些指标受到一些客观因素的影响，会有一个理论的上限和下限，同时也有自己的波动规律。整理完这些细分指标的规律，然后在这些规律的基础上做推演，就要比仅看趋势的基于归纳法思维的方法要准确得多。

在复杂的商业环境中，许多相关指标之间可能不存在明确的因果关系，这使得保证预测的准确性成为一个挑战。此外，基于演绎法思维的方法对数据的质量和数量有更高的要求：没有足够的数据维度和量级，就难以有效建立精确的预测模型。尽管如此，基于演绎法思维的方法通常能提供比基于归纳法思维的方法更高的准确率，特别是在数据丰富且多元的情况下。

预测分析可以被应用在解决问题过程中的不同环节上。

比如，将其应用在"提出问题"的时候。假设下个月的销售额目标是 100 万元，在分析如何达到这个销售额目标之前，我们得先知道现有的销售情况持续下去能达到多少销售额。如果我们通过预测分析发现差距是 20 万元，那么就可以提出一个业务问题：下个月如何再提升 20 万元的销售额。

再如，将其应用在解决问题的第二步，"为什么要分析这个问题"，假设要解决的是如何提升新用户数的问题，我们要评估一下提升新用户数的影响。我们可以通过预测分析，假设新用户数的变化情况保持目前的趋势，那么3个月后销售额将下降20%。这样一个预测分析，就把当前分析新用户数的需求价值说得非常清楚。

再如，将其应用在解决问题的最后一步，找出落地的方案。假设我们在分析用户数下降的时候，找出的原因是大学生群体因为开学而减少App的使用。在提出建议前，我们也可以做一个预测分析，预测大学生群体在开学之后一段时间内对App的访问会是什么情况。如果根据历史数据进行预测，发现在开学两周后大学生群体会重新恢复App的使用。那么针对这个业务问题，我们可以提出"不必对该问题进行改进，两周后用户数会自动恢复原有水平"的建议。

因为预测分析可以应用在解决问题的各个环节，所以当业务人员提出一个"预测日活用户的趋势"的需求时，我们要清楚这个问题并不完整，得了解业务人员究竟要解决的是哪个问题，才能继续后面的分析，否则没搞清楚问题，就很难得出有价值的分析结论。

### 8.3.3　竞品分析

网上出现比较多的竞品分析案例，是把一个竞品的功能模块全部整理出来，然后分析不同竞品之间的区别，并加上一些自己的观点。这类竞品分析一般都是由产品经理做的，目的是整体地了解竞品的产品结构。

数据分析师做竞品分析和产品经理一样，一般都是为了对比产品与竞品的经营状况和策略。根据要解决的问题的不同，竞品分析分为这么几种：行业趋势分析、市场规模分析、市场定位分析、竞对财务分析、销售和营销策略分析等。

竞品分析一般都是由公司内的战略投资部或者商业分析师负责的，很少由数据分析师负责。商业分析师是数据分析师一个很重要的发展方向，这里简单介绍几种分析的做法。

#### 1. 市场定位分析

市场定位分析是一种用于确定产品或服务在目标市场中的位置的方法。它涉及评估竞争对手的优势和弱点，以及自身的差异化特点。

这种分析能帮助企业了解自己的产品或服务在消费者心目中所占的位置，进行产品定位和制定市场营销策略，并找出潜在的市场机会。例如，一家新兴的科技公司通过市场定位分析发现，它在提供客户服务方面比竞争对手有优势，从而决定在营销策略中强调这一点。

为了获取宝贵的信息，企业通常依赖市场调研、消费者调查、社交媒体分析等方式。市面上有很多第三方数据服务商，其可以提供不同 App 的用户规模、留存率和画像信息，如 QuestMobile、百度指数、艾瑞、易观等。

在分析方法上，市场定位分析主要采用 SWOT 分析（优势、劣势、机会、威胁）来评估企业与竞争对手的市场定位，使用波士顿矩阵或波特五力模型来进一步分析市场竞争环境。

### 2. 竞对财务分析

竞对财务分析涉及评估竞争对手的财务健康状况，包括盈利能力、流动性、偿债能力等。

这种分析能帮助企业了解竞争对手的财务稳定性和投资吸引力，预测市场趋势和竞争对手的未来战略。例如，通过分析竞对公司的投资情况，能够根据其研发资金的增加预测其是否在研发新产品。

财务数据主要来源于公开的财务报表、行业报告、投资者通讯和市场研究报告，对上市公司来说，每个季度都要披露自己的财务状况。我们通过对比当前财报信息和之前财报信息，找出差异，就能确定竞争对手的扩张速度、盈利能力、成本结构、研发投入等信息。

### 3. 销售和营销策略分析

我们还可以分析竞争对手的销售和营销策略。通过分析竞争对手的宣传材料、网站、社交媒体活动，以及客户反馈和市场调研等数据，我们可以评估竞争对手在销售和营销方面的策略，这些策略包括定价策略、促销策略、销售渠道策略和客户关系管理策略。比如，根据竞争对手在 SEO 或者第三方广告平台的投放数据，就能洞察竞争对手的广告投放趋势。如果你发现竞争对手对某短视频平台的投放逐步提升，那么你要考虑是否跟进。

### 8.3.4　用户分析

用户分析就是分析用户的特点，常见的分析方法包括用户属性分析、用户路径分析、用户行为分析。这 3 类分析方法解决了这样几个问题：用户是谁、用户从哪里来，以及用户想做什么。

分析用户是谁，一般需要进行用户属性分析。用户属性分析涉及收集和分析用户的基本信息，如年龄、性别、职业、教育背景、地理位置等。这种分析通过问卷调查、社交媒体数据挖掘等方式进行，在市场细分、个性化营销和用户体验设计等场景中尤为常见，能够帮助企业更好地理解目标用户群体，从而制定更加有效的商业策略。例如，在服装行业中，对性别、年龄的分析非常重要，当推出新款服装时，分析不同人群的差异能为之后的营销策略提供参考。

分析用户从哪里来，一般需要进行用户路径分析。用户路径分析主要追踪和评估用户在网站或应用中的导航路径。

用户路径分析可以被理解成高级版的漏斗分析，漏斗分析每一步的动作是固定的，而用户路径分析则把用户使用产品的整个过程全部还原出来。例如，一款电商产品的用户在购买前可能先提交了订单，然后又返回首页搜索同类产品，在多次比对之后再付费。通过分析这些常见的路径，找出用户的动机，从而优化产品设计，引导用户按照最优路径或者期望中的路径一步步前进。

用户路径分析一般最终会画出一个桑基图，现在比较主流的数据产品一般都支持桑基图，如神策数据。

用户路径分析一般被用在路径选择比较少的场景下，如购买场景。购买场景的最终目的比较明确，通过桑基图可以总结出一些规律。如果你要分析的场景非常复杂，有几十个不同的动作，并且用户没有明确的目的，那么根据这种情况做出来的桑基图也会非常复杂，没有什么特点。

分析用户想做什么，一般需要进行用户行为分析。用户行为分析关注用户在产品或服务生命周期中的具体行为模式，如购买行为、使用频率、偏好设置等。用户行为分析一般通过用户反馈、行为日志记录和数据挖掘技术来实现。用户行为分析在产品改进、功能优化和用户留存策略中极为关键，它能帮助企业理解用户需求，预测未来趋势，并提供定制化的用户体验。例如，如果发现用户经常在浏览某类产品后将其添加到购物车，但最终并未购买，这可能表明价格或支付方式需要调整。

用户分析一般被应用在回答"为什么"的阶段。比如，我们发现用户的留存率不高，就需要找出留存率不高的原因。这时我们可以从用户属性、用户路径和用户行为三个方面去分析。

- 用户属性：哪些用户会留下来，哪些用户的流失率最高。
- 用户路径：用户一般怎么使用产品，从哪个链路进入核心功能，离开前做了什么，留存下来的用户都做了什么。
- 用户行为：哪些功能最受欢迎，哪些功能让用户留下来，哪些功能最没用。

### 8.3.5　数学建模 / 机器学习算法

数学建模 / 机器学习算法是新入职的数据分析师最喜欢的部分。因为数学建模看起来特别"高大上"，而且数据分析的经典案例里总是有数学建模的身影，而业务人员不懂数学建模，数据分析师可以将其说得很玄乎。

不少数据分析的课程中有机器学习的内容，因为在几年前数据分析师确实需要用到机器学习算法。但是这两年，数据类岗位的分工越来越细，现在的数据分析师已经很少做数学建模的工作，这类工作基本上由算法工程师这样的岗位承接。不过数据分析师也必须了解一些机器学习的原理，知道机器学习能解决什么问题。这样当你遇到可以用机器学习解决的问题时，就能够找到对应的算法工程师协助你完成任务。

数据建模常用的模型按照用途大致可以分 3 类：回归模型、聚类模型和分类模型。

**回归模型**：回归模型就是对数据进行拟合，找出一个描述趋势的函数。简单来说，回归模型可以帮助我们理解变量之间的关系，比如预测房价和房屋面积之间的关系。当我们有一组数据（如房屋面积和售价）时，回归模型可以帮助我们预测新房屋的售价。

**聚类模型**：聚类模型是一种无监督学习方法，能够将数据自动分为相似的子集。常用的方法是 K- 均值（K-means）。比如，我们在分析问题产生的根本原因时，要对用户属性进行分析。如果我们不知道用户有哪些类型，则可以通过聚类算法对用户进行分组，划分出不同特征的用户群体，然后根据不同用户群体的特点，总结出不同用户群体的画像信息。

**分类模型**：分类模型是一种监督学习方法，事先定义了不同的类别，每个类别有其独有的特征，然后通过分类算法根据输入数据的特征来预测它属于哪个类别。比如，我们在对用户属性进行分析的时候，总结出了一些用户属性的规律，具体的对应策略是对不同的人群进行差异化的营销。此时我们就需要一个分类模型，对用户进行自动化的分类，实现精准营销。

虽然现在的数据分析很少用到机器学习，但是很多公司在面试数据分析师的时候会问一些与机器学习相关的内容，所以数据分析师应该系统地了解一下机器学习的基础原理。

## 8.4  其他分析方法小结

在分析问题时，解决"是什么、为什么、怎么办"才是主线任务。有时候，主线任务会衍生出"是多少"和"会怎样"这样的支线任务，但是绝不会有"预测分析""竞品分析"这样的任务，因为这些都是完成任务的方法，而不是任务本身。

通过对本章内容的学习，相信你应该对问题分析流程有了更深的理解。之后在分析问题时，你能够清楚地知道当前的分析在整个大的业务分析模块中处于什么位置，以及要解决什么问题等。长期坚持这样思考，你将成长得更快。

# 第 3 部分

## [ 实战篇 ]

感谢你阅读到了本书的最后一部分——"实战篇"。

本书之前的内容讲解了分析问题需要的思维方式，以及分析问题的流程和方法，为了进一步加强学习的效果，你需要不断地实践，从而掌握技能，并最终具备能力。因此，在本书的最后一部分，我将通过案例的讲解帮助你将之前所学的知识和技能应用到实践中。

本篇将通过 4 个分析案例，帮助你更深入地理解分析问题的流程在具体场景中的应用。本篇的章节设置如下：

- 第 9 章 用户增长分析案例
- 第 10 章 产品的用户留存分析案例
- 第 11 章 营销转化率分析案例
- 第 12 章 经营分析案例

这 4 个案例源自我的朋友们提供的分析素材，为了讲解得更加完整，我对部分案例做了一些改编。并且，案例中的数据均为虚构数据，不代表现实中的具体企业和产品。

这些案例来自不同行业的不同业务场景。通过对这些案例的分析，你可以发现"流程篇"提到的"分析问题的流程"在各个不同的业务场景下都是适用的。掌握 2W1H 模型的分析思路，就相当于找到了解决各类业务问题的"钥匙"。

让我们开始本篇的阅读吧！

# 第 9 章

# 用户增长分析案例：
# 细分新老用户，找出各自的增长策略

## 9.1 用户增长分析案例介绍

用户增长分析是目前企业中非常常见的一种分析方法。特别是自 2018 年至 2020 年增长黑客的热潮掀起后，增长黑客策略在许多企业中得到了广泛的应用。许多企业都希望通过运用用户增长策略来迅速扩展它们的业务规模。

然而，增长黑客策略涵盖了众多的分析技术，从数据挖掘到行为心理学，每一种技术都有其独特的应用场景和效果。在实际操作中，这种多样性有时会令我们感到迷茫，不知道在特定情况下应该选择哪种方法。

因此，在本章中，我将结合具体的案例，通过五步分析法来探讨如何有效地分析和解决用户增长的问题。本章将深入探讨每个步骤，从明确问题到寻找解决方案，对每一步都将结合实际案例进行讲解，帮助读者更好地理解每种技术的应用方式和效果。

本书的目的是让你认识到，在用户增长分析中，不必机械地记忆并应用增长黑客中的各种方法。本书鼓励读者通过自己的思考和分析，结合所在企业的具体情况和目标，找到最适合当前业务环境和发展阶段的分析方法。通过对本章内容的学习，我们将更加灵活和有效地应用分析方法来解决实际问题。

## 9.2 问题背景：如何提升业绩

假设我们是一家开发互联网金融产品的公司的数据分析师。某天，业务部门提出了一个看似简单却复杂的分析需求：如何提升业绩。

在数据分析领域，这是一个常见且关键的课题。但"提升业绩"的定义在上下文中显得模糊不清。究竟什么是"提升业绩"？事实上，几乎所有的分析工作都旨在提升业绩，所以这个问题初看似乎过于宽泛。因此，我们的首要任务是对"提升业绩"这一概念进行具体化和明晰化。

首先，我们需要明确这家公司的主营业务是投资服务，为用户提供基金投资、银行理财等服务，主要依靠帮助用户投资所产生的佣金来盈利。在这个特定情境下，"业绩"可以被定义为佣金收入的总量，这直接取决于投资金额和佣金率。

一般来说，业绩可以被看作销售收入，而销售收入不论在哪种类型的企业中，都由 3 个关键要素组成：用户数量、转化率和单个用户的价值。通过与业务部门的深入沟通，我们发现该公司的产品虽然在转化率和单个用户的价值上与竞争对手持平，但在吸引新用户这一方面，正逐步失去市场份额，竞争对手在吸引用户方面做得更为出色。

鉴于此，我们将原本较为抽象的"如何提升业绩"的需求，转变为更具体且紧迫的需求——如何提升用户数量，如图 9-2-1 所示。此时，我们的分析重点转变为研究用户增长。

图 9-2-1　明确案例的需求

## 9.3　定义问题：问题的三要素

如图 9-3-1 所示，在确定了业务方的需求（即定义清楚问题）之后，接下来的关键步骤是深入地定义问题，明确问题的三要素：目标、现状和疑问。

图 9-3-1　定义清楚问题

首先，我们根据 SMART 原则对分析目标进行梳理。例如，我们本年度的业绩目标是到年底实现月均用户数增长 20%，达到 120 万个用户。这个目标既具体又可衡量，同时也是可实现、有明确时间限制的。

接下来，我们运用 5W2H 分析法来详细剖析当前的业务现状。通过与相关部门沟通，我们了解到，当前 3 个月的月活跃用户数大约是 100 万个（How much/many），而我们的目标是 120 万个，这意味着存在 20 万个用户的增长差距（What）。为了更深入地分析，我们还需要探究哪些特定用户群体使用哪些渠道或在哪些地区的表现未达到预期。在本案例中，这些细节构成了我们需要解决的问题。因此，在这个阶段，我们不需要过度地探讨 5W2H 分析法中的每一个要素，而是要将它们作为后续深入分析的基础。

最后，我们面临的主要疑问非常明确：如何弥补现状与目标之间的差距，即"怎么做"。

问题梳理清楚了，对于这个问题，我们在分析前要搞清楚最终能输出哪些结论。如果我们能找到具体的应对措施，也就是回答"怎么办"，那当然是最好的。如果做不到这一步，至少要搞清楚目前阻碍用户增长的因素是什么，即回答"为什么"这个问题。如果连"为什么"都无法解答，那至少要能清晰地描述用户的现状，也就是回答"是什么"。这 3 个问题的答案就是这次分析的目标。

在明确问题之后，通常我们还需要评估解决这个问题对业务的具体价值，以避免陷入无实际意义的分析中。在本案例中，由于分析需求直接关联到公司的总体目标，其价值非常明显，因此可以省略这一步骤。另外，"校验数据的真实性"这一步骤也可以省略，我们假设所有数据都已经经过验证，是准确无误的。

至此，我们明确了待解决的问题。在这个过程中，我们不仅揭示了与问题相关的关键数据，还明确了要解决的具体问题。在明确了要分析的问题之后，下一步就是进行深入的数据分析。

## 9.4　分析和解决问题：找出提升业绩的方法

现在，我们步入分析的第二阶段，着手探究"为什么"存在这样的差距。

当前，月活跃用户数在现状与目标之间有着 20 万个用户的差距。那么问题来了，为何会出现这样的差距？我们需要深入分析，找出阻碍用户增长的因素是什么。

在分析问题的过程中，首先要关注问题的表面原因。根据第 5 章的介绍，分析问题的表面原因主要包括以下几种方法。

- 子指标拆解。

- 多维度分析。

- 过程分析。

因为将月活跃用户数这个指标拆解为子指标的意义不大，所以我们跳过子指标拆解，直接采用"多维度分析"的方法分析问题。这种分析将从不同角度探究问题，以揭示潜在的因素和关联，从而为找出阻碍用户增长的因素提供有力的线索。

### 9.4.1　问题的表面原因

首先，我们可以依据指标体系，将当前的月活跃用户数按照不同维度进行拆分，以观察在各维度下用户的占比情况。

在本案例中，由于产品在用户管理上的精细化程度不足，可利用的用户标签较少。然而，即使是没有进行过用户细分的公司，也能根据新老用户的分类来区分用户群体。这是因为公司可以通过账户体系来区分新老用户，不需要运营人员做人群分类。而且这两类用户在运营策略上通常存在显著差异，非常适合作为多维度分析的切入点。

因此，我们将用户划分为新用户和老用户，并分析各自的占比情况。分析结果显示，当前用户群中老用户占比高达 90%，新用户仅占 10%。进一步观察，我们还发现新用户的绝对数量在下降。去年同期，每月平均新增用户约 20 万个，而今年降至 10 万个左右。与此同时，老用户数量在过去 6 个月内稳定在了 90 万个左右。考虑到新用户不断转化为老用户，而老用户数量却保持不变，这说明不断有老用户流失，从而抵消了新用户的流入数量。

从月趋势中可看出，未来月活跃用户数有可能维持在 100 万个左右。

基于这些分析，我们可以对问题做出初步回答：目前月活跃用户数与目标之间出现差距，主要是由于新老用户数量均未呈现增长趋势（见图 9-4-1）。

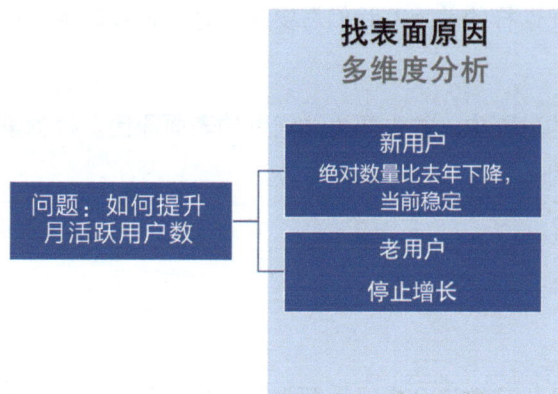

图 9-4-1　对问题做多维度分析，找表面原因

当然，这个回答只是将问题进一步细化到新老用户群体都存在问题，这两个群体面临的具体问题尚未明确。接下来需要对新用户和老用户的不同特点进行深入探究。

## 9.4.2　子问题 1：新用户

在分析新用户的情况时，我们实际上面对的是一个重新定义的问题：为什么新用户的绝对数量比去年下降了。要分析这个新的问题，我们需要重新进行表面原因的分析。

### 1. 表面原因：多维度分析

首先，我们对新用户的来源渠道进行拆分，以便理解不同渠道新用户的占比情况。在这个过程中，我们注意到"朋友推荐"这一渠道的新用户数下降非常显著。具体来看，去年这个渠道每个月能带来大约 3 万至 5 万个新用户，而今年这个数字骤降至几千个。通过与业务部门沟通，我们了解到这一变化主要是由微信对转发推广内容的限制所引起的。社群传播的难度增大是整个行业面临的问题。由于其他渠道难以达到微信的效果，且新用户对"转发推广"这一形式的兴趣减弱，导致我们在这一渠道损失的用户增量难以快速得到补充。

既然如此，我们应立足当下的实际情况，考虑是否能通过调整现有的渠道结构来优化新用户的引流。

如图 9-4-2 所示，我们可以采用多维度分析的方法将新用户按照渠道分为不同的类型，通过对比不同渠道的 ROI 找出优质渠道。在一般情况下，我们可以分析不同渠道带来的新用户的 ROI，从而评估渠道的投放效率，区分优质渠道和劣质渠道。这里的 ROI，一般是用新用户数除以投放的金额来计算的，含义是每一元钱能带来多少新用户。这里，我们适当做一些优化，考虑在引流后新用户是否真正活跃。如果用户仅仅下载了我们的 App，在使用一次后便不再使用，那么这样的新用户实际上是没有价值的。只有在引流后还长期使用我们产品的新用户才是真正有效的新用户。

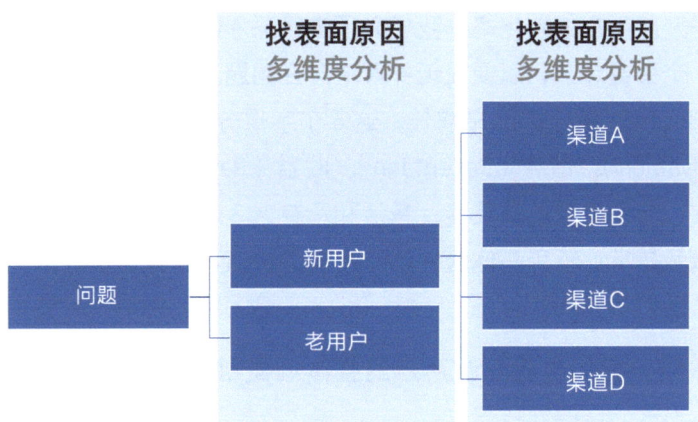

图 9-4-2　对新用户做多维度分析，找表面原因

通过对有效新用户的 ROI 进行细致分析，我们发现渠道 A 和渠道 B 的表现最为出色，渠道 C 表现一般，渠道 D 的表现最差。考虑到渠道 A 的精准度虽高，但其规模有限，我们不能期望通过大幅增加其广告投放来实现规模增长。因此，我们提出了如下 4 条优化策略。

- 取消对表现最差的渠道 D 的广告投放。
- 维持对渠道 A 的广告投放，尽管其规模有限。
- 加大对渠道 B 的广告投放，并密切监控其 ROI，防止因规模增大而效率下降。
- 当对渠道 B 的广告投放接近上限或其 ROI 接近渠道 C 的 ROI 时，适时增加对渠道 C 的广告投放。

如果我们在分析到这一步后停止分析，那么可以得出以下结论。

- 新用户数比去年有所下降，主要原因是微信限制用户转发推广内容，导致

"朋友推荐"渠道的新用户数急剧下降，这一影响在短期内难以逆转。

- 在其他渠道中，我们建议取消对效果最差的渠道 D 的广告投放，优先关注渠道 A，其次是渠道 B，最后是渠道 C。

当然，这只是解决新用户增长问题的一种方案。如果我们不满足于这些结论，还想继续深入研究，那么可以继续开展过程分析，通过提高过程转化率来增加新用户的数量。

### 2. 表面原因：过程分析

为了提升新用户的转化率，我们必须进行深入的过程分析，探究用户获取和留存的每一个关键环节，以便发现并解决潜在问题。根据增长黑客理论，我们可以通过 AARRR 模型来分析用户增长，这 5 个字母分别代表获客（Acquisition）、激活（Activation）、留存（Retention）、收益（Revenue）和传播（Refer）。对新用户而言，特别重要的是获客、激活和留存这 3 个环节。获客是指吸引新用户的过程，激活是指让新用户体验并认可产品的价值，留存是指确保新用户持续使用我们的产品。

具体来说，我们将获取新用户的整体流程划分为以下几个关键步骤（见图 9-4-3）。

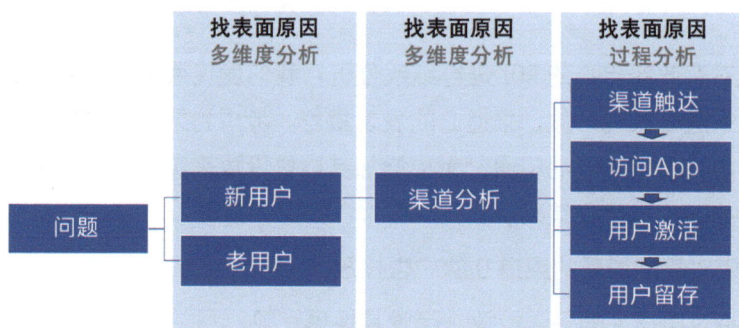

图 9-4-3 对新用户做过程分析，找表面原因

- 渠道触达：新用户首次与我们的广告或推广材料接触。
- 访问 App：新用户被吸引并访问我们的应用程序。
- 用户激活：在此步骤，新用户开始体验我们的产品，并执行关键行为，如关注某一投资品，这一行为对提升留存率至关重要。

252

- 用户留存：这一步骤关注的是新用户在初次使用产品后的 7 天内是否再次访问 App。

通过漏斗分析，我们可以量化这些步骤的转化率。

- 渠道触达到访问 App 的转化率为 1.5%，尽管这个转化率不高，但考虑到广告投放的转化率约为 1%，我们判定这一数据处于正常范围内。
- 访问 App 到用户激活的转化率为 9%，这个转化率看似不低，实际上低于我们的预期。
- 用户激活到用户留存的转化率为 13%，这个转化率也不理想，考虑到上一步的用户激活表现不好，所以留存率较低是用户激活表现不好的结果。

这一分析让我们更加精准地定位了问题：新用户增长的停滞主要是由用户激活环节的低转化率所导致的。与之前的结论相比，这一发现更为具体，指向了具体的转化环节。可能的原因包括用户界面设计不够直观、产品功能不够吸引人，或者用户对产品的第一印象不佳等。由于尚未明确具体原因，业务团队可以采取一系列措施来寻找最佳方法，如优化新用户引导流程、改善激活环节的用户体验或增加弹窗提醒等。

然而，要想根本改善用户激活环节的低转化率，我们还需要深入探究其背后的根本原因。

### 3. 根本原因：用户行为分析

为了深入理解新用户的需求，我们必须置身于新用户的角度，考虑他们可能遇到的问题。在之前的漏斗分析中，我们发现新用户在激活过程中的转化率较低，但这仅仅是从新用户整体的角度来看的数据。鉴于每位新用户在激活过程中可能遇到的困难千差万别，我们需要对这一转化过程进行更加细致的分析，对新用户开展行为分析（见图 9-4-4）。

我们的分析不能局限于从访问 App 到用户激活的转化率，而应更加关注新用户在这一过程中经历的每一个环节。通过用户行为分析，我们可以深入揭示新用户从下载到注册的整个流程，并清楚新用户在不同环节之间的流向。为此，我们细化并列出了整个注册过程的每一个步骤，利用桑基图等工具来展示新用户在注册过程中的路径变化，分析新用户的行为路径。

图 9-4-4　对新用户开展行为分析，找根本原因

通过分析新用户的行为，我们观察到许多新用户在搜索过程中呈现出一种重复的行为模式：他们反复进行搜索，但不点击任何搜索结果，之后又开始新的搜索。这种行为模式表明，尽管新用户带着明确的目的进入 App，但由于搜索结果不符合他们的期望，因此他们感到失望并最终放弃。

基于这一关键发现，我们得出结论：搜索功能未能有效满足新用户的需求，这导致新用户在激活过程中流失，进而影响新用户的转化率。为解决这一问题，我们提出了优化搜索功能的策略，旨在更好地满足新用户的需求。然而，我们目前尚不清楚新用户的具体需求细节，数据分析方法难以精确揭示新用户所期望但未能找到的具体内容。

我们计划将这一部分工作交由用户研究团队来做，以发现新用户的真实需求。至此，我们的数据分析任务——"找出新用户增长受阻的原因"已经取得了初步成果。我们的发现将为用户研究团队提供一个明确的出发点，以便他们进行更深入的用户需求分析。

接下来，我们将工作重心转向对老用户的分析。

### 9.4.3　子问题 2：老用户

分析老用户数量不再增长的问题，依然是在分析一个新的问题，所以我们同样从分析表面原因开始。

#### 1. 表面原因：多维度分析

首先，我们从多个维度划分了老用户群体。

- 运营状况：划分为付费用户和非付费用户。
- 用户状况：划分为新用户流入、流失用户回流、稳定活跃用户和预计流失用户。
- 地理位置：划分为华东、华南、华北等地区的用户。

　　根据业务的特点，最终我们选择根据老用户群体的流入流出情况，将月均 90 万个的老用户分为了 4 个类型，如图 9-4-5 所示。

- 新用户流入：指最近成为老用户的新用户。
- 流失用户回流：指之前流失但又回归的用户。
- 稳定活跃用户：指持续使用我们产品的用户。
- 预计流失用户：指可能流失的用户，通过用户行为判断（流失用户的定义是连续 3 个月未访问 App 的用户）。

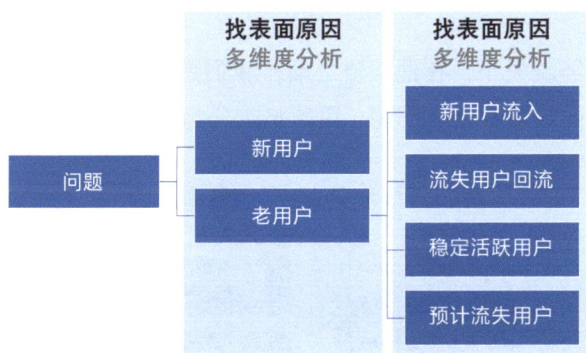

图 9-4-5　对老用户做多维度分析，找表面原因

　　我们将这 4 个类型的老用户比作游泳池的不同部分："新用户流入"和"流失用户回流"是水源，为游泳池带来新的水；"预计流失用户"就像游泳池边缘的水，随时可能流出；稳定活跃用户是构成游泳池的主要水量。

　　经过数据分析，这 4 类老用户的大致分布情况如下。

- 新用户流入：占 5%，约 4.5 万个。
- 流失用户回流：占 8%，约 7.2 万个。
- 稳定活跃用户：占最大比例，75%，约 67.5 万个。
- 预计流失用户：占 12%，约 10.8 万个。

"新用户流入"和"流失用户回流"总占比约为 13%，与"预计流失用户"的占比相近。这暗示着进水口和出水口的流量相当，使游泳池的水量维持在一个稳定水平，这与老用户数量停止增长的现状相符。我们还注意到，"新用户流入"和"流失用户回流"的占比正在缓慢下降，而"预计流失用户"的占比则较为稳定。这表明老用户数量增长停滞的主要原因是新用户的数量不足。

综上所述，我们可以得出结论：老用户数量停止增长的主要原因是"新用户流入"和"流失用户回流"存在问题。考虑到"新用户流入"是新用户增长的结果，我们之前已经分析了新用户的问题并找出了部分原因，因此不再对这一部分进行深入分析。接下来，我们将重点关注"流失用户回流"，对其进行详细的分析。

### 2. 表面原因：过程分析

在分析老用户的问题时，除了横向拆解用户结构，我们还需要纵向拆解用户流程。

因为用户已经流失了，在他回流之前，我们是不知道他的数据的，所以我们不知道他回流之前的流程都有哪些，只能将其分为两个阶段，如图 9-4-6 所示。

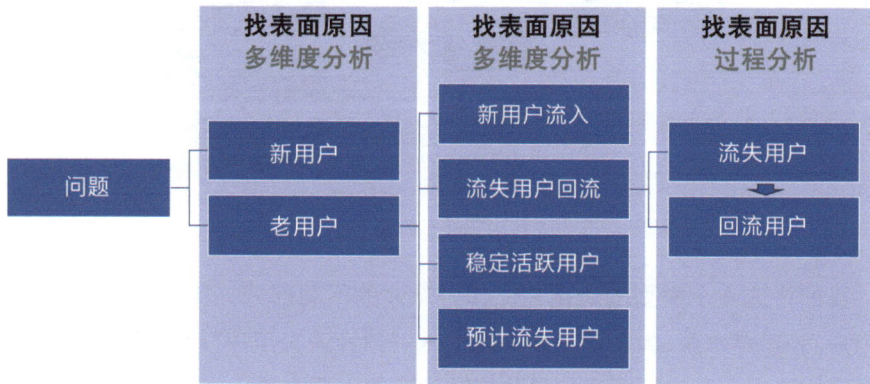

图 9-4-6　对老用户做过程分析，找表面原因

- 流失用户：连续 3 个月未访问 App 的用户。
- 回流用户：那些重新开始使用我们产品的用户。

通过分析这两个阶段的转化率，可得出流失用户的回流率。然而，我们很快意识到，单纯使用回流率指标会产生误差。由于流失用户是历史积累的结果，其中大多数是几年前就已流失的用户，这部分用户的回流概率极低。随着时间的推移，这样的用户群体不断增长，但回流的用户数量却微乎其微，因此直接将这个口径下的回流率作为衡量标准变得不再准确。

为了更准确地衡量，我们对流失用户进行了再分类，筛选出真正有可能回流的用户。我们分析了回流用户的流失时长，并制作了一个反映回流用户数量与流失时长关系的分布图。根据我们的分析，回流用户的时间分布如下。

- 在 6 个月内流失的用户：占比 50%。
- 在 6~12 个月内流失的用户：占比 30%。
- 在 1~2 年内流失的用户：占比 13%。
- 在 2~3 年内流失的用户：占比 4%。
- 流失 3 年以上的用户：占比 3%。

这表明，80% 的回流用户来自流失不超过 1 年的用户群体，而流失超过 2 年的用户的回流比例仅占 7%。因此，为了使流失用户的回流分析更加精确，我们决定只考虑流失 2 年内的用户。

在计算回流率指标时，由于分母是更精确的流失用户的数量，因此结果更可信。如图 9-4-7 所示，重新审视这部分用户的回流情况，我们发现以下两点。

图 9-4-7　在 2 年内流失的用户的规模与回流率趋势图

- 在 2 年内流失的用户的规模基本保持稳定。

- 回流率持续下降。

这一发现表明，流失用户回流问题的关键并不在于流失用户数量的变化，而在于流失用户的回流率实际上正在下降。通过对过程指标的分析，我们发现"流失用户回流问题"的本质是回流率的下降。

接下来，我们的任务是深入挖掘回流率下降的根本原因，并探索有效的解决方案。

### 3. 根本原因：用户行为分析

要想深入了解回流率下降的根本原因，我们需要换位思考，站在用户的角度来分析问题。

在分析根本原因时，我们可以从用户属性和用户的需求链路入手。

在流失用户回流的情境中，不同背景的用户在使用产品时可能有类似的需求。他们在重新使用我们的产品时表现出相似的行为特点。通过识别这些共性，我们可以理解用户的需求，从而有效提升流失用户的回流率。因此，相较于静态的用户属性，我们更应关注他们的行为特征，这是我们分析的重点。如图 9-4-8 所示，我们接下去要对回流用户进行用户行为分析。

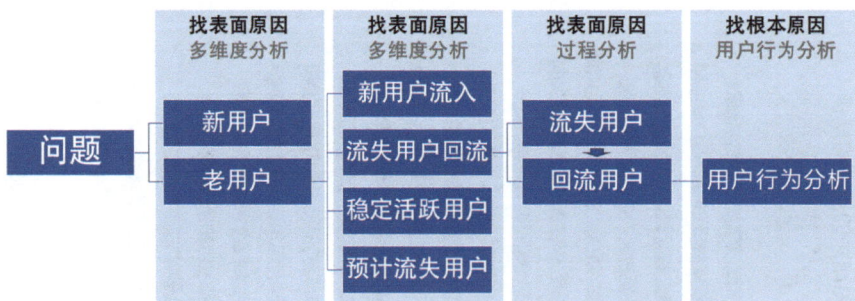

图 9-4-8　对回流用户进行用户行为分析，找根本原因

为了更深入地理解回流用户的需求，我们专门研究了他们回流后的首次行为动作。我们的出发点是一个简单的假设：在用户流失一段时间后，选择回归的用户必然是带着特定的目的回来的。由于这些用户已经熟悉我们的产品，他们在重返产品后的第一个行为可能直接反映了他们的回流原因。

我们对用户回流后的第一个行为进行了细致的分类，并对各类行为的占比进行了统计分析。结果显示，"查看投资过的品种"和"搜索近期热门投资品种"是最常见的两种行为，这可能暗示了这两个方向是引发用户回流的主要因素。

在通常情况下，我们会在上述结论的基础上进行深入分析，探讨哪些具体因素影响了用户的决策过程。但在流失用户回流的情境下，由于在他们流失期间我们无法收集相关数据，因此难以精准地锁定影响用户回流的核心因素。尽管如此，只得出上述结论对我们理解用户及制定后续策略仍然非常有价值。我们现在不仅知道回流率下降的表面原因，还明白了用户回流的具体目的，这使得我们的策略更具有针对性。

基于这一发现，我们可以将"查看投资过的品种"和"搜索近期热门投资品种"这两种行为作为吸引沉默用户回流的"钩子"，通过发短信或推送通知，在适当的时机触及这些用户，以提高沉默用户的回流率。

到目前为止，在"流失用户回流"这一议题的研究中，我们已经揭示了部分关键的根本原因，并据此推导出了一系列具体的对策。关于"老用户"的分析就到此结束了。

## 9.5　汇总结论，形成汇报框架

我们已经完成了问题的分析部分，现在来到整个过程的收尾阶段。我们接下来的工作是将之前的发现和结论整理成一份清晰的报告。

在汇报的形式上，我们通常有两种选择：归纳金字塔结构和演绎金字塔结构。归纳金字塔结构更适合于直接提出解决方案的场合，它关注的焦点是"怎么办"。而演绎金字塔结构则更适合于分析现状和原因，它不仅解答"怎么办"，还阐明"为什么"。鉴于大家是首次对业务的用户增长分析进行系统性梳理，大家对现状和问题的了解尚不充分，因此，我们选择演绎金字塔结构来进行汇报，采用"问题—原因—对策"的结构。

图 9-5-1 所示为本案例的整体分析框架。

我们来回顾一下这次分析的核心问题。根据本年度的业务规划，我们的目标是将产品的月活跃用户数提升至 120 万个。然而，截至上个月，月活跃用户数稳定在 100 万个左右，且没有明显的上升趋势。因此，我们需要深入探索如何有效提升月活跃用户数。

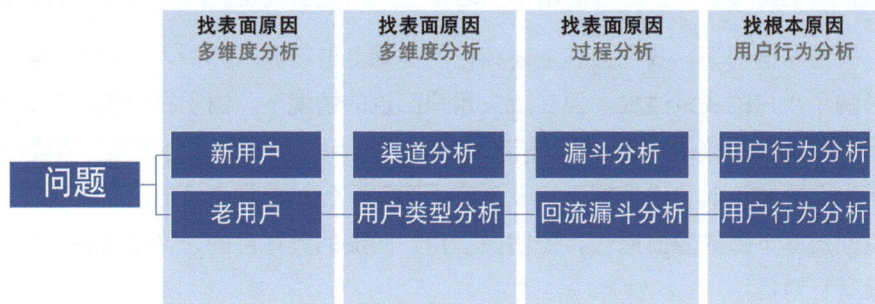

图 9-5-1　本案例的整体分析框架

我们将月活跃用户分为新用户和老用户两大部分，分别分析其增长和流失的原因，并提出相应的对策。

对于新用户，我们发现的主要问题如下。

- 渠道方面：原有的优质引流渠道"朋友推荐"无法恢复，影响了约 5 万个用户的增长。同时，渠道 D 的广告投放 ROI 较低，降低了获客效率。

- 用户引流方面：新用户在"搜索"需求上未能得到满足，导致"用户激活"环节的转化率偏低。

基于这些发现，我们针对新用户提出以下对策。

- 调整渠道投放结构，减少对 ROI 较低的渠道 D 的依赖。

- 对搜索功能进行优化，以提升"用户激活"环节的效率。

我们来看老用户的情况。我们分析出老用户数量增长停滞的主要原因如下。

- "新用户流入"和"流失用户回流"两个方面影响了老用户群体的增长。

- "流失用户回流"的主要问题在于回流率的下降。

- 回流用户主要是出于"查看投资过的品种"和"搜索近期热门投资品种"的目的而回归的。

因此，针对老用户，我们提出如下对策：将"查看投资过的品种"和"搜索近期热门投资品种"这两个行为作为关键"钩子"，开展针对流失用户的召回。

至此，我们已经梳理了汇报的主要框架。按照这个框架将结论和数据汇总成一份报告，就能够清晰、有效地将其传达给团队其他成员和决策者。

## 9.6　用户增长分析案例小结

在本章中，我们通过一个用户增长分析案例，完整地展示了运用 2W1H 模型的思维模式。我们采用五步分析法，逐步深入挖掘问题的本质，找出其产生的原因，并提出相应的对策。

在这个分析过程中，你会发现每一步的分析都顺理成章。你清楚每一步的目的及采用的方法，从而使分析过程变得简单明了。即便在时间紧迫的情况下，我们也能在中途停下来，根据当前的分析深度得出结论，同时明确如果继续深入，我们将朝哪个方向走。

当然，在进行实际的用户增长分析时，你的流程和结论可能会与本案例的流程和结论有所不同。但五步分析法的框架是不变的，你需要掌握的是分析的整体流程，而非具体每一步的方法。只要你掌握了这个分析框架，就可以以不变应万变，搞定各种类型的分析。

# 第10章

# 用户留存分析案例：
# 细分场景，提高产品的用户留存率

## 10.1 用户留存分析介绍

产品分析是数据分析的一项关键活动，涵盖了多种类型，包括但不限于用户行为分析、功能使用分析、转化漏斗分析和用户留存分析。每种分析类型都着眼于解决特定的产品问题，以指导产品的改进和发展。

- 用户行为分析关注用户的互动方式，揭示用户如何与产品交互，以及产品的哪些功能受欢迎、哪些功能未被注意。

- 功能使用分析更深入地探究每个功能的使用情况，识别改进或优化的机会。

- 转化漏斗分析帮助我们了解用户在转化路径上的行为，发现用户流失的关键节点，并采取措施提高转化率。

在产品分析的众多分析类型中，用户留存分析具有特别的地位。用户留存率是产品的关键指标之一，它不仅反映了用户对产品的初步接受程度，也意味着产品是否能够持续吸引并留住用户，进而为产品后续的增长和商业化奠定基础。用户留存率直接影响到产品的生命周期和盈利模式。因此，深入了解用户留存分析，找出持续吸引用户的方法，对任何希望在竞争激烈的市场中保持优势的产品来说，都是至关重要的。

本章以产品的用户留存分析案例为线索，讲解一般产品的用户留存分析该如何做，以提升产品的用户留存率。

## 10.2　问题背景：如何提升产品的整体用户留存率

在第 9 章中，我们探讨了用户增长的分析方法，并着重分析了如何促进新用户的增长。我们通过识别激活用户的关键行为，进而采取相应措施提升新用户留存率。本章我们将焦点转向整个产品的用户留存，将从更宏观的视角全面分析和探索能够持续提升用户留存率的有效策略。

为了更好地说明这一点，我们以一款专为陌生人设计的社交 App 为例。该 App 提供了一个交友平台，并通过销售会员服务等增值方式来盈利。为了吸引和维系用户，该 App 围绕以下四大核心场景展开。

- 寻找新朋友：通过精准的用户推荐、显示附近的人，以及组织各类交友活动等手段，让寻友变得既简单又有趣。
- 社区互动：让用户能够参与小组讨论、社区话题，借此分享兴趣、交流想法，增强社区的凝聚力。
- 社群互动：通过加入本地群组或兴趣群组，用户可以更容易地找到志同道合的伙伴，共同参与讨论和活动。
- 一对一聊天：提供一个安全私密的聊天环境，让用户可以自在地进行单独对话，建立更深层次的联系。

假如我们是这个 App 的数据分析师，业务团队向我们提出一个分析需求：对这款社交 App 进行一次深度的用户留存分析，找出能够有效提升产品整体留存率的策略。

面对这个需求，我们该怎么做呢？

## 10.3　定义问题：问题的三要素

我们在深入进行用户留存分析之前，依然先定义问题，梳理问题的三要素。

第一个要素是目标。对于优化产品，有无数路径供我们选择：可以增添新的功能以吸引用户，可以提高用户的参与度来增强互动，还可以延长用户在产品中的停留时间来提升用户体验。在众多的可能路径中，产品团队本次选择的是提升用户留存率，背后的推动力很可能来自业务层面的考虑——产品部门需要满足某些特定的业务指标，这些指标与用户留存率这一关键绩效指标紧密相关。因此，我们的首要任务是界定用户留存率这个关键绩效指标。在本案例中，产品团队的KPI是将产品的用户留存率提升至23%。

第二个要素是现状。既然目标是提高用户留存率，那么我们需要了解当前的用户留存率。通过对现有数据的细致分析，我们发现用户留存率目前大约为20%，这意味着需要在用户留存率上有所突破，至少提高3个百分点才能达成目标。

第三个要素是疑问。在对用户留存率分析的过程中，核心的疑问是"如何实现提升"。这不仅意味着我们要详细描述现状，挖掘问题产生的深层次原因，更意味着我们要提出切实可行的策略，给出这个问题的答案。

了解问题的三要素，将为我们下一步的分析提供清晰的方向和目标。

## 10.4　分析和解决问题：找出提升用户留存率的方法

在确定了要深入探讨的问题之后，我们的下一步工作是挖掘问题的表面原因。这项工作可以通过多维度分析和过程分析来实现。

多维度分析是指从各个维度审视用户留存率的问题。维度选择可以多样化，具体包括以下几个维度。

- 用户属性维度：通过分析用户的注册时长、性别、年龄、地域等属性，我们可以将用户分类，并分析不同类别用户的留存率差异。

- 用户行为维度：用户是如何与我们的产品互动的？我们可以根据用户对产品的使用频率将用户分为不同的等级，如高频用户与低频用户，或者根据用户使用产品功能的深度来划分，进而分析不同用户群体的留存表现。

- 功能维度：产品的哪些功能更能吸引用户留存？我们按照用户使用产品的不同功能对用户进行分类，分别分析寻找新朋友、社区互动、社群互动和一对一聊天这四个核心场景下的用户留存情况。

对我们正在分析的社交App来说，尽管每个场景都旨在满足用户的社交需求，但它们的作用和效果可能大相径庭。例如，社区互动涉及更多人的群体性交流，激发了共同兴趣或话题下的群体凝聚力；而一对一聊天则是用户之间的私密对话，它提供了一个更加个人化和私密的交流环境，使用户之间能够建立更直接的个人联系。这两种社交方式在目的和体验上均有较大的差异。基于这样的认识，我们将功能维度作为切入点，分析社区互动、一对一聊天、寻找新朋友、社群互动四个场景下的用户留存率，如图 10-4-1 所示。我们希望通过对各个场景中的用户留存率进行详细分析，识别那些需要优化的特定环节，以提升总体的用户留存率。

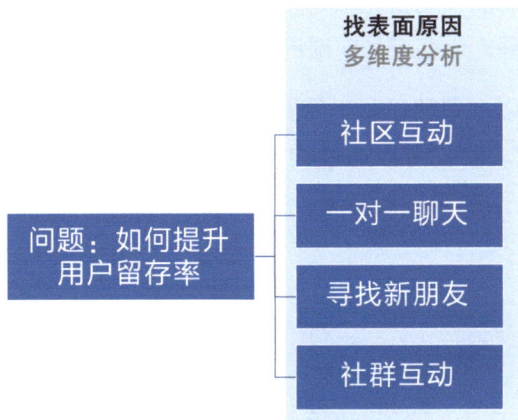

图 10-4-1　分析表面原因

值得强调的是，在进行多维度分析时，并没有指定哪个维度最为重要。在本案例中，考虑到社交 App 的多样化功能及其对用户留存的不同影响，我们将功能维度作为分析的切入点。然而，这并不排除其他维度的重要性或这些维度在其他情境下的优先级。

当面临不同类型的问题或应用场景时，适用的分析焦点可能会有所变化。关键在于，我们需要根据案例的独特性来选择合适的分析策略，并理解背后的逻辑。这种理解能帮助我们保持灵活性，更好地适应不断变化的分析需求。

在将功能维度作为分析的切入点之后，为了保证分析工作的方向正确、目标明确，我们必须确定分析的目的和预期成果。

我们的目的是提高产品的整体用户留存率，我们可以采取两种主要策略来实现这一目的。

- **策略一：提升单个功能的用户留存率。** 例如，通过深入的用户体验分析，我们发现功能 A 的用户留存率为 20%。针对这一发现，我们可以实施一系列优化措施，如改进用户界面设计，增加引人入胜的互动元素，或引入新的激励机制，将功能 A 的用户留存率提升至 25%。这样一来，功能 A 的用户留存率提升将带动整体用户留存率的提升。

- **策略二：扩大优质功能的用户基数。** 当我们面对那些已有较高用户留存率的功能时，发现其用户留存率的提升空间较小，可以转而考虑如何扩大这些高用户留存率功能的用户基数，从而提高整体用户留存率。例如，可以通过举办精准的市场营销活动来吸引潜在用户、增强用户教育、加深用户对功能的理解，或在产品内部进行有效的功能推荐来实现。

为了成功实施以上策略，我们需要对当前各功能的用户留存率及用户规模有深入而准确的认识。我们可以通过构建一个二维矩阵来实现这一点。该矩阵的一个轴代表不同功能的用户留存率，另一个轴代表使用这些功能的用户量，如图 10-4-2 所示。

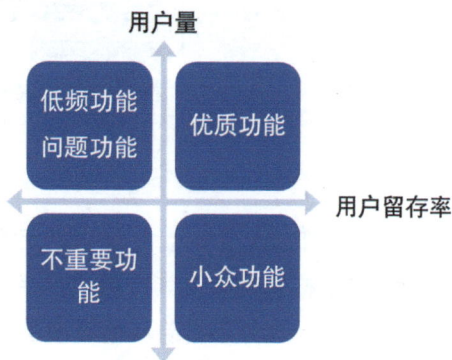

图 10-4-2　根据用户留存率和用户量将产品功能分为 4 个类型

通过在这个矩阵上定位各功能，我们不仅可以清晰地看到每个功能在用户留存率和用户量上的表现，还可以识别出哪些功能是我们优化的主要目标。这样的视觉展现，有助于我们做出更加精准的决策。

矩阵中有 4 个象限，每个象限代表不同类型的功能。

- **右上角是"优质功能"**，这类功能的用户群体庞大，且用户留存率高。它们是产品的核心功能，已经在市场上证明了自己的价值，并且满足了用户的核心需求。我们未来的工作重点应是维持这类功能的竞争力，并不断优化用户体验，以巩固其市场地位。

- **左上角是"低频功能、问题功能"**，这类功能拥有大量用户，但用户留存率不理想。这可能意味着这些功能要么是为了满足用户的低频需求而被设计的，要么存在程序上的问题，未能很好地满足用户的高期望值。我们需要深入了解这些功能的使用场景，评估其设计并找出改进方法，或者重新定位。

- 左下角是"**不重要功能**"，这些功能既没有吸引足够多的用户，又没有高的用户留存率。这表明，这些功能可能只针对一个非常具体的用户群体，或者未能准确地把握用户需求。我们可能需要重新评估这类功能，甚至考虑是否应该将它们从产品中移除，以便将资源和精力集中在更有价值的功能上。

- 右下角是"**小众功能**"，这部分功能虽然拥有较高的用户留存率，但用户规模相对较小。它们可能代表了一些刚性需求，是特定用户群体非常看重的功能。我们需要分析这些功能是否有潜力吸引更多用户，或者通过产品设计将这些小众功能转化为用户规模更大的功能。如果这些功能的扩展潜力有限，我们可能需要考虑减少对这些功能的投入，将资源重新分配到其他更有潜力的功能上。

现在，我们将分析框架建立起来了，下面开始对数据进行详细的处理和分析。如图 10-4-3 所示，我们根据每个场景的用户留存率和用户量，将 4 个场景放置到矩阵中，可以清晰地看到每个场景所处的位置。

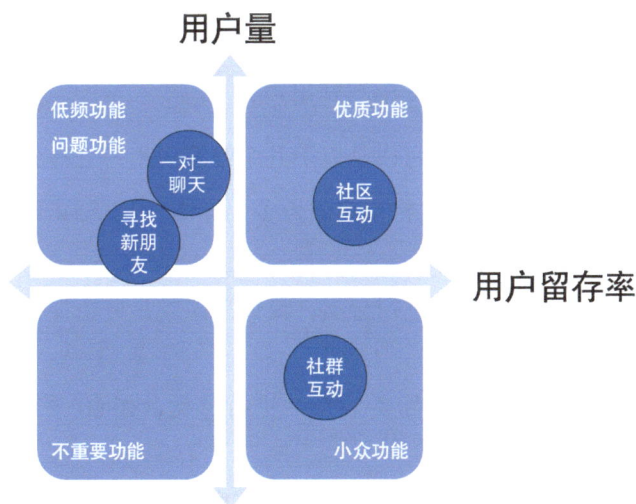

图 10-4-3　4 个场景在矩阵中的位置

根据构建的矩阵，我们可以观察到以下情况。

- 社区互动居于"优质功能"象限。这表明该场景不仅拥有高用户留存率，而且拥有广泛的用户基础。

- 一对一聊天和寻找新朋友位于"低频功能、问题功能"象限，这说明尽管它们被用户广泛使用，但在用户留存率上还有提升的空间。

- 社群互动位于"小众功能"象限，用户留存率高，但用户规模有限。

后续我们可以对各个场景开展更细致的分析。其中，对于社区互动，我们不需要进行过多的分析，继续保持其优势，并持续优化产品体验即可。我们将集中精力分析一对一聊天、寻找新朋友、社群互动这 3 个场景。

### 10.4.1 场景 1：一对一聊天

在社交场景中，一对一聊天无疑占据了至关重要的地位。然而，出人意料的是，尽管广受欢迎，但一对一聊天的用户留存率并未达到我们的预期，这确实有点儿奇怪。

因此，我们提出了一个新的疑问：为什么一对一聊天的用户留存率低于预期？

为了回答这个问题，我们需要重新开始分析。在此，我们将跳过定义问题的步骤，直接进入问题分析的核心。首先，我们要探究表面原因，运用多维度分析和过程分析来查找问题所在。我们将从数个不同维度来探索一对一聊天场景下用户留存率的异同，以此来识别出问题用户。

在分析的过程中，我们可以从以下几个维度对用户进行分类。

- 根据私聊人数的差异，将用户分为多个群体，如 3 人以下、3 ~ 5 人、6 ~ 7 人、7 人以上。

- 根据聊天深度对用户进行分类，具体来说就是分析用户在一天内发送消息的数量。

- 根据聊天伙伴的地理距离对用户进行分类，如 50 千米内、100 千米内、500 千米内等。

- 根据用户年龄段对用户进行分类，如 25 岁以下、25~30 岁、31~40 岁等。

因为对这个场景的认识还不够深入，我们还不能确定选择什么样的维度更合适，所以，在进行本次多维度分析时，如图 10-4-4 所示，我们决定探索所有提及的维度。

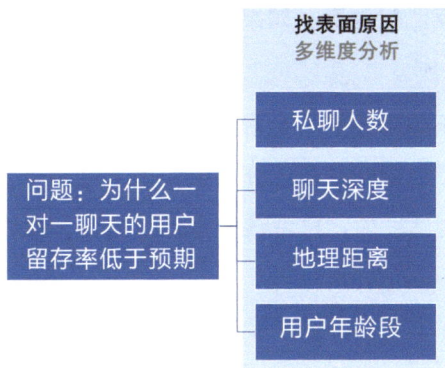

图 10-4-4　分析一对一聊天问题产生的表面原因

随着对数据的整理和分析的深入，我们逐渐得到一个至关重要的发现：用户留存率与聊天深度之间存在明显的正相关关系，即用户发送的消息越多，其留存率越高。此外，尽管不同年龄段的用户的留存率也有差异，但进一步分析发现用户年龄段与聊天深度之间关系密切：年轻用户倾向于更加活跃地参与聊天，发送更多的消息。因此，我们可以合理推断，年龄差异的影响在本质上依然是聊天深度驱动的结果。

那么，究竟是什么导致了用户聊天深度的不足呢？如图 10-4-5 所示，我们在找到表面原因之后，要通过用户行为分析，探究问题产生的根本原因。

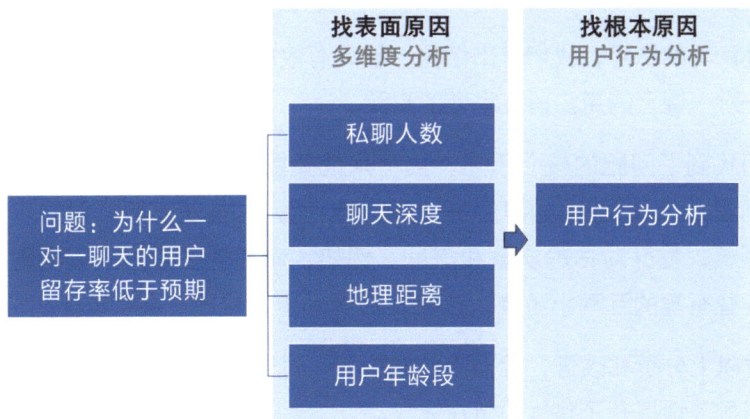

图 10-4-5　分析一对一聊天问题产生的根本原因

分析根本原因要站在用户的角度进行，弄清楚用户到底是因为不愿意和对方进行深入交流，还是因为不知道如何展开深入的聊天。如果是前者，那么可能意味着我们需要优化好友匹配逻辑。如果是后者，我们则需要在产品上提供功能，帮助用户降低聊天的门槛。

如何确定用户是不想聊还是不会聊呢？站在用户的立场上，假设你想和别人继续聊下去，却不知道该说些什么，你可能会出现以下状况。

- 长时间停留在会话框内，思考该发些什么内容，最终却因找不到合适的话题而退出。

- 可能你已经打好了文字，却在最后一刻觉得不满意而将其删除。

- 你进出会话框多次，每次都企图发出某些内容，但又担心尴尬而选择退出。

我们大多数人都有与他人聊天的经验，对以上这些状况并不陌生。那么，我们是否能够通过用户的具体行为数据来还原这些状况呢？我们可以利用用户在会话框中的停留时间，以及进入会话框的次数，来评估用户是不想聊还是不会聊。至于用户是否在打字后有删除的行为，通常这样的数据较难获得，我们暂时无法使用它来辅助我们的评估。

通过深入分析用户在会话框中的停留时间和访问频次，我们发现大约 40% 的用户在这两项指标上的数值都远超过了平均水平。这项发现强化了我们之前的推断：这部分用户明显表现出了交流的意愿，但他们可能因为不知道如何打开话匣子或者对可能产生的尴尬局面感到担忧而退出会话框。

经过认真的思考，我们得出结论，缺乏有效的"破冰"工具或话题引导可能是导致一对一聊天的用户留存率低的根源。

我们找到了问题的核心所在，接下来就要提出解决方案了。对于一对一聊天这一场景，产品团队需要开发一些新的功能，这些功能能够帮助用户更轻松地开始聊天，提升对话的质量和深度。例如，添加一些常用语或话题提示，或者开发一些有趣的互动小游戏，让用户在玩乐中轻松地开展交流。

通过以上分析和改进，我们不仅解决了一对一聊天的用户留存率低于预期的问题，还显著地提升了整体的用户体验。

最后，我们可以对这一改进的潜在效果做一下预测。如果我们能够帮助那 40% 的用户顺利开展对话，那么可以预计整体用户留存率将有多大提升。假设可以将这 40% 的用户的聊天深度提升一个层级，然后根据这个新层级的用户留存率来估算整体用户留存率。经过初步的估算，如果这一场景得到有效的优化，我们可以期待整体用户留存率被提升 2.5 个百分点。

### 10.4.2　场景 2：寻找新朋友

接下来，让我们审视"寻找新朋友"这一场景。从数据上看，与一对一聊天相比，这个场景的用户规模和用户留存率稍显逊色。

根据我们的日常经验，用户在初次使用社交 App 时，通常会较频繁地尝试寻找新朋友的功能。然而，随着时间的推移，大多数人会形成固定的社交圈，老用户便不再需要频繁地寻找新的聊天对象。基于这一点，我们有理由认为，"寻找新朋友"更可能是一个低频需求，而非场景本身存在问题。

为了验证这一假设，我们将用户划分为新用户和老用户两组，分别分析他们对于寻找新朋友功能的留存率。结果表明，新用户在这一场景中的留存率相当可观，大约在 25% 左右，而老用户在这一场景中的留存率则相对较低，这一现象拉低了整体的用户留存率。

如果我们仅对新用户群体进行分析，会发现寻找新朋友功能在他们中的使用率较高，并且留存率也相对较高，如果仅从新用户的角度来看，这就是一个"优质功能"。

总结来看，这一场景本身并无太大问题，我们不需要对其进行深入的分析。

### 10.4.3　场景 3：社群互动

我们现在来探讨一下社群互动这一场景。社群互动指的是用户加入一个类似微信群的在线社群，在这个群里可以与其他成员进行交流。从当前的数据来看，尽管这一场景的用户量不大，但用户留存率相当高，显示出它是一个小众但黏性很强的场景。

既然社群互动场景的用户留存率如此之高，那么我们是否有机会将其推广到更广泛的用户群体中去呢？这引出了一个新的问题：为什么社群互动场景的用户量相对较少。

为了解答这一问题，我们需要审视这个问题的三个要素。

- 现状：当前社群互动场景的用户量较少。

- 目标：我们希望增加该场景的用户量。

- 疑问：为什么用户在社群互动场景中不积极？

接下来，如图 10-4-6 所示，我们将运用多维度分析来探究问题的表面原因。

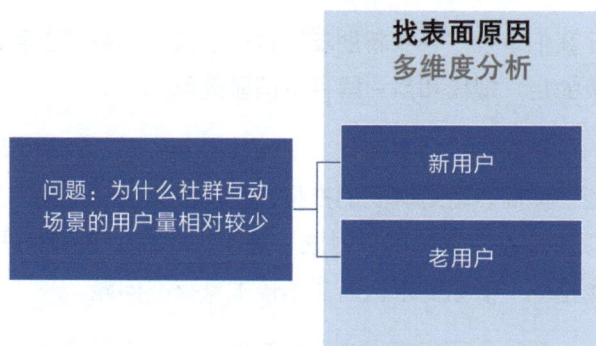

图 10-4-6　用多维度分析找出表面原因

首先，我们将用户按照新老程度进行分类，理由是一个功能若想实现用户量增长，必须持续不断地吸引新用户。分析显示，社群互动场景的新用户占比约为 15%，相比之下，整个 App 的新用户占比仅约为 5%，表明 15% 的新用户占比并不算低。然而，这些新用户的留存率却低得令人担忧，不到 5%。与此同时，老用户占比约为 85%，他们的留存率高达 95%。换句话说，在社群互动场景中有一批非常忠实的老用户，而新用户则如流水一般留不住。

因此，社群互动场景并不缺乏新用户的关注，但它对新用户来说似乎并不那么友好，这阻碍了新用户的留存。既然我们已经确定了问题并非出在新用户的兴趣上，那么就有希望通过优化他们的初次体验来提高用户留存率。

为了更深入地了解新用户的初次体验，我们可以运用过程分析继续深挖。如图 10-4-7 所示，我们继续分析问题的表面原因，通过过程分析找出问题产生在用户使用该功能的哪一个步骤中。

接着，我们对新用户首次使用社群互动功能的过程进行了分析，这个过程包括以下几个步骤。

- 进入"社群互动"首页：进入"社群互动"首页，查看推荐的社群。

- 进入社群：加入某个社群，并开始与其成员互动。

- 有效互动：积极参与社群互动，如发言、浏览信息、延长停留时间等。

- 用户留存：新用户在体验后 7 天内再次访问社群。

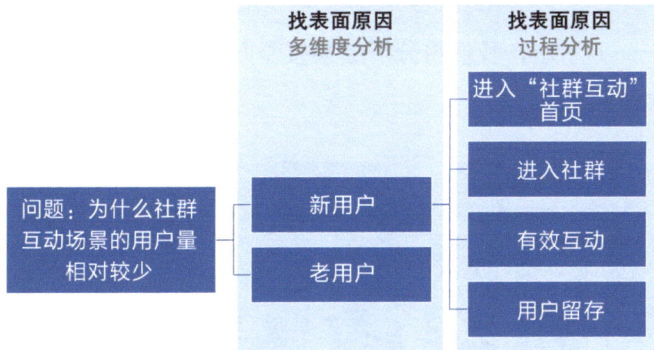

图 10-4-7　通过过程分析继续寻找表面原因

经过分析，我们注意到虽然有不少新用户加入社群，但在社群中进行"有效互动"的次数较少。这可能意味着新用户在加入后，发现社群内容或氛围并不符合预期，或者交互方式难以理解。可能的因素有很多，但我们至少知道了新用户中有相当多的人是愿意进入社群的，只是在进入之后没能开展有效互动。所以，如果我们能够提供低门槛的互动引导，或者设置互动奖励等，就可以让新用户有效互动的次数增加，让新用户在互动中感受到社群的价值，从而提升新用户的转化率。如果能成功，社群互动场景在二维矩阵中将向"优质功能"象限进发。

最后，我们估计了改善社群互动可能带来的整体用户留存率的提升效果。初步估计表明，如果社群互动场景得到优化，能够使产品的整体用户留存率提升 1.5 ～ 2.5 个百分点。这个增长加上一对一聊天可能带来的 2.5 个百分点的增长，可使产品的整体用户留存率有 4 ～ 5 个百分点的提升。不过由于这两个场景的用户存在部分重叠，最终这个数字可能会有所下降。即使这样，提升效果仍然非常显著，实现团队目标的可能性是相当大的。

## 10.5　结论汇总：提炼分析结论

3 个场景分析完了，也基本将疑问解答清楚了。下面，让我们对之前的分析结果进行一次全面的梳理。

为了呈现分析结果，我们需要选择一个恰当的汇报框架。是采用归纳金字塔结构，还是采用演绎金字塔结构，这取决于听众是更倾向于了解后续的行动方向，还是更倾向于探究背后的详细原因。在这里，我们选择将归纳金字塔结构作为汇报框架。

如图 10-5-1 所示，我们将分析结果按照归纳金字塔结构进行了汇总，形成了清晰的汇报框架。

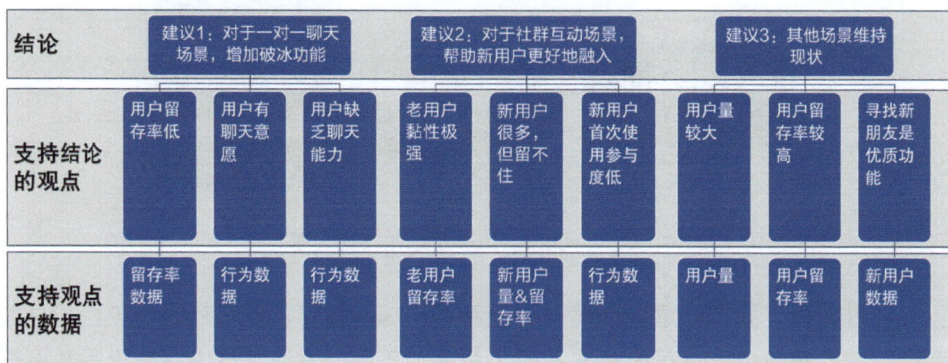

图 10-5-1　案例的分析结果汇总

在实际汇报中，我们应该先直接阐述结论：我们建议对一对一聊天和社群互动这两个场景的功能进行优化。汇报的结论部分包括以下 3 点。

- 一对一聊天：建议提升聊天深度，引入破冰功能，如添加一些常用语、话题提示等，以降低新用户开始聊天的难度。

- 社群互动：建议优化新用户的入群体验，提高社群质量和互动性，以促使新用户更好地融入。

- 社区互动和寻找新朋友：这两个场景的表现都很不错，我们决定保持现状，不做改动。

在提出结论之后，我们需要详细说明每个结论背后的支撑逻辑，列出支持每个结论的观点和数据，如表 10-5-1 所示。

表 10-5-1　案例中的结论及支持结论的观点和数据

| 场　　景 | 结　　论 | 观点和数据 |
|---|---|---|
| 一对一聊天 | 建议提升聊天深度，引入破冰功能，如添加一些常用语、话题提示等，以降低新用户开始聊天的难度 | 用户留存率不理想：当前的用户留存率为 17%，低于 App 的整体用户留存率（20%），显示出改善的必要性<br>用户愿意聊天，但缺乏引导：数据显示 40% 的用户在不发送消息的情况下进入会话框超过 10 次，远高于平均值（3 次），说明用户需要辅助聊天的话题工具 |

续表

| 场　　景 | 结　　论 | 观点和数据 |
|---|---|---|
| 社群互动 | 建议优化新用户的入群体验，提高社群质量和互动性，以促进新用户更好地融入 | 老用户黏性强：老用户占比达 85%，老用户留存率高达 95%，显示出良好的用户忠诚度。<br>新用户黏性弱：新用户占比为 15%，新用户留存率仅为 5%，表明新用户群体的留存存在问题。<br>新用户参与度低：数据表明新用户初次加入社群时的有效参与率不足 20%，说明新用户的入群体验需改进 |
| 社区互动和寻找新朋友 | 这两个场景的表现都很不错，我们决定保持现状，不做改动 | 社区互动是优质功能：在用户量和用户留存率方面表现良好，暂不需要调整。<br>寻找新朋友对新用户而言极具价值：尽管整体留存率不高，但新用户对该功能的使用率和留存都很不错 |

通过这样条理清晰的结构整理，我们的汇报框架已经十分明确。依循这一框架，我们可以迅速而高效地完成汇报的 PPT。

## 10.6　用户留存分析案例小结

在本章中，我们通过分析一个用户留存案例，展示了如何运用用户量和用户留存率这两个关键指标来进行多维度的分析，随后对一对一聊天、寻找新朋友、社群互动 3 个场景分别开展了不同的分析。

尽管本章的用户留存分析与上一章的用户增长分析在探讨的问题上有所不同，但两者在分析流程上有着共通之处。我们始终遵循着明确问题、分析表面原因、挖掘根本原因及寻找解决方案这一系列标准步骤。这样的方法显示了数据分析流程的通用性和实用性。

希望通过学习本章内容，你不仅能掌握产品流程分析的关键技巧，还能理解并运用这一通用的数据分析流程。有了这样的理解和工具，即使面对其他类型的产品分析，你也能够轻松应对。

# 第 11 章

# 营销转化率分析案例：结合多维度分析和用户行为分析，提升落地页转化率

## 11.1　营销转化率分析案例介绍

转化率分析是数据分析领域中一个极为关键的方向，转化漏斗分析是一种最常见的转化率分析方法。这种方法一方面可以帮助我们深入了解用户在转化过程中经历的各个阶段，通过识别和解决转化路径中的瓶颈问题，有效提高整体的转化率；另一方面，也可以帮助我们通过分析用户的行为，探究用户的购买动机和决策因素。采用这种方法的目的是，更好地调整转化过程中页面的内容和设计，从而促进销售。

在转化漏斗分析的众多环节中，落地页效果分析起着至关重要的作用。它不仅直接影响用户对产品的初次印象和转化意愿，还是实现长期销售成功的关键。因此，深入分析落地页效果，并基于数据洞察进行持续优化，对任何希望在激烈的市场竞争中脱颖而出的业务人员来说，都是至关重要的。

接下来我以落地页转化分析为例，详细讲解一般的落地页转化分析应该如何进行。

## 11.2　问题背景：如何提升落地页转化率

以一款炒股 App 为例。这款 App 主要通过提供免费的资讯、实时行情和市场走势等服务吸引用户。同时，为了实现盈利，它还提供了一系列增值服务，如更全面的股票数据和专门定制的行情指标等。

在推广增值服务方面，业务团队为这款 App 投入了大量的广告资源。业务团队进行了众多的 A/B 测试，以确保从线上广告中筛选出效果最佳的版本。这种方法存在一个局限性：A/B 测试的效果对比仅限于当前选定的测试素材。如果这些版本的效果都不理想，那么最终选择的只是"矮子中的高个"，并非真正优质的广告。

为了解决这一问题，业务团队在进行 A/B 测试之前，需要设计出优秀的广告素材。这就要求业务团队深入理解用户关注的核心要素，以及用户偏好的广告内容和风格。如果业务团队知道哪些元素最能吸引和留住用户的注意力，就能更容易设计出具有吸引力的广告页面，并确保在 A/B 测试中从高质量的广告素材库中筛选出更有效的版本。

因此，业务团队向数据分析师提出了一个新的需求：分析过往广告的投放效果，以挖掘改善落地页设计的有效方法。

## 11.3　定义问题：问题的三要素

拿到问题的第一步是搞清楚问题到底是什么，尤其是搞清楚问题要改善的指标是哪一个，否则就不知道要分析的究竟是什么。让我们梳理一下问题的三要素。

目标：业务团队提出的问题是"挖掘改善落地页设计的有效方法"，这个问题的实质是寻找提升营销活动落地页转化率的具体方法。与这一问题紧密相关的业务指标是落地页转化率，我们的目标便是提升这一业务指标。

经过沟通，我们找出了目标的具体数值，即提升 20% 的落地页转化率。

现状：通过分析历史数据，我们发现当前落地页的平均转化率大约为 3%。结合提升 20% 的目标，最终确定提升落地页转化率至 3.6%。

疑问：我们需要确定是要解答"为什么"以找出导致现有落地页转化率低的原因，还是要找出"怎么做"以提高落地页转化率。考虑到这个需求的最终目的是"挖掘改善落地页设计的有效方法"，我们将重点放在了分析并归纳出可复用的优化策略上。因此，我们面对的问题显然是"怎么做"。

经过详细梳理，我们明确了待解决的问题是"如何通过优化落地页设计，将当前 3% 的落地页转化率提升至 3.6%，即提高 20%"。

将问题梳理清楚了，了解了要提升的目标，开展后续的分析就容易很多。下面就开始我们的分析过程。

## 11.4　分析和解决问题：挖掘改善落地页设计的有效方法

在确定了我们要深入探讨的问题之后，下一步是找出问题的表面原因。找出表面原因的方法依然是子指标拆解、多维度分析和过程分析。因为要分析的指标是落地页转化率，这个指标无须被拆解为子指标，所以我们先来看一下多维度分析的具体做法。

### 11.4.1　多维度分析：找出表面原因

我们将依据不同维度对落地页进行分类，并探寻它们的共性与差异，可考虑的维度如下。

- 渠道维度：例如，落地页在咨询页下方的文字链接、开屏广告、首页 Banner 位置等内部渠道的投放情况。
- 时间维度：按照投放时间（如早晨、中午、晚上）或按照投放日期（如工作日、节假日）进行区分。
- 设备维度：包括苹果、安卓、鸿蒙等不同类型的设备。
- 内容维度：根据落地页的内容进行分类，如产品信息、促销信息、评论信息等。
- 形式维度：按照落地页的展现形式分类，如图片型、文字型、图文混合型、互动型等。
- 用户维度：根据用户的年龄、地域和其他身份信息进行分类。

我们要尽可能广泛地探索这些维度，但有些维度可能不需要深入分析，我们可以将这些维度分为两大类。

- 第一类是对业务影响较小的维度，如用户维度中的地域差异。由于产品的服务是完全通过 App 在线上完成的，不同地域用户的体验差异并不明显。因此，用户维度中的地域差异对业务的影响相对较小，可以不用考虑。

- 第二类是我们难以干预的维度，如广告的内部渠道。由于内部渠道的运营不涉及额外的资金投入，并且可以实现饱和式的覆盖，所以就算分析出某些内部渠道展现出较好的效果，我们也无法进一步增加其投放力度。因此，对内部渠道进行深入的效果分析可能收获有限。在这种情况下，我们更应关注那些可以通过策略调整来改善效果的渠道，而不是关注那些即便识别出优势也难以加以利用的内部渠道。

我们挑选了几个关键维度，做了多维度分析，如图 11-4-1 所示。通过对落地页进行多维度分析，我们得出了一些结论。

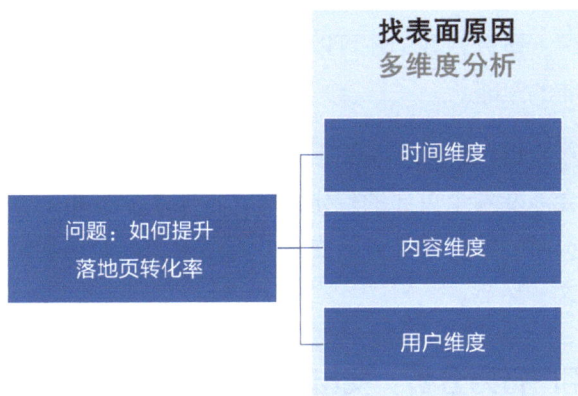

图 11-4-1　通过多维度分析找表面原因

**时间维度**：我们发现，11 点和 15 点的落地页转化率最高，用户购买意愿最强。相比之下，其他时间的转化效果相对较弱，需要我们进一步探索原因和对策。

对于上述现象，我们可以得出对应的建议。

- 在 11 点和 15 点加大广告和营销活动的投入，特别是进行高客单价商品的推广。
- 在转化效果较差的时间，减少广告预算或调整营销策略，以优化投资回报率。

**内容维度**：我们注意到，展示"优惠价格"的落地页的转化效果优于仅展示"产品卖点"的落地页的转化效果。这可能意味着用户更关注价格因素，而非单纯的产品特点。

我们可以提出对应的建议：在落地页上突出降价促销的文案，增强促销信息的视觉吸引力。

**用户维度**：分析结果显示，中年用户群体的落地页转化率较高，这表示该群体可能对产品或服务更感兴趣。

基于这些分析结果，我们建议采取以下策略：对于中年用户群体，开展更具针对性的营销活动，如定制化促销、特别优惠等。

通过多维度分析，我们发现了很多有价值的信息，并得出了一些提升落地页转化率的方法。

如果进一步深入研究，我们还可以继续挖掘这些维度背后更深层次的原因，以便制定更加精准的策略。

要想继续深入分析，除了进行多维度分析，另一种常用方法是进行过程分析。通常的转化分析会涉及多个页面的转化漏斗，鉴于本次分析的重点是提升落地页转化率，所以跨页面的转化漏斗分析在此并不适用。因此，我们决定在这次分析中省略过程分析这一环节。

### 11.4.2　用户行为分析：找出根本原因

在确定了问题的表面原因后，我们接下来的任务是探寻落地页转化率不高的根本原因（见图 11-4-2）。

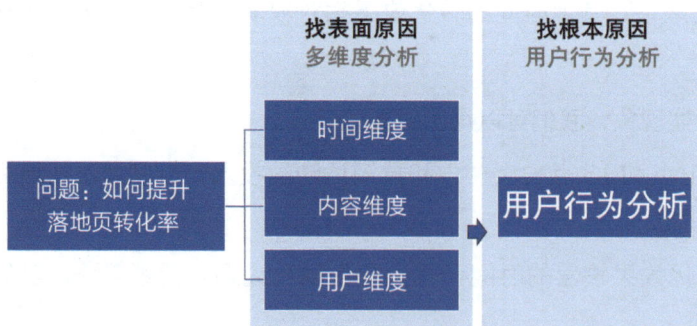

图 11-4-2　通过用户行为分析找根本原因

这要求我们深入理解用户在浏览落地页时遇到的具体问题，从而发现阻碍用户转化的关键因素。要做到这一点，我们需要精准分析用户在落地页的行为模式，包括他们如何互动和在页面上的停留时长。

尽管本书之前提到，由于我们的分析聚焦于单一的落地页，从而无法进行页面之间的复杂转化过程分析，但我们仍然能够通过深入分析用户在落地页内的行为，来分析转化过程中的关键环节。例如，对于一些较长的落地页，用户可能需要进行多次滑动才能浏览完其内容，并在页面底部进行特定的操作，如点击链接或填写信息。我们可以将用户在页面内的行为细分为以下几个步骤，并对每个步骤进行详细的分析，以发现潜在的问题点。

- 进入落地页。
- 下滑页面至第二屏。
- 点击信息框。
- 填写信息。
- 点击跳转至下一步。

对于设计趋向简洁化的落地页，虽然其中的页面元素更加简单，但我们依然可以根据页面的特点来细分用户的行为。例如，含有可交互内容的落地页允许用户通过点击来查看和对比不同的卖点信息。用户在这类页面上的行为可以被细化为以下几步。

- 进入落地页。
- 点击页面交互元素。
- 点击跳转至下一步。

对于特别简洁的页面，我们甚至可以将用户在页面上的停留时长纳入分析内容，以此来衡量用户的兴趣和参与度。在这种情况下，用户的行为可能包括以下内容。

- 进入落地页。
- 停留时长超过 3 秒。
- 点击跳转至下一步。

通过将用户在落地页上的行为拆分为不同的步骤，我们能做出一个单一页面内部的行为转化漏斗。通过分析用户在页面内部的行为转化漏斗，能更好地定位问题产生的原因。

通过细致分析用户在落地页上的行为，我们可以洞察到他们的典型行为特征，从而诊断出落地页可能存在的问题。下面介绍两个典型的场景。

（1）用户浏览行为分析。

假设在访问落地页后，很少有人愿意下拉页面查看更多内容，或者进行页面交互，或者他们的停留时长不超过 3 秒。这通常暗示着用户对落地页的内容并不感兴趣。这种情况可能是由两个原因造成的。

- 引流文案与落地页的内容不匹配：用户期待的内容与落地页实际提供的内容存在差异，导致他们感到失望。

- 落地页设计不佳：如果落地页的设计让用户难以理解其内容或不吸引人，他们可能会因此失去继续浏览的兴趣。

（2）用户跳转行为分析。

如果用户在落地页停留了一段时间，但最终转化率并不高。这表明用户对落地页的内容有一定兴趣，但出于某些原因未能转化。这可能意味着以下两点。

- 落地页的宣传效果不够好：虽然内容吸引了用户，但没有足够的动力激发他们采取进一步的行动。

- 转化门槛过高：用户可能觉得从落地页到下一步操作的过程太复杂或要求过高。

因此，我们需要从这些角度出发，优化落地页的设计和内容，提高用户的参与度和转化率。

在确定了分析思路之后，我们着手对在多维度分析中发现的落地页转化率较低的维度进行了更细致的用户行为分析，以探究用户遇到的具体问题。我们分别针对不同时间和不同落地页内容进行了用户行为分析，如表 11-4-1 所示。

表 11-4-1　不同时间和不同落地页内容组合的用户行为分析的结果

| 维度类型 | 维度 | 查看落地页的用户占比 | 转化用户占比 |
| --- | --- | --- | --- |
| 时间维度 | 高转化率时间 | 16% | 5% |
| | 低转化率时间 | 19% | 1.5% |
| 内容维度 | 优惠价格 | 23% | 4.7% |
| | 产品卖点 | 14% | 2.4% |

续表

| 维度类型 | 维度 | 查看落地页的用户占比 | 转化用户占比 |
|---|---|---|---|
| 用户维度 | 青年用户群体 | 19% | 3% |
| | 中年用户群体 | 15% | 5% |
| | 老年用户群体 | 25% | 1.5% |

观察表 11-4-1，我们可以发现以下情况。

- 时间维度分析：在转化率较低的时间，用户浏览落地页的比例并不低，但最终的转化率较低。这表明在这些时间，用户主要在浏览页面信息，但购买意愿不强烈。因此，我们建议在这些时间的落地页上增加促进用户转化的元素，如限时优惠等激励措施。

- 内容维度分析：对于以产品卖点为主的落地页，用户的浏览比例相对较低。我们建议下线这类素材，转而采用突出"优惠价格"的落地页来吸引用户。

- 用户维度分析：我们注意到老年用户群体在浏览落地页方面的参与度较高，但转化率相对较低。这可能是因为他们在阅读或理解方面存在障碍，但这仅是猜测，为了了解真正的原因，我们需要采用用户调研等手段。

到这一步，我们将对问题原因的探究推进到了寻找根本原因，我们对落地页的优化有了更深入的洞察。这种持续对业务进行细化的方法正是精细化运营的体现。

如果我们希望在此基础上进行细化分析，还可以结合产品和文案，分析不同产品搭配不同文案的转化效果。不过随着分析的精细化程度的提高，所需的人力资源和时间投入也随之增加。在某个点上，过度精细化的管理可能导致投入产出比变得不合理。因此，我们在进行分析时应根据实际业务需求调整分析的精度，避免过度追求细节。

## 11.4.3　更进一步：更深入的洞察

在一般情况下，我们的分析深入挖掘了问题的根本原因，并且基本上可以得出结论，这在很多领域已经足够了。但在营销转化领域，影响因素实在太多了，常规的分析往往难以涵盖所有的关键因素。因此，为了获得更全面的洞察，我们在这次分析中尝试了一种新的方法：先提出假设，再进行验证。这种方法让我们能够更深入地探索那些容易被忽略的细节。

在之前的分析中，我们比较了两种不同风格的广告文案。

- 第一种风格的广告文案侧重于"优惠价格"，直接突出产品的优惠价格，在页面下方简要列出产品的卖点。
- 第二种风格的广告文案侧重于"产品卖点"，主要介绍产品的特色，在页面底部显示优惠活动的信息。

我们通过数据分析可以发现，突出"优惠价格"的广告文案在转化率上表现更优，于是我们的初步建议是优先采用这种广告文案，并逐渐淘汰那些突出"产品卖点"的广告文案。

这种方法常见且有效，采用这种方法一定会带来落地页转化率的提升。

后来我们深入考虑了用户的消费决策过程，发现这种方法可能还不够全面。用户购买产品的过程通常可以分为 4 个阶段：产生兴趣、收集信息、评估价值和做出购买决策。在这个过程中，价格优惠信息主要在"评估价值"阶段发挥作用。然而，如果产品本身对用户没有吸引力，那么即使价格再优惠，用户也不可能购买。例如，对不需要减肥的人来说，无论减肥食品有多大的折扣，他们都不会产生购买兴趣。所以对那些还不知道你卖的是什么产品的人来说，太过强调优惠价格也许并不能促进其转化。

显示优惠价格的落地页之所以有效，有可能是因为进入落地页的大部分用户是已经了解过产品的用户，这类用户清楚产品的卖点，就差购买前的"临门一脚"了。这个时候让他们看到优惠信息，就是帮助他们重新评估产品的价值，以更低的价格购买产品，于是他们就下单购买了。

但是对从未了解过产品卖点的用户来说，过于突出优惠价格并不能帮助他们做出购买决定。他们被引流广告上的"限时优惠"四个字吸引而来，进入落地页后的第一个想法是看一看到底是什么产品在搞限时优惠，如果是自己不需要的"减肥食品"，那么就直接退出了。落地页上关于产品卖点的介绍很少，仅有优惠信息，并不能促进这类用户的成交。

当然，以上都是根据营销理论做出的猜想，我们要用数据验证猜想是否准确。如图 11-4-3 所示，我们要开展假设分析。

为了验证上述猜想，我们决定对"落地页类型"与"用户对产品信息是否了解"这两个关键维度进行综合分析。具体而言，"落地页类型"分为"优惠价格"

落地页和"产品卖点"落地页两大类。在判断"用户对产品信息是否了解"时采用了一个具体的标准——如果用户在近 90 天内访问过产品详情页或相关落地页，就认为用户了解产品信息。随后我们得到了表 11-4-2 所示的数据。

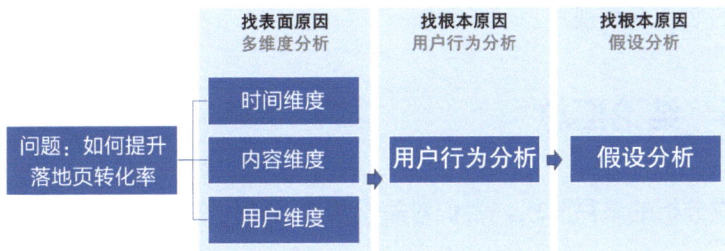

图 11-4-3　开展假设分析

表 11-4-2　"用户对产品信息是否了解"与"落地页类型"的关系

| 用户类型 | "优惠价格"落地页 | "产品卖点"落地页 | 整体转化率 |
|---|---|---|---|
| 不了解产品信息的用户 | 0.5% | 1.3% | 0.8% |
| 了解产品信息的用户 | 4.5% | 1.5% | 3% |

经过对上述两个维度进行组合分析，我们发现数据结果证实了我们的猜想。数据显示，不了解产品信息的用户在"产品卖点"落地页的转化率高于在"优惠价格"落地页的转化率。我们之前提出的建议是全部采用"优惠价格"落地页，这个建议对不了解产品信息的用户来说是不利于转化的。

于是，我们制定了一套更精细化的策略。我们现在根据用户是否在近 90 天内访问过产品详情页来区分用户，并针对不同用户群体投放适合的落地页。对于那些不了解产品信息的用户，我们提供"产品卖点"落地页，以满足他们对详细产品信息的需求；对于那些已经了解产品信息的用户，我们提供"优惠价格"落地页，更直接地向其传递优惠信息。这样的策略调整可以更精准地满足不同用户的需求，从而提升整体转化率。

这种分析方法与传统的多维度分析截然不同。它基于对用户心理的深入理解，先提出假设，然后利用数据对假设进行验证。考虑到可能的营销策略有数百种甚至数千种，我们无法通过多维度分析来穷举所有可能性。因此，我们转而采用假设验证的方法，挖掘隐藏在数据背后的深层次真相。要做到这一点，不仅需要对业务有深刻的认识，还需要能够准确地提出合适的假设。这种分析方法难以被标准化或被总结成固定的公式，它要求我们不断加深对业务和用户行为的理解，以便提出更合适、更有见地的假设，从而获得更深入的洞察。

正是因为这种方法的深度和独特性，如果能够成功地分析出结论，那么你的数据分析价值将大大超越其他人。你将揭示出其他人无法发现的隐藏信息，为业务带来新的增长点和视角。

## 11.5 结论汇总

在本次分析的最后阶段，我们对关于落地页转化率提升的分析结果进行了全面的总结。

在汇报的时候，我们可以将归纳金字塔结构或演绎金字塔结构作为框架。考虑到落地页转化率提升这一案例的特殊性，尤其是用户思维和行为习惯的多样性及其变化，我们认为演绎金字塔结构可能不合适。因此，我们将归纳金字塔结构作为汇报框架。

在整理分析结果时，我们根据归纳金字塔结构，做出了一个清晰的汇报框架，如图 11-5-1 所示。这种汇报框架不仅帮助我们有条理地展示出数据和线索，还确保了汇报的逻辑性和连贯性。

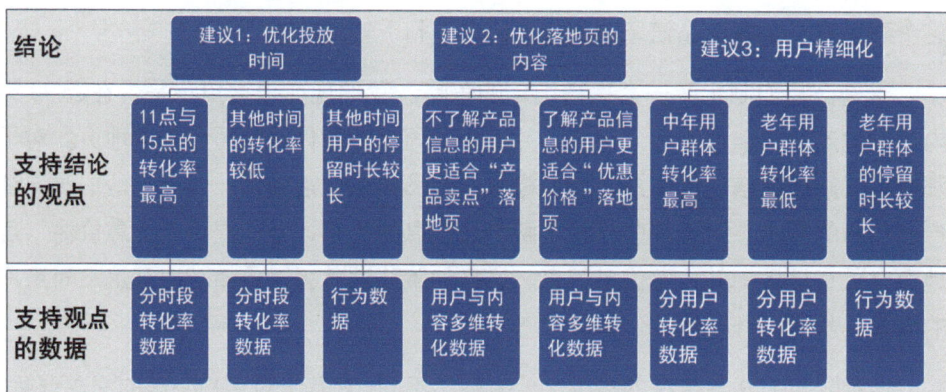

图 11-5-1　本章案例的汇报框架

汇报的核心结论集中在以下三个方面。

（1）时间维度的优化。

• 建议在转化率最高的 11 点和 15 点加大广告及营销活动的投入，并考虑进行高客单价商品的推广。

- 在转化效果较差的时间，适当减少广告预算或调整策略，以优化投资回报率。

- 在转化率低的时间，我们提议在落地页中加入限时优惠等促进转化的元素，以激发用户做出购买决策。

（2）落地页内容的调整。

- 建议根据用户对产品的了解程度投放不同类型的落地页，更精准地满足不同用户的需求。

（3）针对用户特征的定向营销。

- 对于中年用户群体，我们应实施定制化的营销策略。

- 对于老年用户群体，进行用户调研以了解他们在落地页上停留时长较长的原因，从而优化营销策略。

为了进一步增强汇报结论的说服力，我们在提出每个结论后都详细说明了背后的支撑逻辑，列出了支持每个结论的观点和数据，如表 11-5-1 所示。

表 11-5-1　案例的汇报内容

| 方面 | 结论 | 观点和数据 |
| --- | --- | --- |
| 时间维度的优化 | 建议在转化率最高的 11 点和 15 点加大广告及营销活动的投入，并考虑进行高客单价商品的推广。在转化效果较差的时间，适当减少广告预算或调整策略，以优化投资回报率。在转化率低的时间，我们提议在落地页中加入限时优惠等促进转化的元素，以激发用户做出购买决策 | 11 点和 15 点的转化率最高。相比之下，其他时间的转化效果相对较差。在转化率低的时间，用户浏览落地页的比例并不低，但最终转化率较低 |
| 落地页内容的调整 | 建议根据用户对产品的了解程度投放不同类型的落地页，更精准地满足不同用户的需求 | 展示"优惠价格"的落地页，比展示"产品卖点"的落地页的转化效果更佳。对不了解产品信息的用户而言，在"产品卖点"落地页上的转化率高于在"优惠价格"落地页上的转化率 |
| 针对用户特征的定向营销 | 对于中年用户群体，我们应实施定制化的营销策略。对于老年用户群体，进行用户调研以了解他们在落地页上停留时长较长的原因，从而优化营销策略 | 中年用户群体的转化率较高。老年用户群体在浏览落地页方面的占比较高，但最终的转化率较低 |

这种条理清晰的归纳金字塔结构，使我们的汇报框架变得十分明确。基于这一框架，我们可以迅速且高效地准备相应的 PPT。

## 11.6　营销转化率分析案例小结

在本章中，我们通过探讨落地页转化率的影响因素，展示了如何结合多维度分析和用户行为分析来有效地提高落地页转化率。此外，我们还采用了以用户思维为导向的方法，提出了假设，并据此揭示了更深层次的分析结论。

通过对本章内容的学习，我希望你不仅能掌握落地页转化率分析的基本技巧，而且能在常规的多维度分析和过程分析之外，运用营销理论来快速提出有力的假设，并由此获得更深入的洞察。这种方法不仅增强了分析的针对性和有效性，还能帮助你在复杂的业务环境中迅速找到关键问题的解决方案。

我期待你在深入研究业务的过程中也能够运用这样的思维方式，提出既精准又有价值的假设。这不仅能提升你的分析能力，还能帮助你在业务分析工作中迈上一个新的台阶。记住，优秀的分析不仅在于收集和处理数据，更在于洞悉数据背后的业务逻辑和用户需求。希望你能够运用这些技巧，为业务决策带来更加深刻和精准的洞察。

# 第 12 章

## 经营分析案例：
## 通过指标建设、监控与分析协助经营决策

## 12.1　经营分析案例介绍

在之前的讨论中，我们提及了分析问题的基本流程，这个基本流程如下。

- 要解决的问题是什么？
- 为什么要分析这个问题？
- 问题的表面原因是什么？
- 问题的根本原因是什么？
- 要解决问题该怎么办？

在"实战篇"之前，我们都是依照这个流程分析案例的。但要注意，并不是每一个问题都必须严格按照这个流程来处理。

以"问题的根本原因"为例，要找出根本原因就需要站在用户的立场来深入挖掘，但是并非所有问题都与用户有直接联系，有时候我们不必深入用户层面去追根溯源。所以，并不是每一次都必须分析问题产生的根本原因，它是一种可选手段。

在本章中，我们将讨论在日常分析中经常遇到的一种情形：**那些不需要深挖用户需求的经营分析场景**。希望通过学习这部分内容，我们能够更清楚地了解经营分析的实际工作和基础框架。

## 12.2　什么是经营分析

经营分析是专为企业中高层管理者设计的分析工具，它关注的是商业模式和战略层面的问题。

在之前关于商业思维的讨论中，我们已经探讨过商业模式的定义。对中高层管理者而言，他们关注的焦点在于整体业务构架和策略方向，而不是日常运营的琐碎细节。因为在特定的业务领域，中高层管理者的专业知识可能不如一线团队成员那样丰富。因此，为中高层管理者制作的分析报告通常聚焦于宏观层面，如市场趋势、战略布局或关键性能指标，这足以让他们把握公司的整体运营情况，并据此做出战略决策。所以，经营分析报告应当是直接和简明的，目的是让中高层管理者能迅速掌握业务的大局。

一个典型的汇报案例：数据分析师在汇报中强调了近期成交量显著提升，并指出这主要归功于"社交媒体定向营销策略"的有效实施。数据分析师还可以进一步分析该策略是否存在提升空间，以及如果有提升空间，这个空间大概有多大等。这样的信息能够帮助中高层管理者判断是否应该继续在该营销策略上加码投资。至于该营销策略在哪些社交媒体平台上执行，以及具体的推广文案内容，这些细节则相对次要。

平时我们经常听到"运营分析"这个词，在本章中讲的是"经营分析"，这两个词听起来非常相似，它们是一回事吗？

答案是否定的。简而言之，经营分析关注的是宏观层面，而运营分析则注重于微观细节。

### 1. 经营分析

经营分析可以被理解为关于如何"做生意"的工具，它牵涉控制成本、制定销售战略、最大化利润，以及管理销售渠道等多个层面。换句话说，它关注的是如何投资才能带来更大的回报。

如果把这个概念套用在开设一家超市的情境中，我们需要思考的问题包括：从哪里进货最经济、如何有效地进行市场推广、怎样制定产品定价策略、如何选择最佳店铺位置，以及如何在激烈的市场竞争中取得优势等。这些问题直接关系到企业的商业模式和生意核心，即便在不同行业，这些商业问题也有着普遍的适用性。

### 2. 运营分析

运营分析更专注于日常的业务执行与管理。它侧重于业务流程中的关键环节，如产品运营、用户运营和渠道运营等方面。运营分析并不直接关注收入，而是聚焦于岗位负责的关键指标，如用户量、转化率等。

继续以超市为例，假如你是一名理货员，你将关注商品的摆放、库存管理、价格标签的准确性，以及促销商品的展示方法等。

对初入职场的数据分析师而言，一般应先从运营分析入手，随着技能和经验的积累，才会逐步参与到更加宏观的经营分析中。

## 12.3　经营分析的工作内容

经营分析的工作内容如图 12-3-1 所示。

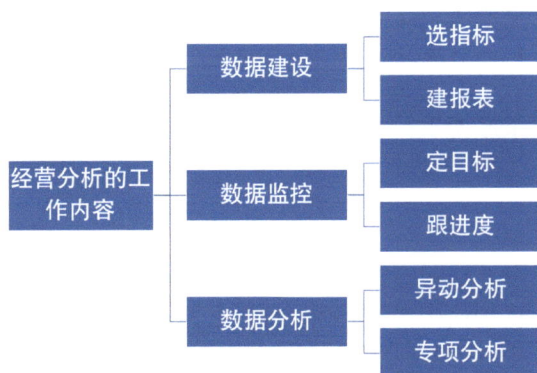

图 12-3-1　经营分析的工作内容

### 12.3.1　数据建设

经营分析往往需要很多的数据建设工作，数据建设的主要内容有两项：选指标和建报表。

如果你做过数据底层开发工作，那么一定知道做数据底层开发工作最让人头疼的事情就是，一旦业务模式发生变化，之前构建的底层数据可能就要随之作废，因为众多的指标需要更新。这意味着原有的数据基础不再适用，需要重新构建。所以做数据底层开发工作最希望的就是业务模式不要经常变化，这样做的数据建设工作就能够持续有效。

经营分析的数据建设工作一般来说比较稳定。因为经营分析的对象是相对稳定的业务模式，虽然业务策略经常变化，但是业务模式通常不会有太大的变化。而且，经营分析关注的指标都是公司的核心业务指标，这些指标可以说是衡量公司业绩最为基础的指标，对其进行数据建设的优先级也比较高。

基于以上原因，企业通常会在经营分析的数据建设工作上投入更多的资源，以确保其有效性和稳定性。

相较之下，在日常的运营分析中，数据基础的构建和监控并不总是那么关键。很多业务流程可以依赖已有的数据基础来维持正常运作，仅在遇到特殊问题时，才需要从数据系统中提取特定数据来进行深入分析。

以线下销售为例，由于难以在线上对实时数据进行汇总，一般需要到月底才能通过人工方式收集和评估销售数据，从而衡量不同销售经理的业绩。对很多业务场景而言，尤其是在需求多变或业务规模较小时，建立和维护复杂的报表系统可能代价过高，不见得是最佳选择。

接下来，我以某旅游出行 App 为例，介绍一下选指标和建报表的具体做法。

### 1. 选指标

在本书 1.3 节中，我们已经探讨了指标体系设计的具体方法。接下来让我们直接深入案例，分析指标体系是如何构建的。

我们先来看一下这款旅游出行 App 的商业模式。常见的互联网行业的商业模式主要包括：流量广告、平台抽佣、产品供应链模式、免费增值模式等。该旅游出行 App 主要采用的是平台抽佣和流量广告这两种模式。具体来说，平台抽佣是指平台通过提供预订酒店、机票等服务获取佣金收入；流量广告是指通过在 App 内设置广告展示位，如开屏、首页腰封及信息流推荐等，获得广告收入。

在收入指标的拆解上，我们将其分为两大块：平台抽佣和流量广告。在平台抽佣业务中，我们并没有简单地将其收入指标划分为 GMV 和佣金率两个子指标，而是根据不同的业务线（酒店、机票和火车票）来进一步细分。由于不同业务线之间的佣金率存在显著差异，所以将其混合在一起分析 GMV 和佣金率反而不易探究实际情况。

以一个具体例子来阐释：在通常情况下，酒店业务线的佣金率高于机票业务线的佣金率，火车票业务线的佣金率相对较低。假设某周火车票业务线的 GMV 比例上升，但总 GMV 保持不变，我们可能会错误地得出火车票业务线的佣金率下降的结论，如表 12-3-1 所示。这并不符合实际情况，因为各个业务线的佣金率实际上是保持稳定的。因此，在设计指标时，我们不能简单地将抽佣收入拆分为 GMV 和佣金率，而应先考虑不同业务线的特点。

表 12-3-1　因业务占比变化导致佣金率下降的示例数据

| 品类 | 上周 | | | 本周 | | |
|---|---|---|---|---|---|---|
| | GMV（万元） | 佣金率 | 抽佣收入（万元） | GMV（万元） | 佣金率 | 抽佣收入（万元） |
| 总体 | 600 | 9% | 54 | 600 | 8% | 48 |
| 酒店业务线 | 100 | 18% | 18 | 50 | 18% | 9 |
| 机票业务线 | 200 | 15% | 30 | 200 | 15% | 30 |
| 火车票业务线 | 300 | 2% | 6 | 350 | 2% | 7 |

接着对各个业务内部的指标进行拆解。平台抽佣业务的 GMV 可以进一步细化为三个核心子指标：流量、转化率和客单价。

为了更加精细化地分析各业务的运作情况，可以将以上指标与不同的分析维度结合，如城市级别、消费区间、用户群体等，以便掌握不同市场和用户行为的特点，从而做出更加具有针对性的策略调整。

至于流量广告，分析方法也遵循类似的逻辑。首先，我们按照不同的广告场景进行区分，如开屏广告、首页广告、信息流推荐等。每个广告场景都有其特定的受众和表现形式，因此需要分别分析。然后，针对每个广告场景，拆解出广告收入的子指标，如曝光量、点击率、每次点击成本等（见图 12-3-2）。

## 2. 建报表

让我们明确一下报表体系与个别报表的差异。为了更形象地说明，不妨假设我们是老师，现在需要从班级中选拔几名学生，让他们参加一场融合智力、体力和动手能力等多方面的竞赛。

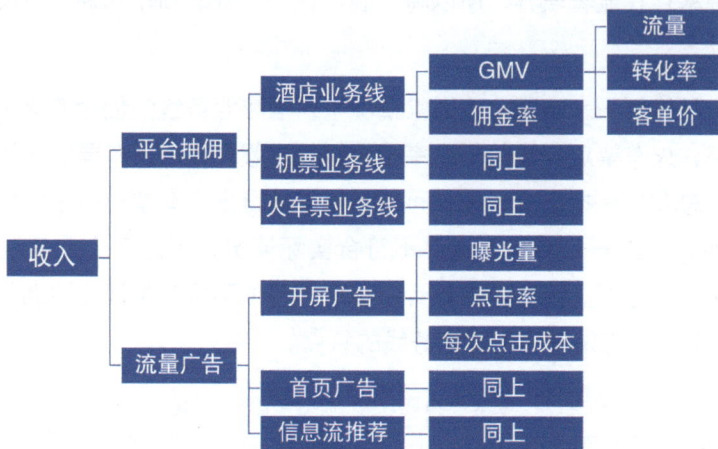

图 12-3-2　旅游出行 App 的指标示例

为了选出更合适的人选，我们必须综合考虑学生在不同方面的表现，包括文化课成绩、体育表现、手工艺技能和综合能力评估等。我们汇总和参考了各种报表，如文化课成绩单、体育成绩表、手工课作品评分及学生综合能力评估报告等。每一份报表都聚焦于学生在特定领域的表现，如文化课成绩单详尽地记录了学生的学习表现。将各个报表汇总起来，它们便构成了一个综合的报表体系。这样一个报表体系可以全面地展现每名学生多方面的素质和能力，为我们提供了一个立体、多角度的评价视角。

接下来，我们看一下设计报表的几个关键步骤。

（1）我们需要明确报表的目标读者。这其实是将"目标导向"思想落实到实际操作中。只有清楚了报表的最终使用者，我们才能够明确报表要解决的问题是什么。举例来说，对企业高层管理者而言，他们往往关注企业的总体运营成果、市场增长速度、利润率、成本控制和重要的绩效指标等战略信息；相对地，中层管理者更加重视策略执行的成效，如部门预算的落实情况、项目的推进进度、团队的业绩表现等操作层面的细节。由此可见，不同职能层级的管理者，所需要的报表内容是有明显差异的。

（2）我们要基于选定的指标来设计报表的结构。良好的报表结构设计需要考虑到指标之间的逻辑关系及阅读顺序，这样才能确保读者无障碍地获取信息。以高层管理者为例，他们首先关注的是总体收入和目标达成的进度。如果发现某些业务未达到预期，他们会进一步查看各个业务板块的完成情况。因此，为高层管理者设计的报表通常会在显眼位置呈现总收入和目标完成率等指标卡片，确保关键数据一目了然。在该指标卡片的下方，我们可以展示不同业务板块的收入和完成率数据。这种报表结构符合高层管理者的阅读习惯，让他们能够快速识别出核心问题。如果报表中混杂了各种细节性的过程指标，就会影响高层管理者的决策效率。

（3）对报表的可视化和交互功能进行精细设计。可视化指的是通过图形化元素（如柱形图、饼状图、线形图等）有效地展现数据信息。例如，通过柱形图对比不同产品的销售额，用线形图揭示销售趋势，用饼状图展现市场占比（见图 12-3-3）。

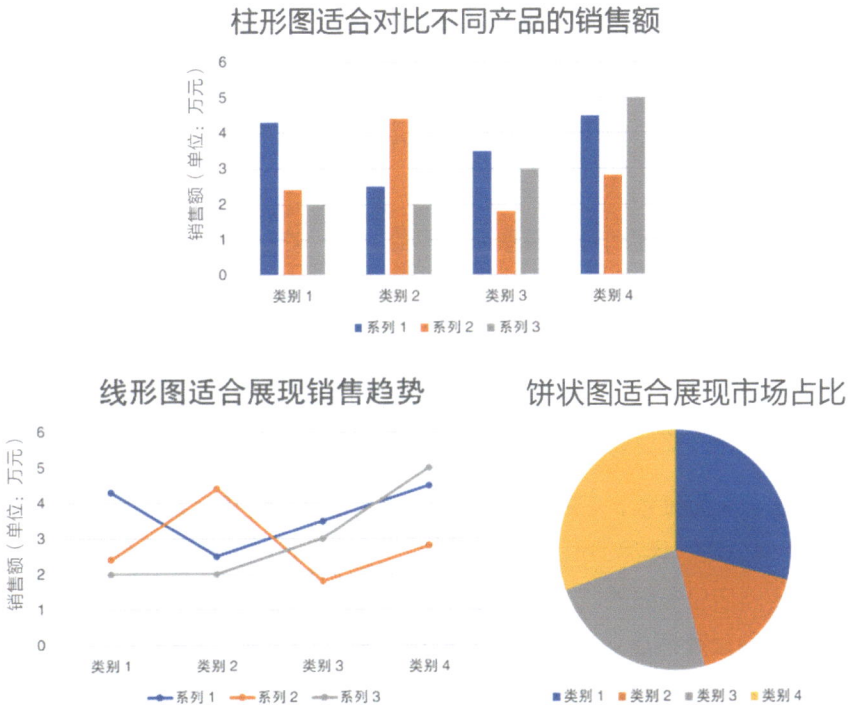

图 12-3-3　可视化图形示例

虽然我们通常认为"字不如表，表不如图"，但是对一些有财务背景的高层管理者来说，他们可能更倾向于使用数据表格而非图形。因此，不同企业对报表的可视化有着不同的侧重点，可视化需要根据公司风格来决定。

至于交互功能，它指的是报表中的动态功能，如筛选、排序、数据钻取等操作。这些功能允许用户根据自身需求进行个性化的数据查询与分析。例如，为了深度分析销售数据，报表可能会提供筛选器，使用户可以从地区、时间段或产品类别等维度来切换查看销售额。

## 12.3.2　数据监控

数据监控的工作主要是定目标和跟进度。

### 1. 定目标

在商业运营分析中，定目标是数据分析师的常规任务之一。企业发展的方向和动力在很大程度上取决于明确的目标设定。缺乏目标，企业便难以有序推进生产。尽管许多目标可能是基于经验或直觉设立的，但这总比没有目标要好。一般来说，高层管理者会确定业务发展方向，提出要提升的指标，如销售额、用户量、用户使用时长等。至于这个目标究竟定为多少比较合适，需要数据分析师进行测算。

测算目标的合理区间可以采取两种思维方式：归纳法和演绎法。

归纳法以历史数据为基础，分析业务的发展趋势，预设未来可能达到的目标范围。例如，假设一项业务在前两年的增长率分别为 8% 和 9%，在其他条件不变的情况下，我们可以依据这一模式，将本年度的增长目标设定在相似水平。归纳法的优点在于操作简便，通过分析历史数据来预测未来。

演绎法则更为细致，它将总体业绩指标拆分为不同部门或小的业务单元的指标，对每个部分进行详尽的预测分析，进而汇总以得出整体目标。以销售收入为例，如果它包含酒店业务线的收入、机票业务线的收入和火车票业务线的收入三个部分，并且我们预计酒店业务线在未来一年内将扩展至 50 个城市，那么我们需要根据这一变化来调整预期，而不应仅仅依赖历史数据。对于机票业务线和火车票业务线，如果市场条件相对稳定，我们可以参照 9% 的基准增长率来设定预期目标。对于酒店业务线，鉴于新城市扩展的增长潜力，我们可以借鉴类似市场的经验数据来分析预计的流量转化率和客单价，据此预测酒店业务线可能达到 25% 的增长率。将这些预测数据综合起来，我们估计整体销售收入的增长率约为 12%。通过演绎法得到的预测结果一般会比通过归纳法得到的预测结果更加精确。

## 2. 跟进度

在确定了目标之后，要持续跟踪目标进度。

在实现目标的过程中，企业会制定并实施各种策略。这些策略的成败在很大程度上决定了目标是否达成。如果我们不能及时跟踪和评估这些策略带来的进展变化，那么就无法有效地识别哪些策略是成功的、哪些策略是失败的，也就无法向业务团队明确指示风险和机遇，从而影响目标的顺利完成。

一个常见的跟踪目标进度的做法是实行销售团队的战报制度。我想你一定在各种场合见过诸如"庆祝销售团队本月销售额达成目标"这样的战报，这类战报不仅提供了业绩的即时反馈，而且激励了销售团队的成员，还让管理层能够及时掌握进度情况。这样的定期报告机制有助于企业监控目标进展，并且当进展不顺时，企业能够迅速采取措施，调整策略，确保目标的顺利实现。

在现实中，企业通常会采用日报、周报和月报这三种形式来跟踪目标的进展，但各有侧重点。

日报的主要用户是日常作业的执行者，其最大优势是反馈速度极快，可以迅速提供前一天的数据变化。这种快速的信息更新可以确保及时的沟通和问题得到解决，使作业人员快速了解前一天的工作成果。同时，日报可能会引入一定程度的数据噪声，使得正常的数据波动被误解为策略的影响。

周报更适合业务部门的负责人看，它的更新频率相对适中，既避免了日报的数据噪声，又及时反映了业务进展和策略效果。通过浏览周报，部门负责人能够更好地观察项目的表现，从而做出更为精准的业务调整和决策。

月报通常是为企业高层管理者准备的，它的更新频率最低，但提供的数据的稳定性和准确性相对较高。它通过汇总一个月的数据，有效消除短期波动的干扰，使得高层管理者能够从更宏观的角度评估策略的长效性和有效性，为长远规划提供可靠的数据支持。

### 12.3.3　数据分析

经营分析除了包括数据建设和数据监控，还有数据分析。数据分析通常包括两大类分析：异动分析和专项分析。

- 异动分析的核心在于利用数据报表来解读关键指标波动的原因。在进行异动分析时，数据分析师通常会对主要指标进行拆解，拆解包括但不限于子指标拆解、维度拆解或过程拆解等方式，从而找出指标波动的显著原因。例如，若销售额出现异常波动，数据分析师可能会从产品种类、销售地区、营销渠道等多个维度去探究背后的影响因素。这种分析方法其实就是前文提到的分析表面原因的方法。

- 专项分析关注那些无法通过标准报表直接解答的问题。这类分析往往需要针对具体的业务问题进行更深入的数据挖掘和研究。例如，当企业计划实施某项新策略时，专项分析可以评估用户的行为特征与策略目标的匹配度。同时，它还可以对现有业务进行深度分析，从而识别出潜在的增长机会和风险点。

现在，我们来探讨一下如何进行异动分析。

还以上文提到的旅游出行 App 为例，这款旅游出行 App 本周的销售额比上周销售额下降了 15%，现在的任务是找出导致销售额下降的原因。

### 1. 定义问题

定义问题，就是搞清楚问题的三要素。

在经营分析中，我们通常不需要投入过多的精力去梳理问题的三要素，因为分析的目标通常是业绩指标，这些指标往往已有明确的目标值和实际数据，因此问题的三要素——目标、现状和疑问，可以被迅速识别和明确。

在明确了问题的三要素后，我们还需要评估这个目标设定的合理性。以本周销售额下降为例，我们应当考虑这一下降是否属于某种季节性因素引起的正常现象。如果经过梳理发现销售额下降与季节性因素相关，那么这一变化可能就是正常现象。只有排除了季节性因素的影响，我们才有必要继续深入分析。

然后判定问题是否值得分析，即判定问题的重要性。在经营分析的背景下，这个判断通常相对简单，因为提出经营分析需求的往往是高层管理者，他们关注的是经营成果。所以，从经营层面提出的分析需求一般都具有较高的重要性。对数据分析师来说，一旦接到这样的需求，就应立即开始分析工作。

### 2. 分析原因

首先，分析表面原因涉及对指标的拆分、对业务维度的区分，或者对流程的分析。由于这些指标通常已有成熟的指标体系和报表系统支撑，所以对其进行异动分析相对容易。沿着已有的指标体系深入拆解，我们可以逐步探究问题的本质。

如图 12-3-4 所示，我们先对收入的不同来源进行维度拆分，把收入分为平台抽佣和流量广告两大类。在进行数据审查后发现问题主要出现在平台抽佣这部分，而流量广告则保持稳定。

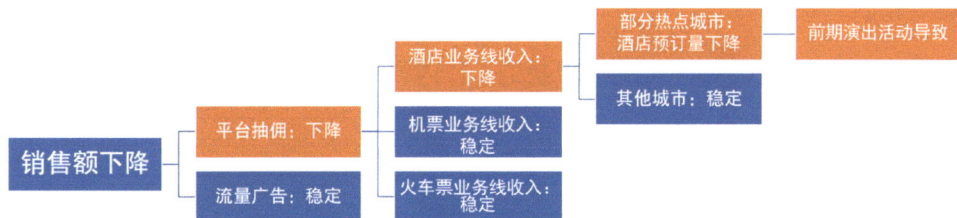

图 12-3-4　销售额下降异动分析框架

继而，我们将平台抽佣按业务线划分为酒店业务线收入、机票业务线收入和火车票业务线收入三个主要板块。进一步分析表明，酒店业务线收入下降是销售额下降的主要原因。接着，我们从地域的角度进行分析，我们注意到酒店预订量的减少主要集中在一些热点城市，这与最近的大型演出活动密切相关。由于这些演出活动在前期带来了较高的酒店预订量，因此在演出结束后的一段时间内，酒店预订量和之前相比出现了环比下降的情况。

至此，我们基本弄清楚了销售额下降的原因。在实际操作层面，由于销售额下降是由特殊事件引起的临时性波动，且销售额已回归至正常水平，所以并不需要过多干预。

上述分析足以阐明销售额下降的原因。然而，为了使经营分析报告更加全面，我们还应该加入一些附带的发现。在深入分析不同城市的酒店预订量时，我们注意到一些小众旅游目的地的销售额呈现稳定的上升趋势，其网站流量和预订转化率持续增长。虽然目前小众旅游目的地的客单价相对较低，其销售额增长并未完全弥补总体销售额的下降，但是从过去半年的趋势来看，这些小众旅游目的地的销售额增长十分稳健。这样的趋势表明小众旅游目的地的销售额可能迎来增长期，这是一个值得关注的商机。我们应该将这一发现整合到报告中，向高层管理者提出潜在的业务机遇。

## 12.4　经营分析案例小结

与业务分析聚焦日常运营细节的精细化管理不同，经营分析更加注重企业整体战略的制定和调整，以适应市场的动态变化。所以经营分析报告一般聚焦在业务策略、市场环境、竞争对手等动态信息上。要想做好经营分析，我们需要了解商业模式和业务模式的知识点，这对于理解业务指标之间的关系、构建指标体系都有帮助。

在本章中，我们探讨了经营分析的工作内容和工作方法，希望能让你对经营分析有一个更深的认识。